晃洋書房

認知症社会の希望はいかにひらかれるのか

ケア実践と本人の声をめぐる社会学的探求

井口 高志

はじめに

二〇一八年末から二〇一九年の六月にかけて、政府の認知症施策推進大綱の作成をきっかけに、認知症の当事者や家族と、医師などの専門家たちとのあいだで議論がくり広げられた。その議論は、大綱案の中に挙げられた政策理念の二つの柱「予防」と「共生」をめぐってであり、特に「予防」が強調されることへの懸念と、共生に向けた社会づくりへの願いが当事者などから強く示された。そこで用いられた二つの単語の意味を単純にとれば、予防とは、認知症にならないようにあるいはより悪い状態にならないようにする試みであり、共生とは認知症になった人と、あるいは認知症そのものと生きていくことを目指すような試みである。

この議論にもちろん決着はついていない。また、実際に政策や社会がどう動いていくかは、これから見えてくることだ。だが、この二つのどちらが正しいのか、あるいはどちらに力点をおくべきなのか。そういった問いに関して、本書は一つの答えを追求しようとするものではない。むしろ、このようなはっきりとした対立軸が生まれ、争点となってしまう背景や文脈に関心を寄せている。

今回特に社会的に注目を集めたこの対立軸は、認知症や、より広く言えば、治らないととらえられてきた病いや障害などをめぐって、これまでも形を変えて何度も論じられてきたことの単純化した現れでもある。さらに言えば、論じる以前に、その二つの境界も曖昧であったり、そのあいだの葛藤をかかえたりしながら、常に介護やケアをはじめとした実践がなされてきた。

本書では、そのような実践における苦闘のほんの一部をとりあげ、冒頭に挙げた対立軸を考える上での材料や視点を与えていくようなことを試みたい。こうした作業は、社会的関心の高まりとともに、認知症をめぐって政策や運動などがものすごいスピードで展開している中で、なんとものんびりした、ささやかなものに映るかもしれない。だが、二〇〇〇年代に入って認知症への関心が強まり、その流れの中で認知症の本人たちが声をあげ、希望を求めて新しい試みがなされている現在だからこそ、立ち止まってなすべき大事な作業だと考える。また、認知症という特定の対象に限らず、他の領域での、病いや障害をめぐる人びとの経験やそれにもとづく運動の流れ、そこで生まれてきた課題とのつながりをささやかながら示し、それらの課題を見ていく際に参照できる視点の提示も本書は目指している。特に、感染症とともに生きていくことが重要課題となった現在、認知症をめぐる実践の苦闘は重要な示唆を与えてくれるものと考える。

本書は、これまで著者が二〇〇七年から二〇一九年にかけて執筆してきた論文等（初出情報は「あとがき」を参照）をもとに編まれている。そのため、それぞれの章は独立して読むことも可能である。各章とも、必要な範囲で加筆や修正を行っているが、二〇〇〇年代から二〇一〇年代という認知症に注目が集まっていった執筆時の熱気の中での認識のあり方を残しておくことも大事だと考え、その後更新された知識と照らしあわせた修正などを施していない部分もある。

特に社会学者などの研究者や学問を学ぶ人たちには全体を通して読んでいただきたいが、序章で全体の問題意識をつかんでもらった上で、以下のような目的に応じた読み方もできる。認知症ケア実践に関心のある方には、事例が示されている第2章から第5章を中心に読んで欲しい。本人の思いや当事者の語りなどに関心を持つ方に向けては第5章と第6章、および補論がそうしたテーマを扱っている。もし、全体としての本書の問いとそれに対する回答にあたるようなものをダイジェストで読みたい方は、第1章、第4章、第6章、終章と読み進んでいただけるとよいだろう。

本書が、認知症とともに生きていく社会を構想していくための一つの議論の素材とならんことを願ってやまない。

本書では、かつて一般的に用いられていたが、現在は名称変更などにともなって不適切とされている語（呆け、痴呆、問題行動など）を過去の資料への言及や文脈のニュアンスの表現の際に用いている。

目次

序章

認知症社会における社会学的課題

「みんなの問題」としての認知症

私のメールボックスには毎日認知症に関するニュースが舞いこんでくる。それは、インターネットのニュースリーダーのアラート機能を介してだ。自分のメールアドレスと、関心を持っている単語を登録しておくと、（すべてではないが）その単語が含まれている新聞記事やブログ記事などがメールで配信されてくる。正確な日付は覚えていないが、私はGoogle Alertに二〇〇五年くらいから「認知症」やそれに類する言葉を登録して、自分の電子メールアドレス宛てにニュース記事を配信してもらっている。

確か、登録した当時は、ほぼ毎日一本くらいの配信があったが、その後、いつのころからか、――確か二〇〇八年くらいからだっただろうか――二〇一一年くらいまでは週に一回とか二週に一回くらいしか配信されてこない時期が続いたように思う。しかし、二〇一二年ごろから、また毎日記事が配信されてくるようになり、その数はどんどん増えていった。二〇一九年初頭の時点では、毎日五本以上の記事があるのが通常であった。

この増加が実態としての増加なのか、検索エンジンのアルゴリズムの変化なのかはここでは置いておこう。確かなのは、ここ一五年くらいのあいだで、一般の人も、新聞からネットメディアまで、様ざまなメディアを介して認知症に関する話題を目にする機会が増加しているであろうということだ。

おそらくこのようなインターネットメディアを介して目にする認知症に関する言説の増加の要因や背景の一つには、マスメディアがトピックとするような政府の政策上・予算上の動きや、それにともなう行政や研究機関、地域の様ざまな実践者たちなどの主催するイベントの増加があるだろう。たとえば、二〇一七年には二〇〇四年以来二回目の京都での国際アルツハイマー病協会（ADI）の国際会議があった。そうした認知症関連の出来事が増える中で、専門家による解説・コラムなども連鎖して増え、認知症に関する言説の増大を引き起こしている。

また、もう一つ、新旧含めたニュースメディアが、個人個人がカスタマイズして利用するソーシャルネットワーキングサービス（SNS）や配信サービスなどと関連を強めてきていることも背景にあるのかもしれない。実際に私はそうした記事を見たあと、Facebook や Twitter 等で記事を紹介することも多く、逆に友人の紹介から、認知症に関する話題を知ることも多い。

いずれにせよ、認知症に関する情報が日常的に入ってくるようになり、その関心を共有する人たちと簡単につながってしまえるような状況になってきていることは事実だ。そして、そのつながっている人たちの中には認知症と診断された本人もいれば、その周りでともに活動をしている人たちもいる。

表 0-1　認知症の人の将来推計について

年	2012 年	2015 年	2020 年	2025 年	2030 年	2040 年	2050 年	2060 年
各年齢の認知症有病率が一定の場合の将来推計人数 / 65 歳以上人口中の比率	462 万人 15.0%	517 万人 15.7%	602 万人 17.2%	675 万人 19.0%	744 万人 20.8%	802 万人 21.4%	797 万人 21.8%	850 万人 25.3%
各年齢の認知症有病率が上昇する場合の将来推計人数 / 65 歳以上人口中の比率		525 万人 16.0%	631 万人 18.0%	730 万人 20.6%	830 万人 23.2%	953 万人 25.4%	1016 万人 27.8%	1154 万人 34.3%

出典：厚生労働省「認知症施策推進総合戦略（新オレンジプラン）〜認知症高齢者等にやさしい地域づくりに向けて」概要より一部修正の上抜粋（2015 年 1 月 27 日公表）

認知症関連の記事の中には、高齢化にともなって認知症となる人が増加するという推計を含めたデータを背景にして（表０‐１）、誰でもその問題にかかわりうる可能性と、それゆえに「地域」全体で対応していかなければならないことを強調しているものも目立つ。認知症には、「今はそうではない私」も身近な周りの人も将来なりうる。その意味で「みんなの問題」だから、そうした認知症に関連して生まれてくる課題を、みんなで解決していかなくてはならない。それは社会全体で包みこむように。そのような問題喚起である。

こうした「みんな（マジョリティ）」の問題となったことに感慨の念をいだく人がいるかもしれない。第1章で詳しく見るように、認知症（痴呆や呆け）に何十年も前から向きあってきた人にとっては、認知症問題とは、特別な人たち、すなわち「マイノリティ」の問題とされ、そして、ときに「恐怖」でセンセーショナルな問題として消費され続けてきたものでもあったからである。もちろん、今でも「認知症」になるのは怖い、あるいは認知症の人は怖いととらえている人たちが多いからこそ、そうした見方への対抗として認知症の実際を知ろうというキャンペーンが行われている。だが、認知症になる人口の多さや、それが老いにともなう「病気」であることの強調は、高齢社会を生きていく中で、みんなにとって身近で何らかの形でかかわりうるもの、あるいは想定して準備・対応すべきことぐらいの位置づけに認知症の問題を昇格させているのである。

そして、「みんなの問題」ととらえることの中には、これまで通常の人間関係から大きく離れた形で結ばれてきた認知症の人とそうでない人との関係を変えていこうとするニュアンスも含まれている。単純に言うと、支援者と被支援者関係ではない関係性をつくっていこうとする道筋である。認知症の問題は、もちろん第一には、介護保険制度などの中での、介護をする者とその介護を受ける者とのあいだでの問題や、病気と関連した問題であることは確かだが、その枠を超えた地域での助けあいや「まちづくり」の問題としてとらえることが強調されているのだ。さらに、それは認知症の人を「支援が必要な人」ではなく、「社会への参加から排除された人」としてとらえるような意識転換を要請している。国際的な認知症の当事者運動においては人権（Human Right）問題と位置づけられ、「権利をベースとしたアプローチ（Right Based Approach）」や「認知症とよく生きる（Living Well with Dementia）」といった表現も生まれている。このような文脈の問題としてとらえることで、「認知症フレンドリー（Dementia Friendly）」や「スマートエイジング」などの言葉で修飾される道具や何気ない配慮、それを組みこんだシステムなどの話にも結びついていく。認知症をめぐる諸実践はこのような状況にいたっている。ひとまずはそう言うことができるだろう。

ケア実践の中に問う

以上のような意味で、認知症をめぐる問題の範囲は拡大し、認知症とされる人たちを理解し、社会に包みこんでいこうとする未来のイメージは、医療や介護などの、これまでの限定された領域での理解とケアの試みを超えて構想されるようになっていった（徳田 2018）。

そのような広がりを見せる現在において、認知症をめぐる諸実践の社会学を目指す本書は、そのような新しい包摂のとりくみを直接とりあげるのかというと、そうではない。やや肩透かしに見えるかもしれないが、一九八〇年代から二〇〇〇年代の中ごろまでの四半世紀強の時期を念頭に、ケア・介護の試みの中で、認知症の人に対するいかなるはたらきかけがなされて、そこでいかなる葛藤や困難があったのかを描くことから出発する。そして、その後、二〇〇〇年代中ごろから現在にかけて特に見られるようになっていった認知症の本人の「思い」の語りや当事者による発信の動きに議論の焦点を移していく。

もちろん本書が、認知症の新しい時代より少し前の時代のトピックに見えるケア・介護に焦点を当てて考察を出発するのにはいくつかの理由がある。

その一つは、回り道かもしれないが、医療や介護の領域を超えたものを目指した、認知症理解や、認知症の包摂を試みる現在の実践の意義をより明確にしたいためである。地域や社会全体での認知症の理解と包摂、また、そのムーブメントの中心的主体としての（診断を受けた）認知症の本人への注目は、一方では目指すべき方向性として肯定的にとらえられている。だが、他方で、こうした動きに懐疑の眼差しが向けられることもある。その懐疑にはいくつかの種類があるが、たとえば、一つは、これまで介護問題の枠内でイメージされていた認知症像との大きな乖離を感じるためにリアリティが持てず、切実な課題として受け止められていないということがある(1)。また、公的な介護・医療政策の縮小にともなう動きの一環ではないかという懸念が持たれることもある(2)。実際には介護にともなう問題が残存し、むしろ、その解決には程遠いのに、本人や家族・地域など制度外のインフォーマル領域がより責任を負い、市場の役割を強化した新自由主義的とも言える認知症政策が展開してきているのではないか、という現状評価である(3)。

しかし、現実には認知症をめぐるムーブメントは大きく動き出し、大筋として、その道筋を進んでいくこと、その道筋の先に何らかの希望を求めていくことの重要性は、否定できなくなってきている。そうだとするならば、上述した懐疑の存在をふまえつつ、現在のムーブメントの中で大事にしていく部分を明確化することが必要ではないだろうか。そのために重要なのが、これまでの認知症の人を理解・包摂しようとする試みをふり返り、その意義をきちんと理解し、整理し直すことである。

これまでの試みが何と闘おうとし、どのような困難に突き当たり、どのような課題をかかえてきたのか。現在、介護システムや社会保障制度を含む社会の構造変化にともなう苦境にあり、それを一定程度前提としなければならないならば、その動きに乗りつつも守るべきものをはっきりさせることが大事になってくる。これまでの実践の課題をふまえて、その延長上に現在の動きの意義を位置づけ、これから先の目指すべき姿を、より的確に描いておく必要があるのだ。政策や予算などの構造的な問題があるとしても、実践を内在的に理解した上で、はじめてそれらに対しても有効な批判が可能になってくる。そして、第1章で詳しく述べるが、これまでの理解・包摂の試みの歩みを、経験的に見ていくことができる重要なフィールドが、認知症への介護・ケアの実践なのである。

その作業は、いわば、これまでの認知症の人を理解し包摂しようとしてきた実践がどのような文脈でなされてきたのかを明らかにしていく作業である。「みんなの問題」として認知症をとらえていく諸実践は、それ以前の、介護・医療を中心とした認知症の問題化の方向性を批判し転換しようとするものであり、現在の「先駆的な実践」である。しかし、その立場からは批判対象に含まれうる「これまで」のいくつかの実践も、それぞれがなされた時代時代においては、それ以前の認知症の人への周囲の常識的な認識やはたらきかけを批判して出てきた「先駆的」なものであったのである[4]。

実践を批判的に理解する

実践のなされた文脈を明らかにすることは、いわば認知症の人を理解・包摂しようとしてきた、これまでの、そしてこれからの実践を「批判的に」とらえることにつながっている。日常語として批判という言葉を聞くと、斜に構えて現実の真摯な実践に冷や水を浴びせるようなイメージを持つ人がいるかもしれない。

それは故なきことではない。たとえば、二〇一七年四月三日号の週刊誌『AERA』での、巻頭コラム「認知症高齢者の免許停止から感じた〝困難な時代〟への疲労感」（東 2017）は、認知症に関する新しいムーブメントにかかわる人たちに、そうしたイメージを想起させるものだろう。このコラムは、同年三月一二日に道路交通法が改正され認知症と診断された人の免許停止が可能となったことに対して、認知症当事者たちの団体から出された声明を受けて思想家の東浩紀によって書かれたものである。東は、その状態が一様ではない認知症に対して、この改正は偏見をもたらすものであるという日本認知症ワーキンググループ（現、日本認知症本人ワーキンググループ、第6章参照）の声明を「論理的に正しい」とした上で、「認知症者の運転禁止すら簡単に進められないとは、わたしたちはなんともむずかしい時代に生きているものだという疲労にも似た思い」があると述べている。週刊誌の冒頭における思想家の役割とは、まさにそういうものかもしれないが、東は、いわば、認知症の本人たちによる個別具体的な問題に対する主張を、どんなことを決定する場合でも当事者の「人権」に配慮しなくてはならない「厄介な時代」という現代社会を診断するための一つの「徴候＝ネタ」としているのである。

だが、本書で言う「批判」は、こうした個別の歴史的文脈への考察を欠き、一般的な議論に回収するような短文の診断とはまったく異なるものを目指す。それは、認知症に関する研究にとりくむ中で、個人的に体感した社会学の立ち位置への迷いから生まれたものだ。

二〇〇〇年の介護保険制度開始前後から介護研究を行ってきた私は、二〇一〇年ごろから、認知症を包摂しようとする新たなムーブメントに自分もかかわっていく中で、その流れに共感する一方、「ついていくことの難しさ」も感じていた。ついていくことが難しいと感じていた一つの理由は、「認知症の人が増大し」「介護保険制度が縮小していく」限られた時間の中で、過去のデータをもとに経験的に記述していく――いかにものんびりした――社会学者としての自分のスタイルで何ができるのかをうまく見出せなかったためだったのかもしれない[5]。だが、その実、その裏側には「他に何か社会学にできることがあるはずだ」というぼんやりとした自負と傲慢さがあったかも知れず救いようがない……。そこでなされていることが、これまで社会学の中で議論されてきたケアや当事者をめぐる議論の——実践の現場からすれば、ひょっとしたら不必要にも見える——繊細さや複雑さと無関係なままになされていたようにも思えたからだ[6]。

深く考えるまでもなく、実践の場に研究者がかかわったときに、そのような経験をすることは珍しいことではなく、私の感覚はナイーブに過ぎるものだろう。現在の認知症をめぐる諸実践は、本来、これまでにない新たな事業を行っているのだから、これまでをふり返ることを中心とした社会学が即座に何もできないのはあたり前だし、現場は、学問の時間とは異なる。むしろそうした学問という鎧を取っ払って市民としてゼロからかかわることが求められているのだと思う。

しかし、何とか社会学者という立ち位置を捨てずに、現在のムーブメントの中で何かできないか。自分のモヤモヤを言葉にしていけないだろうか。そのようなことを悶々と考えながら思い当たったのが、この流れを反省的に、これまでなされてきたことの中に位置づけていくことだ。実践のなされてきた文脈を明らかにし、その実践の中で生まれてきた葛藤や困難を抽出していくこと。そうした作業を通じて、新しく生まれてきているムーブメントの中にも、同じような形式の葛藤や困難を見出し、将来の構想や意図せずして引き起こすことに対する敏感さを生み出すかもしれない。また、現在のムーブメントに対する「無理解者」「批判者」のように思える人たち——それはたとえば、これまで重度と呼ばれる認知症を見てきた人たちや、介護者という立場から、認知症の本人の主体性の存在に疑問を持っている人たちかもしれない——との何らかの議論の接点を見出していけるかもしれない。これらの作業こそが、社会学が認知症と向きあう「臨床の場」に対してできる重要なことだと思うのだ。(7)

社会学的批判の方法

もちろん、現実に対する批判は、社会学のみの専売特許ではない。むしろ現在の新しい理解と包摂に向けた実践も、これまでの先駆的なケア実践も、それ以前の認知症のとらえ方や、解決に向けた問題設定に対する批判的なニュアンスやそれまでの常識へと挑戦する態度を、明示的か否かは別として持ってきた。その意味で、すでに実践において、それまでの現実に対する批判とそれを超えようとする試みはなされてきている。

そのため、社会学にもとづいた「批判」は、そうした実践によってなされてきた批判とは異なるものとなる必要がある。くり返しになるが、その目指す姿は、ある実践がいかなる意味での批判だったのかを、文脈を示したり他の実践と関連づけたりして明確化することや、現在は「常識」となっている実践が、何かへの抵抗であったことをあらためて掘り起こすことである。また、逆に、あたかも特別で先駆的に見られる実践の中に、それまでの実践の中でずっとかかえられてきた問題意識とのつながりを発見していくことも、重要な作業の一つである。

このように、すでになされてきたこと、なされていることを、その文脈をふまえて明確化することが、本書で行おうとする社会学的な批判であり、それはいわば反省的な試みなのである。そう考えると、特に認知症のことに詳しい人にとって、本書で登場する事例に目新しさはない。また、新しさを主張するつもりもない。新しい何かを生み出しているのは、常に実践がなされる現場であり、本書で行うことは、それに後からついていくだけのことなのだ。

後からついていくこととは、具体的には何をすることだろうか。それは、何らかのデータを集め、それにもとづいて考察を深めていくことである。本書では、筆者の行ったフィールドワークにおいて観察やインタビューを行うことで得たデータや、実践者たちが書いたり語ったりした文章、実践の映像記録などを用いて議論を進めていく。

具体的には、①二〇〇五年ごろから二〇一〇年にかけて行ってきたデイサービスのフィールドワークでの観察およびインタビューから得られたデータ、②二〇〇九年から二〇一三年にかけて行った一九八〇年代から二〇〇〇年代前半にかけて制作されたNHKの認知症関連番組の視聴から内容を書き起こしたデータ、③先駆的なケア実践を行ってきた実践者の著作、④認知症当事者の著作、講演、声明などにおける語りや、彼/彼女らへのインタビューから得たデータ、⑤NHKの認知症番組を制作したディレクターへのインタビュー調査などにわたっている。

それぞれのデータの性質はバラバラであり、全体として見ると断片的とも言えるものだ。しかも、いずれも、その実践が行われている現場から若干の距離をとって得た、ある時点のスナップショット的なデータである。たとえば、フィールドワークは一〇年近く前に行われたものだし、著作の記述やテレビ番組などは実践そのものというよりも、それを表象・解釈する営みを含んだデータである。こうした距離は、認知症ケアの現場の臨場性を考えると、そのリアリティに迫る上で欠点に見えるかもしれないし、また、古い一部の実践を見て何の役に立つのかと思う人がいるかもしれない。

実際、第2章でも一部とりあげているように認知症や老いに関連した介護の領域では、特に一九九〇年代後半から二〇〇〇年代の前半にかけて、制度的な意味では社会学者ではない精神科医や介護士などの実践者にリードされて、認知症ケアの「現実批判」と、それまでの「常識」を崩す営みが文章化されてきた（小澤 1998；三好 1997）。それは、強引にまとめるならば認知症とされた人の周囲の「関係」を変えることによる認知症の人の姿の変化と、そうした手ごたえに根拠を置いた医療批判や、認知症に付与されるスティグマへの批判である。そして、基本的には社会学者もそうした新しい試みの場で濃密なフィールドワークをしたり、そうした場での実践に注目したりしながら、二〇〇〇年代中ごろまでの認知症論を展開してきた（天田 2004；石倉編 1999；出口 2002, 2004a など）。

そうした現場の実践の中で得られる体験や経験知とも言えるデータは、認知症の「一般的に知られた姿」とは異なる現実がありうることを私たちに説得的に突きつける。実際に、それらの議論は「新しい認知症ケア」と言われるような潮流に乗り、後押しするようなものともなっていた。そして、現在、認知症に限らず「当事者の語り」が注目される時代において、現場感の価値は増しているようにも思われる。その観点から見ると、本書のデータは明らかに物足りないだろう。

しかし、本書の目的は、知られざるデータから「本当の現実」や「対抗的な現実」を明らかにしようとすることではない。また「よりそうこと」や「思い」など、「新しい認知症ケア」の理念として提示されてきた言葉を、現場のリアルなデータから経験的に裏づけようとするものでもない。いま目の前で展開している現場に肉薄して、そうした実践を、インパクトとともに紹介しようとするよりは、それらの実践が残してきた、いくつかの足跡を整理することを通じて、可能な限りで、現在なされ始めている諸実践の展開の先に予想される帰結を見通す試みなのである。(8)

確かに、理想と現実とのあいだで苦しい状況にある現場では、実践を支える希望に満ちた言葉や、現在の実践の変革に向けた強い「批判」が必要とされているのかもしれない。前者の立場から見ると、本書の作業は、理念の流れに棹さすのではなく、細かい支流や流れの澱《よど》みを見ていくような試みに見えるだろうし、後者の立場から見れば、その時点時点の実践に対する批判的まなざしが欠如しているように見えるかもしれない。

だが、認知症ケア実践の展開が、新たな発見と理念を刷新していくくり返しだとするならば、これまでの実践が成し遂げてきた意義は十分にふまえた上で、同じように見える実践同士の微妙な差異を突きあわせたり、後からであっても、その盲点を発見したりしていくことは重要である。また、後から見ると「望ましくない」帰結を生んできたとしても、現在の認識の水準からの、その暴露にとどまるのではなく、そうした「望ましくない」状態が成立する理由や背景を知ることも重要であろう。

現場とは少し離れたところで得られる「データ」を用いた分析は、いま目の前の実践の課題の解決には、すぐに役立たないかもしれない。しかし、これから起こる問題のバリエーションを想定したり、これまでの実践の中ですでに持たれていた問題意識とのつながりを見出したりする視点を提示できるのかもしれないのである。(9) いわば、本書は、認知症にまつわる問題の解決ではなく、問題がどのように成り立っているのか、いかなる問題として理解すればよいのかの「解明」をしていく際に役立つことを目指す書なのである。

本書の構成

最後に本書の構成について簡単に述べておこう。

第1章では、呆け・痴呆と呼ばれていた現象（今で言う認知症）に対する理解と包摂の試みがどのようになされてきたのか、一九八〇年代から二〇〇〇年代中ごろまでの変遷を大まかに描く。ここで言う理解と包摂は、あらかじめ肯定的な意味をこめた言葉ではなく、あくまで起こってきたことを記述するための言葉である。呆けや痴呆の人と呼ばれ、理解の対象とされていなかった地点から、どのように、私たちの社会のうちにいる、私たちがはたらきかけるべき対象とされてきたのかを描くこととなる。具体的には、①その人らしさによりそうこと、②疾患としての積極的対処（医療化）、③本人が「思い」を語ること、という二〇〇〇年代に入って明確化していく三方向の流れを示す。この三方向の流れが、以降の章でとりあげるケア実践を見ていく際のガイドともなる。

第2章から第4章にかけては、認知症ケア実践の中における認知症の人を理解し包摂していこうとする試みを、各章それぞれのデータにもとづき事例研究として描いていく。それぞれは認知症ケアに関する事例研究としても読めるものとなっている。第2章と第3章では、一九八〇年代から一九九〇年代の認知症ケア実践を、実践者の文書（第2章）と、テレビ番組の映像の書き起こしデータ（第3章）をもとに検討し、第4章では二〇〇〇年代中ごろの、とあるデイサービスでの実践を、インタビュー調査と観察から得られたデータにもとづいて検討している。

第2章では、新しい認知症ケアの原型ともみなされてきた、いくつかの先駆的な認知症ケア実践を、特に当時の医療の論理に対して、どのような意味で批判的だったのかに注目して見ていく。そこからは、それまでの認知症の人の置かれた状況をひっくり返そうとするのではない、「ささやかな」批判的実践が見えてくる。その実践の「ささやかさ」は、第1章で見るように、疾患としての積極的対処（医療化）が顕著になっていく流れの中で、医療に向きあうケア実践をどう見ていけばよいのか、示唆を与えてくれる。

第3章では、一九八〇年代からのテレビのドキュメンタリー番組がとりあげたいくつかの先駆的な認知症ケア実践の中において、本人の「思い」がどのようにとらえられ、どのように扱われていたのかを見ていく。そこから見えてくるのは、よりそう対象とされる、本人の「思い」の内容は一様ではなく、いくつかの「思い」のあいだに葛藤や対立が生まれうることである。本人の「思い」へのよりそいが強調されていく流れの中で、いかなる「思い」によりそっているのかにセンシティブであることの重要性が示唆される。

第4章は、二〇〇〇年代に、認知症ケアにおいて、本人の「思い」へのよりそいと、疾患としての積極的対処（医療化）という潮流が明示的になっていく中で、その二つの流れの影響を受けた、あるデイサービスのケア実践を、高齢者に対する介護・ケア労働の性格の歴史的変化という大きな文脈とも関連させながら描く。その実践が、何を達成しようとしてどのような困難に突き当たっていたのかを見るとともに、その困難を解消することの難しさと、その背景についても論じる。

第4章までは、ケア実践に注目して、認知症の人の理解と包摂のありようを見ていくが、第5章と第

6章とでは、認知症の人が理解され、包摂されていくもう一つの重要な方向性として、本人による「思い」の語りが現れていくことをとりあげて見ていく。

　第5章では、第4章でとりあげたデイサービスで、日常のケアと並行して行われていた認知症の本人への「思い」の聴きとりに注目し、その聴きとりが、何を目指してなされていたのかを明らかにする。ここでわかることは、新奇なものとして注目され、社会にインパクトを与える現象に見えた、本人による「思い」の語りが、認知症の人の生きる日常やそれを支えようとするケア実践の中で発見される課題と関連づけて生まれていることである。そのことはローカルな文脈や、これまでのケア実践と関連づけて、本人の「思い」の語りの登場の意義を理解していくことが重要なことを示唆している。

　第6章では、ローカルな場で生まれた本人の声が、より一般的に認知症の人の「声」や「宣言」として発信されていく過程を描くとともに、認知症の人の「宣言」が一定程度聴かれるようになった現在の課題について検討する。ここで課題として浮き上がってくるのが、明確な語りとともに認知症の本人というカテゴリーが成立していった結果として生まれる、その内部での線引きやリアリティの分断の可能性である。その課題をふまえて、未来の希望をひらくために考えていくべきことを示す。

　終章では、本書で見てきた、三つの方向での理解と包摂の実践が突き当たってきた困難をふまえた上で、現在、盛り上がりを見せている認知症をめぐる新しい諸実践が、いかなる意義を持っているのかを示す。反省的な試みをふまえて、現在、認知症の理解と包摂を目指した実践のいる場所と、その先に考えていくべき課題を提示することが本書の最終地点である。

　なお、終章の後に置かれる補論では、二〇〇〇年代以降に出版された、認知症の本人によって書かれた本（当事者本）がいかなる特徴を持ち、認知症の本人による発信としてどういった意義を持つのか、本の出版された時期ごとの特徴に注目しながら検討する。こうした著作の形で現れてくる認知症の本人の姿は、認知症の「本人による語りや思い」とはそもそもいかなるものなのかを考える上で示唆的であり、また、認知症をめぐる新しい動きの一つを具体的に伝えるものともなっている。

注

（1）二〇一七年三月二六日にＮＨＫで放映された「私たちのこれから #認知症社会〜誰もが安心して暮らすために〜」では、認知症フレンドリーコミュニティに向けたとりくみが紹介されることと並行して、認知症の人の運転の問題や予防の問題などもとりあげられた文字通り「バラエティー」豊かな番組であった。それぞれの話題が必ずしも交わることなく、認知症にともなう社会問題を強調する論者、新しいフレンドリーコミュニティをつくることを目指す論者、それぞれが不全感をかかえて終わるような雰囲気のものとなっていた。

（2）一九八〇年の結成以来、認知症に関する言説の中心であり続けた「認知症の人と家族の会」元代表の高見国生は、二〇一七年の国際アルツハイマー病協会の京都会議を前に、国の認知症総合施策の成立などを「暖かい風」と評価した上で、介護保険制度の後退を「冷たい風」と呼び一抹の不安を示している（毎日新聞 二〇一七年四月二一日「Listening〈論点〉認知症と社会」（https://mainichi.jp/articles/20170421/org/00m/070/004000c））。

（3）社会学的観点から、認知症に関する諸実践の背後の環境変化として、政策実施のモードを批判的に検討することは重要である。たとえば、関連する議論として、町村敬志は、国家の求心的な権力を欠いた「評価国家」という統治のあり方を市民活動団体に対する経験的研究から指摘している。それは、評価的プロセスを通じて諸団体の自発性を引き出す形で統治していくような政策実施のあり方を指している。たとえば、モデル事例として政府が何らかの先進的実践をとりあげて、PRしたり、資金を出したりするような形で団体の活動が促進され、競争的に活動にまきこんでいくようなやり方である（町村 2016）。こうした政策実施のモードは、団体の活動評価にもとづき資金配分されていくソーシャルインパクトボンドの導入などとも親和的であり、介護で言えば「身体的自立の達成」などの、明確なアウトカムを示すことのできる活動が生き残っていく環境条件となってきていることを示している。

（4）もちろん、「以前の実践」全体の中には、ずっと克服されきらずに残っている古い認知症観にもとづくものと、よかれと思ってなされてきたが時代が変わることで限界が見えるようになっていったものが入り混じっている。たとえば、認知症の人の拘束などの問題は、古くから批判され、そして現在も残る問題であろう。

（5）寺岡伸悟は、事例の記述と事後解釈を中核とする社会学に現場から投げかけられる「これからどうするか」という問いにいかに応じていくかを、現場と協働する研究の課題としている（寺岡 2014：91-7）。

（6）たとえば、障害に関しては、重度の肢体不自由者たちの自立生活の実践の中から、障害とは何かを問い返す議論や、介助を受ける側とする側との関係などがくり返し論じられ、障害学（Disability Studies）という名称に結実してきた学問に影響を及ぼしている（安積ほか［1990］2012；立岩 1997；星加 2007；前田 2009；榊原 2016）。認知症をめぐる課題と、障害学の議論との接点については本書終章で論じている。

（7）社会運動研究者である松井隆志は、「社会運動史」研究を新たに立ち上げるマニフェストの中で、社会運動の歴史研究の課題を「過去の社会運動の努力・工夫を含めたその肯定的意義を明らかにする研究」というよりも、「そうした肯定的要素がありながら、それでも何かしらは壁に直面せざるをえなかった社会運動の現実、その分析」と設定している。そして、「その分析を行ったところで、現在の社会運動が抱える困難が除去されるわけではな」く、「そうした困難は研究者が回答を与えうるものではなく、社会運動自体の実際の格闘の末にしか克服できないもの」だが、「過去の困難の分析が、現在の格闘に何らかの手がかりを与えることはある」（松井 2019：15-6）とその意義を主張している。こうした立場は本書が目指すことに近い。

（8） 研究の「現場」や「フィールド」と言うと、空間的・時間的に限定された具体的な場所のイメージが喚起される。しかし、ある限定した調査課題に対して、一時点でデータを集めて帰納的に解を導きだして終わりになるような調査に対して、私は、より広くテーマによってつながれた場や現象の全体をイメージして研究を展開することが重要だと考えている（井口 2013a）。その意味で、家族介護を主たる対象とした前著『認知症家族介護を生きる』（井口 2007）から、もともと一〇年以上にわたって個別になされた本書の各章も、ゆるやかな問題意識の通底する一つの「フィールド」としてつながっている。

（9） 臨床現場に対する社会学の立ち位置について、三井さよは、「便宜的」と断った上で、ＷＨＡＴ（問題はそもそも何か）とＨＯＷ（現状改善のためにどうすればいいか）という問いの性質を区別し、現場（三井の議論では看護職）が、知識・技能と関連させてＨＯＷを考えるところから問題にとりくむのに対して、社会学はＷＨＡＴの考察から始めるという対比をしている。そのことによって、現場中心に論じられてきたＨＯＷへの回答と違ったものを提示できることに社会学の意義を求めているのである（三井 2004: 4-11）。この三井の議論は、社会学の観点をＷＨＡＴに関する知に限定しているわけではない。ＷＨＡＴから問うことで、現場でのＨＯＷを考える際の新しい視点を得られることが重要なのだ。本書単独でそれが可能かどうかは別として、そうした役割の一端を果たすことを本書は目指している。

第1章 理解と包摂をめざして

ケア・介護の対象としての認知症理解へ

はじめに

本章では、日本社会において認知症（呆け、痴呆）への注目が始まった一九七〇年代ごろから二〇〇〇年代中ごろまでにかけて、認知症の人がどのような存在としてとらえられてきたのかを、概観する。それは「何もわからない、私たちとは違う存在」とみなされていた状況から始まる。そうした状況に対して、どのような試みが生まれていったのか。そして、その試みは、どのような認知症の理解や包摂を生み出していったのだろうか。彼／彼女を、周囲の人や社会がどのような存在としてとらえ、それにもとづいてどのようにはたらきかけようとしてきたのかという点に注目して描いていく。

その活動の多くの部分は、現在では認知症の人へのケアや介護と呼ばれる領域と重なっていく。大まかに言えば、痴呆や呆けと言われてきた状態を理解可能なものと定義づけ、その状態にある人をケア・

介護の対象としていくこと、よりよい形でのケア・介護を模索していくことが、呆け・痴呆・認知症をめぐる実践のたどった歴史だと言えるだろう。

しかし、序章で述べたように、さらに先の現在において、徐々にその実践はケア・介護という範囲をはみ出し、そこを超えた実践のイメージが形づくられていく。それは、これまでの理解・包摂の実践の流れに異議を申し立てる意味あいも持っている。そこが認知症をとりまく諸実践の現在地だが、詳細は本書の後半にゆずろう。先を急がず、ここでは、痴呆という呼び方が認知症へと変わり、そして介護者だけではなく、認知症の本人の語りに注目が集まるようになった二〇〇〇年代半ばくらいまでを見ていくこととする。

1 排除と包摂のくり返しとしての認知症の歴史

「何もわからない、私たちとは違う存在」という認知症に対する認識が、現在いくぶんかは変わってきたとしても、認知症の人たちの理解や包摂は達成されたのだろうか。ゴールは近づいているのだろうか。

まず確認しておかなくてはならないのは、本書が「かつては問題があったが、今はそれを克服してきた」という進歩的な歴史として実践の展開を描こうとしているのではないということだ。様ざまな認知症をめぐる実践が積み重ねられてきた現在でも、認知症への否定的な意識や、それにもとづく排除はあり、さらに、それらに対抗する実践や思考が模索され続けている。そして、おそらくそれは今後も続いていく。そのような見方を本書はとっている(1)。

認知症や認知症の人の理解と包摂をめぐる実践が、そうした不断に模索され続けるような性質のものであることを確認するために、まず、最初に、認知症とはいかなるものかに言及しつつ、認知症への否定的意識とそれにもとづく排除の大まかな輪郭を描いてみよう。認知症に関する知識やそれにもとづく常識の変化にともない定義の力点やニュアンスは変わるわけだが、ここでは二〇〇〇年代に入ってからの認知症理解の出発点とも言える一つの説明から出発する。

認知症とは記憶障害や見当識障害などの中核症状と徘徊や妄想などの周辺症状からなる症状群である。いったん獲得した知的能力の喪失という退行性を示すことと、医学的な原因疾患――高齢期の認知症においては精神神経医学的な原因疾患――を有することを要件とする（小澤 2005：2-4)。

介護保険制度開始後の二〇〇〇年代前半、介護問題として、身体的な不自由を念頭に置いた問題に加えて、周囲との円滑な意思疎通やそれまでと同様の生活をおくることが困難になる痴呆の状態に注目が集まり、その公的な呼び名が認知症へと変わっていった。その名前の変更は、痴呆や呆けという概念の大きな転換の中で現れたものであり、また、その転換を強く後押しするために行われたものだとも言える。すなわち、上記のように医学的な原因疾患を持つ症状として理解することが、少なくとも教科書の内容や啓発の拠って立つ一般的知識として強調されていったのである。このような認知症理解のあり方が、包摂のための入り口とされたと言い換えてもよいだろう。

だが、実際は、現在も、その言葉にはそれを超えた意味がこめられて社会的に流通している。拭い難く残っているのが、認知症に向けられる否定的な感覚である。痴呆や呆けという言葉が主に使われていたころから、その状態は、できればなりたくない姿とされ、「寝たきり」と並び、老後の大きな社会的リスクともされてきた（藤村 2001：183）。二〇〇四年末に用語が認知症へと変わり、以前に比べると、あからさまな蔑視や忌避などは少なくなったとしても、底流に流れている人びとの否定的な意識や、特別な対象とみなす考え方の存在は否定できないだろう[2]。

その意識は、現在も洗練された形で現れている。その一つは認知症の予防の中においてである。かねてから介護予防への関心は高いが、その中で認知症（呆けの状態）は予防の対象、すなわちそうならないよう避けるべき状態の象徴とされるのである[3]。また、認知症の人の引き起こす交通事故・鉄道事故は、今日において、リスク対応が必要な社会問題となっている。いわば、そうしたふるまいが、社会的な「問題行動」ととらえられているとすれば、これまで介護問題の中で表現されてきた徘徊や暴力行為を行う者というイメージの延長上に位置づけられているとも言えるだろう。

このように、予防や社会におけるリスク管理というその意義に一見疑いを示しにくい形に変換されたとしても、認知症への否定的な意識（蔑視）は残存し、それとともに排除の対象でもあり続けていると考えられる。そのため、認知症になった人や認知症になった人とつきあう人にとって、認知症との出会いは、現在においても、多くの場合、きつい経験になる。それは身体の状態や本人や家族の努力にかかわらず生まれる経験である。

しかし、あるいはそれゆえに、そうした排除への抵抗も同時に生まれ、介護政策や専門領域でのケア実践、また認知症への意識改革の実践などの対象ともなってきた。すなわち、その排除のありようと、それに対抗する理解や包摂の実践は、それまでの人びとの意識やケアのあり方、制度などへの批判と、新たな構想・実践とを常にくり返していくダイナミックな現象であり、そのプロセスが認知症をめぐる歴史を形成してきたと考えられる。

以下本章では、認知症の人に対して、いかなる理解・包摂の実践が試みられてきたのかを、二〇〇〇年代中ごろまでの時期を念頭に、やや大まかに整理していく。その整理の中で、認知症の人を理解・包摂する実践の中の主要な三つの方向性を抽出し、次章以降で、何に焦点を当てて、より詳細な実践の記述と分析を行っていくのかを示すこととしたい。

2 理解からの排除、理解することでの排除

「何もわからない人」からの出発

二〇〇四年末に決定した、行政文書での「認知症」への用語変更[4]が転換しようとした、「呆け・痴呆」にともなう否定的イメージとは、具体的にはどういったものと考えられるのだろうか。その典型は、後の痴呆や呆けのイメージの定着に影響を与えたと言われる、一九七二年の有吉佐和子の小説『恍惚の人』の中に示されている。

小説の一節に、息子が、母の昭子に向かって、痴呆である祖父の茂造を「子供っていうより、動物だねあれは」「犬だって猫だって飼い主はすぐ覚えるし忘れないんだから。自分に必要な相手だけは本能

的に知っているんじゃないかな」と表現するシーンがある〔有吉［1972］1978：189〕。この記述は、茂造は、わからなくなっているが本能的に生存を保障してくれる昭子を覚えていることを表現しようとしている。このような記述を通じて、認知症の人の「何もわからない様子」「動物のように本能的に生きている様子」が強調されているのである。

有吉の小説は、高齢化社会における介護問題の重要性を提起した本だと言われる。そこでは認知症の人を介護する家族（女性）の大変さが強調され、その強調ゆえに、認知症の人は周囲にとって大変な負担となる存在として描かれている。理性を喪失し「迷惑」となっていく姿、こうした「悲惨な」状態は大変怖れるべき状態だ。そうしたことが表現されているのである。このような表現は、こうした姿へと変容して老後をおくらなければならないことへの人びとの恐怖を反映しているとも言えるだろうし、そうした恐怖を結果的に追認した表現でもあろう。他方で、こうした恐怖と表裏一体の表現として、当人は「何もわからなくなる」ので——苦労する周囲とは違って——幸せだといった描写もされてきた。これらは、介護をする家族の現実における多大な負担と対比して、認知症の人が自分たちの理解の及ばない「違う世界」にいることを強調した表現だと言えよう。

いずれにせよ、以上のような表現の前提には、認知症の人は「自己や周囲のことがわからない」「私たちとは違う世界の人」という認識がある。こうした認識にもとづいて、認知症の人への対応がなされていった。このようなイメージにもとづけば、以下のような認識が生まれる。彼／彼女と、それまでと同じように言葉でコミュニケーションをとろうとしても、「わからない」はずなので、適切な反応を得られるわけがない。そのため、彼／彼女らは、認知症ではないわれわれが理解のために努力を向ける対象範囲には入らない。このように、認知症の人は、通常の人間、すなわちコミュニケーションの相手とはみなされなくなるのである。

一九九〇年代から二〇〇〇年代にかけての認知症ケア実践や研究の中で、認知症のイメージがくつがえされたことが強調されるとき、まず前提にあるのは以上のようなイメージである。その強固なイメージやそれを前提とした対応に対して、認知症の人とのやりとりから見えてくる本人のつらさや苦悩、認知症の人同士のコミュニケーションの成立を事例とした様ざまな実践・研究が反証を示していく。「何もわからない人」というイメージは、認知症の人の「正しい理解」と言われるとらえ方と包摂を考えていく際の、第一のそして今でも続く「敵」だと言える。

「正しい知識」による理解と排除

一般的に、ステレオタイプ的な認識に対しては、正しい知識を示すことが重要だと言われる。認知症における正しい知識は、まずは医学的知識との関連で示されていくことになる。認知症の原因となる疾患の代表であるアルツハイマー病（AD）や脳血管性疾患、レビー小体病などについて、脳の病変の特徴や、疾患の発病メカニズムなどの探究がなされてきた。

特に、認知症の原因疾患の代表例で、日常的にも認知症（痴呆・呆け）という言葉と互換的に用いられることがあるADは、一九世紀にドイツにおいて、精神医学者のA・アルツハイマーの症例報告を受けて、E・クレペリンによる疾病分類体系への組みこみがなされた（Maurer und Maurer 1998=2004）。その後、その概念はアメリカにおいて、熱心な医科学的探究の対象となってきた（Fox 1989; Lock 2013=2018）。

そうした原因疾患の特定化と発見とともに、脳の原因疾患と関連づけたアルツハイマー型認知症、脳血管性認知症などの言葉が一般的になっていった。このような認知症の解明は、主に自然科学的な知識体系にもとづいた医学によるもので、一般的に言うと認知症の「医療化」と言える。

社会学において「医療化」は、ある行動や出来事を、「悪」やスティグマという意味が付与されたものから、専門的知識にもとづいて介入すべき「逸脱」へと意味づけを変える効果を持つとされる（Conrad and Schneider［1980］1992=2003）。極端に言えば、これまで呆けや痴呆と呼ばれてきた現象は、周囲にとって迷惑な行動を起こす個人を問題視する表現であった。それに対して、その原因が、医学的にその個人の内部の脳神経科学的なメカニズムから来るものととらえ直されることで、「その症状を示す人」に対する理解が促進されるようになっていったとしてもおかしくはない。

だが、医学における認知症への関心は、ある時期までは、むしろ社会的なステレオタイプやスティグマと共振していたと見ることもできる。生物医学的には、認知症の原因疾患と症状とのつながりがあることが指摘されていったが、その疾患と症状とのつながりや症状の特徴は、実際に患者本人の生と出会う臨床の水準では熱心には探究されてこなかった。むしろ、医学・医療として探究すべき「謎」として、熱狂的な関心を集めたのは、病理学的なメカニズムが不明である脳神経の変性であった。

脳神経医学に対して、認知症の症状により注目すると思われる精神医学、特に統合失調症（Schizophrenia）に関する知を生み出してきた精神病理学では、認知症の人へと関心が向かっていただろうか。確かに、実際には、呆け・痴呆とされる人の多くは、精神科の範疇（精神科病院への入院）で対処されてきた。だが、臨床における「症状」から思考を展開し「異常」の中から「人間」を探究してきた精神病理学的な精神医学は、これまで認知症にそれほど関心を向けてこなかったという。第2章でより詳しくとりあげるが、もともとは児童精神医学者として反精神医学の担い手であり、二〇〇〇年代に入ってから認知症に関する一般向けの著作（小澤 2003, 2005）を出していった小澤勲は、一九九〇年代末の研究書で、精神疾患を人間学的にとらえようとする精神病理学は、痴呆を生きる人に興味を持ってこなかったと批判的に述べている（小澤 1998）。

それは、精神病理学の中においては、認知症は生物学的にその多くを説明できてしまう――誤解を恐れずに言えばわかりやすい――対象と位置づけられていたためであると解せる。認知症の専門的な診断や治療には、主に脳神経内科医と精神科医がかかわってきたが、そのメカニズムは主に生物学的な範疇で関心が持たれていた。すなわち、因果関係の順序としては、症状の前に存在する原因疾患のメカニズムが、探究対象として医師たちを引きつける「謎」であり、「症状」とされる認知機能やふるまいは、あくまで、その大部分が原因疾患から引き起こされている必然である。そして、医学の世界ではその原因の部分の解明が価値あることとみなされ、神経病理学的要因以外の要因による症状の変化や、認知症の本人の生きる世界などは、当初は探究の中心的な対象とはならなかった。ゆえに、臨床では症状に対して直接はたらきかけることはほとんどできないという「治療ニヒリズム」（Cohen 1988）が成立していたことになる。

一九八〇年代後半以降、認知症に関する人間学的な理解が、精神科医で言えば、室伏君士や小澤などによって、主に長期療養病棟や老人保健施設の実践を通じて展開してきたことは示唆的である[5]。彼らは、そこで生活する人たちの介護を念頭に実践していかなくてはならなかった。認知症の人と長い時間をともにしなければならない場において、彼／彼女らへのはたらきかけをどうするかという、切実な問題意識から探究が始まっていったと言える。その実践は、二〇〇〇年代以降の認知症ケア・モデルともつながっていった（4節および第2章も参照）。

3　介護場面ゆえの理解と包摂

次に、実際に認知症の人の介護がなされてきた場面に注目してみよう。認知症の人と出会い、その人たちを長期にわたって介護していく人たちがいるが、その人たちは、社会的な認知症のイメージを参照しつつも、もともとつきあっていた人の変容として認知症に出会っていく。そうした出会いの中で、変容していく人たちはどのように理解され、対応されてきたのだろうか。

疾患にもとづく「問題行動」の理解

呆けや認知症とされる人と最初に出会い、ともに生活する時間が長いのは、主に家族と呼ばれる関係にある人たちである。そのため家族が認知症の人のふるまいを理解し、対処していくことは切実な課題であり続けてきた。そして、その中で理解と包摂の実践が模索されてきた。ここでは主に、認知症に関する正しい理解のあり方を説き、社会に求めてきた呆け老人をかかえる家族の会（現、認知症の人と家族の会。以下、家族の会）の言説を中心に見てみよう。家族の会は一九八〇年に京都で結成され、呆けや痴呆と生きていく上での、手がかりも助けもない中で、痴呆への対応に関する知識の蓄積や伝授、政策に対するアクションなどを行ってきた。

地域での診療で認知症とかかわってきた医師も中心メンバーである家族の会は、原因疾患から発する症状として「問題行動」を理解する必要性や、家族が認知症を受容する過程の段階論などを示してきた。それらの知識は、本として発信されたり、電話相談、家族同士の集まりの場などでのアドバイスとして伝達されたりすることとなる。日常のコミュニケーションの場面で「問題」として経験される相手の行動や様態を、脳の疾患から来るものとみなして対処していくことが、まずは重要だとされたのである（杉山編 1995）。

そのような理解と対処をすることの意義について、たとえば、家族の会にも協力してきた医師の松本一生は、家族への心理教育アプローチと家族会の役割について記述している箇所で、以下のような男性介護者Hさんの事例を出している。

最近、妻に嫉妬妄想が発現したために、Hさんを片時も自分のそばから放そうとせず、買い物にも行きにくい状況になりました。妄想が激しくなると、妻はHさんにつかみかかることもあります。たまりかねたHさんは、保健所が町内で開催した一〇〇人規模の家族教室に参加しました。講師の保健師から、アルツハイマー型認知症についてはじめて正確な情報を得ることができました。妻の行動に対しても、これまでは「どうして妻は自分を憎むのだろう」と解釈していたために、妻に対して憎しみの気持ちを抑えることができず、ときには殴ってしまうこともありました。そのことに悩んだあげく、家族教室に参加したのでした。妻の行動が認知症という病気のために生じるものと理解できることで、ずいぶん気が楽になりました（松本

2006：111)。

Hさんは、当初、たびたび自分に対して暴力をふるってくる（認知症の）妻の意図を、自分のことを憎んでいるからだと解釈し、自分の方も感情的になって相手に暴力をふるうことで応じてしまっていた。しかし、家族教室で、その暴力として現れる行動が、妻の悪意からではなく、認知症から来るものだと教えられることで気が楽になった。すなわち、このエピソードは、疾患にもとづいて行動を理解することで、認知症の相手の加害と思われていた行動の免責がなされたケースとして提示されているのである。

専門職が、このような例を示して、疾患として理解することの重要性をたびたび強調してきたのはなぜだろうか。それは、家族にとって、認知症との出会いは、それまでなじんでいた相手の衝撃的な変容である一方で、どこかで、前と同じかもしれないと期待してしまう、どっちつかずな経験だからである。以前は○○だった人が、どうにも理解できない行動をするようになっていくが、おかしなふるまいは、いつもではなく、それまでと同じようなふるまいのあいだあいだに現れてくる。こうした中で、家族は、時どき見られる、相手のそれまでの姿を何とか維持しようとする。また、その相手を見る人（家族内の別の人や親族など）によって、認知症の人の姿が違ったものに見えることもある。その見え方の違いによって、介護を主に行っている者が責められることもある。家族内での立場が弱ければ、責められることは多くなり、その苦悩はより大きくなるだろう[6]。以上のような定義の曖昧さを解消するための一つの重要な方法として、疾患としての理解が要されるのである。

この疾患としての理解を、相手に認知症という一面的なラベルを貼ってしまうことだと単純にとらえるべきではないだろう。なぜならば、現実には、家族という関係の中で、相手の行動を疾患として認識して対応していくことはとても難しいためである。認知症と出会う家族が、認知症を知っていようが、専門機関で診断名を伝えられようが、変容していく相手の行動はそれまで一緒にくらしてきた具体的な名前を持つ○○が行うふるまいに映る。また、できれば相手を認知症の人だと認めて対応したくないという意思を強く持ち続ける家族もいる。目の前の相手は、自分に何らかの悪意を向けてくる人間であったり、それまでと同様の気持ちを持つ相手であり続けたりしてしまうのである。

このように、人生を共有してきた家族介護者にとっては、「問題行動」を疾患に由来する行動として理解し、相手を免責し続けることが難しい。疾患として理解することを説く専門家――特に介護で悩む家族の実情に向きあってきた者たち――もそれが非現実的であり、家族にとっていかに難しいことかがわかっている。それゆえに、あえて何度も疾患として理解することの必要性を強調し、一時的にでも疾患から来る行動として家族が納得できることで、少しでも状況が好転することを目指してきたのである。

こうした疾患としての理解は、2節で見た、医学における認知症の知識を適用したものだ。だが医療の領域では、認知症の人そのものを、その知識を用いて理解する方向になかなか関心が向かっていかなかったのに対して、家族の領域では、違う効果を持っていた。家族は、認知症の人とともに生きていかざるをえない。彼/彼女は、家族の目の前に否応なく現れてくるのである。そのため、医学における知識は、認知症の人とコミュニケーションをとり続け、ともに生きていくために必要なものとして強調された。その人の「問題行動」を、いったん疾患から来るものとして括弧に入れて、その次の冷静な対処につなげていけると考えられたのである。

介護経験への理解不足

相手の行動を疾患として家族が理解することが重要だとされてきた背景には、認知症の人と介護を担う家族とのあいだに密接な二者関係が成立し、その範囲に介護負担が集中していきがちな状況があった。多くは、最初に夫婦や親子などの関係性の中で何らかの違和が発見され、それが認知症だと定義づけられながら、介護者と要介護者という関係が成立していく。そのような、生活をともにし、世話の責任が生まれる密接なユニット――多くは家族と呼ばれる関係――では、認知症の人の行動は、日常生活の維持を困難にしがちであり、それゆえに「問題行動」と呼ばれる。また、そのユニットの中でのやりとりや、そのユニットが社会的に置かれた状況が、そのユニットの構成員たちに孤立感をいだかせ、結果として認知症の本人にとって望ましくない状況につながりがちである。そのことを次に見ていこう。

まず、社会的な価値・制度との関係から生まれる、介護する家族が感じてきた相対的な排除の感覚がある。一九八〇年代から認知症の人たちと生きる家族たちが訴えてきたのは、入所できる施設の不足や、在宅で介護を行っていく際の資源不足である。もちろん、こうした不足感の問題は、認知症に限らず高齢者介護全般においても同様であっただろう。

だが、認知症の人を介護する家族からの発信などを見ると、彼女／彼らは、高齢者介護問題が世の中の注目を集め盛り上がってきた一九九〇年代後半以降にも、相対的な資源不足を感じていたように思われる。高齢化が危機とされる中で、高齢者介護の資源の拡充とシステムの形成が、一九八九年のゴールドプラン（保健医療福祉一〇カ年戦略）から二〇〇〇年施行の介護保険制度にかけてなされてきた。その過程では「寝たきり」を中心的な対象像として、身体的な部分の支援を念頭に置いた介護制度が形成されていった。認知症は考慮に入れられたとしても、あくまでも世話を必要とする高齢者が付随して示す「精神症状」であり、その対策は「寝たきり」に遅れて展開し[7]、二〇〇〇年代以降になって中心課題となっていく（5節）。

寝たきりと比較した際の注目の遅れは、認知症介護における介護医療の資源不足として第一には問題とされる。しかし、それは単なる量の不足だけでなく、認知症介護の経験への理解不足という介護者の感覚とも関係している。たとえば、その不足感を社会に向けて言語化してきた家族の会は、介護保険制度の基礎にある要介護認定や、それにもとづくサービス供給システムの不十分さをくり返し議論してきた（石倉・森・呆け老人をかかえる家族の会編 2000）。それは、認知症の介護は、食事介助や入浴介助、移動の手助けなどの個々の身体的介助の集積というよりも、生活をともにすることや、相手を見守ることそのものの比重が高いことと関係している。サービス上限の設定において、家族が介護にかかわることを前提としている介護保険制度においては、「見守り」そのものに最も近い認知症介護は特に困難な経験なのである[8]。また、介護保険制度においてサービス給付量を決定する要介護認定に関しては、ある一日一時点だけの面接において、状態を判断しサービス量を設定するしくみが、認知症の人の介護の大変さの把握には適合しないと批判されてきた[9]。

閉じた二者関係と失われる他者性

以上のような、経験が十分に理解されていない感覚は、認知症の人と家族とのコミュニケーションが、その二者間に閉じていきがちなことと関係している。家族が認知症ではないかと思うようになっていったとき、介護する家族は、しばしば、なるべく二者の関係で世界を完結させようと試みる。それは、認知症への否定的意識を自分自身も強く持ってしまうためだったり、他人が関与せずに介護を行った方が、余計なノイズが入らず、かえってその時点では効率的に思えるためであったりするからである。具体的には、受診へのためらいや、診断名を得た後にそれは決定的な変容ではないと解釈することなどである。また、診断を受けたものの、それまでの知人などに知られることを嫌い、本人の外出を控えさせたり介護サービスを使おうとしない人もいる（井口 2012）。

こうした二者に限定された関係を保つことは、一般的には症状の進行にともなって困難となり、結果的には外部とつながらざるをえなくなっていく場合が多い。たとえば、社会からは「徘徊」と呼ばれるような本人の外出行動が頻繁になってくると、近所の人や警察など家族外の人に伝えることが必要となってくる。だが、そのように、なし崩し的に外部の助けを利用するようになっていったとしても、在宅で生活を続ける以上、家族は認知症の人とともに自宅で長く時間をすごし、またその人のことを一番よく知る者となっていきがちである。そうした関係の中で、どうしても、家族が最もかかわる頻度が高く、相手の細かい部分を把握する（と自己認識する）介護者となっていき、形を変えた密接な二者関係は続いていきがちである。こうした二者関係を背景に、相手の行動を疾患として理解するように試みる、先に見たような認知的な対処を駆使した介護がなされてきたのである。

他方、こうした密接な介護の中で、介護者は認知症の人の人間らしさや、その人の心や思いを発見していくこともあり、それは介護を続けてきた家族にとってかけがえのない経験であった（呆け老人をかかえる家族の会 2004；呆け老人をかかえる家族の会編 2004）。だが、そうした介護者が表明する肯定的な経験を、そのまま認知症の人の理解と包摂につながることだったととらえてよいかどうかは留保が必要である（井口 2008）。

まず、二者関係に閉塞した中での介護は、その負担が介護家族に集中する。それに加えて接する人が少なくなっていき、認知症の人にとって、コミュニケーションの相手が家族介護者に限られていく。家族介護者は、日々介護を続けていくことを、第一の目的とせざるをえない。そのため、そこで接することになる認知症の人は、「介護を受ける者」という一面的な存在に映りがちになり、介護する家族にとっては、認知症の人の多面的な姿を見られなくなっていくこととなる。ときには「相手はお人形さんのよう」「私の感情がそのまま相手の感情に反映してしまう」といった、自分とは違う他者である感覚を失っていく状況を経験すると語っていた介護者たちもいた（井口 2007: chap. 7）。他方で、認知症の本人にとっては、自らの力でその関係性から脱することが困難になっていく。そうした中で、介護者と同一化したような存在として、介護者側から認知症の人がとらえられていくことは、危険な側面を持っている。なぜならば、言語で自らの意思の表現が困難なゆえに、ときに二者関係が不適切なもの（暴力など）に陥ったときに、抵抗が難しくなるためである。

4　「新しい認知症ケア」の展開

以上で見てきた、認知症をとりまくイメージや、介護医療資源の不足などの状況と、その中で相手の理解を試みていこうとする実践が積み重なっていった先に、二〇〇〇年代の「新しい認知症ケア」が見られるようになってきた。ここで言う「新しい認知症ケア」とは、二〇〇〇年代に入ってから、政策や現場などで見られる動きを総称した表現である。「尊厳の保持」や「その人らしさ」などの言葉をキーワードに、認知症の本人に配慮してケアを行っていくことを目指すような実践群を指している。

もちろん、認知症の人や介護家族の実態がこの時期に一気に変わったわけではない。前節で見たような密接な二者関係の中での介護や、その背景の介護医療の資源不足は続いており、家族への支援も、もちろん重要な課題であり続けている。また、二〇〇〇年代に入って新しい実践が突然現れたわけではなく、先に見たように、認知症の人を支援しようとするそれまでの草の根の先駆的な臨床実践の歴史を背景に「新しい認知症ケア」は輪郭を現してきた。

ここで強調したい二〇〇〇年代以降の流れとは、「パーソン・センタード・ケア（person centered care）」（Kitwood 1997=2005）などの海外からの認知症ケアの「理論」の導入も含め、本人中心の新しいケアの実現が理念として強調され、政策文書や専門職の実践において目指すべきスタンダードと位置づけられるようになってきたことである（井口 2007；木下 2019）。そうした強調の一貫として、テレビや新聞などのマスメディアにおいても新しい認知症ケアの考え方が紹介され（第3章注3参照）、専門家だけでなく、一般市民もそうした潮流を意識するようになってきている。

こうした理念の展開に対しては、ケア現場の実態とずれがあると見ることや、一部の例外的な実践だと指摘することも可能である。しかし、ここではこの理念にもとづく先駆的な実践が生まれてきたことや、こうした理念に結実していくこれまでの認知症ケア実践があったことに注目したい。新しい理解と包摂の理念と動きを突きつめると、それはどういったものとなり、何を帰結していくのだろうか。そのような論理的な展開可能性をふまえることで、理念に現実が追いつかない問題だけでなく、その理念自体の可能性や問題性を見すえることができると考えられる。

その人らしさによりそう

新しい流れの中心にあるのが本人中心のケアである。認知症の本人の「その人らしさ」や、本人に「よりそう」、本人の「尊厳の保持」などの表現とともに、本人を中心としたケアが達成すべき標準とされるようになり、政策形成に向けた文章にも反映されるなど、具体的な形を持つようになっていった。

従来から一般的に、本人のペースにあわせた環境やコミュニケーションが、症状の軽減あるいは認知症の人が「その人らしい」生活をおくる上で重要だと言われてきた。そうした環境やケアとして、北欧を参照して一九九〇年代後半ごろからグループホームやユニットケアなどの少人数単位で個別ケアを行える「施設」が注目され、その普及が目指された。それに加えて、二〇〇〇年以降は、介護保険財政の伸びを抑えることと、地域包括ケアの構築という政策的意図を背景に、小規模多機能型居宅介護に代表されるような、高齢者を点ではなく面で支えて住み慣れた地域で生活し続けることを支えるサービス類型が設けられ注目されるようになっていった。小規模多機能型とは、通い、泊まり、訪問という三つの機能を備えたサービス拠点で、登録した利用者に対して、時間を区切って提供するのではなく、その人の生活にあわせて柔軟にサービスを提供していくことを目指したものである[10]。

このように「その人らしさ」「よりそう」などの言葉で表現される理念は、まずは二〇〇〇年代以降の介護サービスの提供システムである介護保険制度の中に位置づけられながら普及が図られていった。先述したように個々の介護行為の集積というよりは、生活の「見守り」の性格が非常に強くなる認知症介護では、家族介護への一時的な手助けという発想では介護を代替する支援として不十分に終わる。それゆえに「寝たきり」を中心的な対象像として成立した介護保険制度の中核である巡回型のホームヘルプサービスが、家族のニーズにマッチしないとされてきた（3節も参照）。

また、当初より、介護保険制度におけるサービス量は、実質的には家族などのインフォーマルな介護者が一人いることを前提とした設計と言わざるをえない。そのため、全面的な見守りや生活の代行者となるような介護者を得られない認知症の人が一人で生きていくことは、非常に困難であった。ゆえに、認知症の本人を、家族を前提とせずに住み慣れた場所で支えるとしたら、本人の生活を長時間にわたってある程度引き受けるような支援が要される。

施設以外で、丸ごと引き受けることは困難だが、介護保険制度以前から独自のとりくみを行ってきた草の根の宅老所は、その人の生活全体を支えるという発想の支援実践を行ってきた（第2章参照）。こうした、それぞれ独自の実践として出発した宅老所をモデルに小規模多機能型居宅介護が、二〇〇〇年代の介護政策における一つの目玉として置かれた。3節でふれたように、認知症介護を支援する制度は、

「寝たきり」の高齢者を対象とした制度の成立過程に遅れて、徐々に生まれていく流れとして記述できる。二〇〇〇年代の動きは、まさにこの流れをたどって、認知症対策が課題として強調されてきた。しかも、今後その数の増加が見こまれる認知症の人を単に新たな対象に含めただけではなく、認知症の人を中心的な対象者像として設定して、高齢者介護システム全体の再編成を目指したのである[11]。

ここでは小規模多機能型居宅介護を典型例に挙げたが、認知症ケアを強く意識するデイサービスなどでも、たとえば介護負担の解消などの、その時点だけの問題を解決するような支援ではなく、認知症の人の二四時間や長期的なスパンの生活を想定しながら、生活全体を考えて認知症の人へのはたらきかけを行うようなサービスが現れてきた。たとえば、第4章や第5章で事例としてとりあげることとなる、認知症専門デイサービスは、利用者の生活に影響を与えているのが家族との関係であることを強く意識し、自宅に帰ったときの関係をよくすることを念頭に、デイサービスでの本人の思いの聴きとりや、家族に対する支援を行っていた。このように、具体的なやり方は様ざまでも、何らかの形で本人の生活全体を意識していく志向が生まれてきたのである。

疾患としての積極的対処

「新しい認知症ケア」というと、上述した新しいサービスの考え方や、認知症の人への支援における新しい態度にまずは目がいく。だが、認知症に対する医療のかかわり方が大きく変化し、それがケアと関連を持つようになってきたことも、新たな展開の重要な一面である。

先述した二〇〇五年の痴呆から認知症への用語変更の一つの意図は、痴呆には蔑視的なニュアンスが含まれているため、スティグマ感を軽減する言葉を採用することであった。しかし、言葉の変更そのものは手段であり、名称を変更することを通じて達成しようとした重要な一つの目標がある。それは言葉のニュアンスを変えることで、原因疾患を背景とした病気として認知されるようにし、診断を受けることへのハードルを下げ、医療と福祉との適切な分業を見すえた医療実践に組みこむことである（長谷川 2005）。

これは3節で見たような意味での、「疾患としての理解」の先の展開である[12]。3節で見た、家族に疾患としての理解をうながすアドバイスの力点は、あくまでも家族間でのコミュニケーションを安定させていくこと、すなわち、個人に解釈を変更させることにあった。その前提には、家族を中心に介護関係が成立し、その中で問題に対処していかざるをえない、容易に変わりにくい状況があった。このような意味での疾患としての理解は、必ずしも何らかの対応をしてくれる専門医や施設という資源を念頭に強調されていたわけではない。介護者が「問題行動」の原因を病気として解釈することで、認知症の人との関係を何とかやりくりしていくことを期待して強調されたのである。認知症に関する制度や理解が決定的に不足した状況において——誤解を恐れずに言えば——目の前の現実を納得して受け容れることを可能にするツールとして、知識が強調されたと言えよう。

だが、名称変更をともなった、疾患としての理解の強調は、より積極的なものであり、また、それは2節で見たような認知症の症状のあり方や、それへの対応に無関心であった以前の医療とも別様のものである。認知症への「対処」の余地を示すメッセージを含み、実際に介入のための技術・制度の発展をこみに、その理解の強調がなされている。たとえば、名称変更に前後する形で、認知症に関する医療や介護にたずさわる人の研修事業が実施されたり、専門の病院の指定・設置や認定医制度の拡充が、政府や専門職団体によって試みられたりしてきた[13]。

また、一九九九年に発売を開始したアリセプト（塩酸ドネペジル）という、進行を遅らせるとされる薬[14]の処方が一般化し、二〇二〇年となった現在も、後発の類似薬とともに認知症治療における中心的な薬となっている[15]。この薬は早めに診断して服薬していくことが重要とされてきたため、専門医への早期受診の重要性も強調されてきた。すなわち、医療につながることを前提に疾患としての理解が語られているのである。こうした医療の介入と症状の変化を目指す流れの中で、デイサービスやデイケアなどのいわゆる福祉・介護領域のサービスが、認知症の進行に対して効果があるものとして期待されることもある。

こうした積極的な医療の介入は、高齢者介護・医療全体の現代的な潮流である地域における予防の強調（美馬 2012; 猪飼 2010）の流れとも関連している。認知症の進行に対して、それをなるべく遅らせよう、止めようという態度で向きあう流れである。ここで言う予防は、認知症にならないようにする一次予防（介護予防も含む）だけでなく、認知症になった際に進行を遅らせるような対応という内容も含んでいる[16]。通常の医療においても根治のための治療が困難な慢性疾患においては、一次予防から三次予防という概念で、その次に予想される段階にならないように（悪化させないように）介入をしていく。疾患として強調される認知症においても、そうした時間や段階概念が導入され、それにそった医療的介入が構想されていくようになってきたと言える。

本人が「思い」を語ること

「その人らしさによりそう」実践においては、本人の「思い」への配慮が目指されている。また、早期に対応していく医療的介入の流れの中では、患者本人が疾患とどう向きあうかがテーマとなってくる。二〇〇〇年代には、そのような本人の「思い」のリアリティが、より明瞭な形で表現され、社会的に注目されるようになってきた。その流れは、結果としては、ケア・介護において、誰が中心となる主体であるべきかを訴えかける流れと結びつくものとなっている（詳しくは第6章参照）。

これまで認知症ケアにおいて、第一の社会的支援の対象は家族であった。たとえば、老年学などの研究の流れを見ると、現実的に家族が介護を担っていることを前提に、その家族の受ける負担の特徴を明らかにして、彼女／彼への支援を通じて認知症の問題を解決していこうとする考え方が基本にあった[17]。そうした流れの中で認知症に関する言説は、家族の苦悩に関するものが中心であった。

もちろん、これまで認知症の本人の世界にまったく関心が持たれてこなかったわけではない[18]。認知症ケア実践の先駆とも言える医師の室伏君士は、認知症の人たちのコミュニケーションのあり方の特徴を、アルツハイマー型、脳血管性という原因疾患類型と関連づけて考察し、認知症ケアの研究書・手引き書を著してきた（室伏 1998 など）。また、看護師である阿保順子のフィールドワークにもとづいた研究は、私たちが普段は把握することが難しい、認知症の人たちのあいだに成立している世界を描き出そうとするものであった（阿保 2004）。社会学者の出口泰靖の研究でも、認知症の人とのコミュニケーションの中で目撃する相手のふるまいの意味を読みとっていくことが試みられていた（出口 2002, 2004a, 2016）。このように、一見理解できないが、本人たちの観点に近づいて考えてみると、それなりの合理性や感情の存在があること、その人たち同士でも私たちとのあいだでも一定のコミュニケーションが成り立っていることなどが、先駆的な実践・研究から指摘されてきた。だが、これらは、あくまでも周囲の臨床家、介護者、研究者などからの記述として提示されてきたものであった。

それに対して、二〇〇〇年代半ばから、強いインパクトを与えるようになってきているのが、認知症の本人による自らの「思い」の語りである。本人からの「思い」の発信は、一九九〇年代からも、先駆的なデイケアにおける本人による手記やサイコドラマ(19)の手法を用いた実践で紹介されてきた（石倉編 1999；出口 2004b；石橋典子 2007）。だが二〇〇〇年代に入ってからは、ケア実践の中からの発信ではない、より通常の意味で言う「語り」が見られるようになってきた。そのきっかけが、オーストラリアのクリスティーン・ブライデン（Christine Bryden）による講演活動や本の出版である（Boden（Bryden）1998=2003）。クリスティーンは四〇代でアルツハイマー病と診断され、その後、講演活動や執筆活動を続けてきた。

そのクリスティーンの登場を受けて、二〇〇四年の京都での国際アルツハイマー病協会国際会議では、認知症と診断された日本人が公の場で講演を行った。そして、それらを経て、何人かの人たちのテレビや新聞への登場や、講演などの活動が見られるようになっていった。本人の口から、私たちが日常的に用いている言語を通して、その経験や感情が伝えられることで、より存在感のある認知症の人の「意思」を人びとが感受したと言ってよい。

だが、この「本人が語る」ことに関しては、二点注意しておく必要がある。一つは、当初の「本人が語る」背景には、やはりケアにかかわる周囲の支援者のはたらきかけとセッティングが存在していたという点である。たとえば、二〇〇四年の国際会議で講演を行った若年認知症と診断された越智俊二の講演原稿は、越智が通うデイサービスの責任者が、別室で時間を設けて本人から話を聴きとる中でつくられ、実際の講演も、その責任者が原稿の読む場所を指し示すなどのサポートをしながらなされていた[20]。また、やはり当事者である太田正博の講演や著作は、作業療法士と医師による普段のデイサービスなどでのサポートの延長上に生まれたものである（太田ほか 2006）。すなわち、これらは認知症の人の社会への包摂を求めて本人が語る実践であると同時に、その語りを聴く環境をつくってきた周囲の実践の産物でもあった[21]（詳しくは第6章参照）。

もう一点は、本人の「意思」がある範囲のイメージに収束してきたという点である。語る本人が現れてきた当初から、語っている人の多くは若年認知症の人たちであり、語れるという意味では、一般的には認知症の軽度・中度の段階ととらえられてきた。年齢層としては、六五歳に達していない時点で発症した人が中心であるため、その語りは仕事や社会参加などのテーマが中心になる。それが医療の展開とも共鳴して、告知を前提に疾患の「進行」に対して闘う、何かできることを通じて社会に残る、家族へ感謝の「思い」を伝えるなどの特徴を持ったストーリーとなっていた。また、こうしたストーリーの内容以前に、本人の「意思」が、本人から言語的に表現されたものというイメージでとらえられるようになってきた。それまでも、「思い」の存在が様ざまな形で表現されていたが、本人の語りがより明確な「意思」として見えやすくなり、認知されるようになってきたと言えるだろう。一つ目の潮流である「その人らしさによりそう」際の、「その人らしさ」の内容の理解に対して、こうした人びとの発言が強い影響力を持つようになってきたともとらえられる。

おわりに――三方向での理解・包摂

以上で見てきたように、本章では、認知症への否定的な意識とそれにもとづく排除に対するこれまでの理解・包摂の試みを大まかに整理してきた。出発点は、「理解を向けるべき対象」ととらえられていなかった地点である。そこから、医療的な知識を前提に理解を試みるべき対象ととらえていく流れが生まれていった。また、それは認知症の人に対するはたらきかけ、すなわちケア・介護の対象としていくことと絡みあっている。さらに、そこから、ケア・介護の対象としていくだけでなく、どのようにはたらきかけるか、という内容の点においても変化していく。その流れで、二〇〇〇年代に入って輪郭を現してきた理解・包摂への方向性が、①その人らしさによりそうこと、②疾患としての積極的対処、③本人が「思い」を語ること、の三つであった。

以上の三つの方向性は、いずれも重要なものとみなされ、並行し相互に関連しあいながら強調されてきている。また、現場の実践においても、相互に絡みあう形で実現が目指されている。しかし、それぞれの方向は、論理的にも、また経験的にも、必ずしも調和せず対立することもありうる。たとえば、序章で述べたように、現在、福祉や医療を超えた「支援・非支援ではない認知症の人との関係性」が目指されている。この立場から見ると、医療をベースに認知症が定義づけられ、それを基点として、その後の本人をとりまく関係や場が形成されること自体が、その人らしさと衝突する可能性を持ち、乗り越えられるべきことになるのかもしれない。

論理的に考えても、医療システムでの対処は、――本人の同意などのクライアント重視の流れはあるものの――基本的には医学知識を背景とした医療専門職側の判断によって物事が進んでいくことを出発点としている。それに対して本人重視とは、そうした他者による判断よりも本人の意思を重視することであり、ときに、それは周囲からの制限に対する反発ともなり、介護やケアという関係性のあり方そのものへの批判と変化へのきっかけともなる。

以上のようなことをふまえると、本章で見た、理解・包摂の大まかな三つの方向性が、あらかじめ調和していると前提することはできない。より個別具体的な実践の場面において、それぞれの方向性同士の関係を経験的に見ていく必要があるだろう。それぞれの方向性は相反するかもしれないし、逆に、複数の方向性が、ある時代的な文脈のもとで同居するかもしれない。では、これらの方向性が同居するとしたら、それは、いかにして可能になるのか。また、どのようなところで困難に突き当たっているのだろうか。

そこで、まず、本書の第2章から第4章では、認知症の人を包摂していこうとしてきた「先駆的な」ケア実践をとりあげ、理解・包摂を実現しようとする実践のありようや困難を事例として描き出す。なお、本章で見てきた三つの方向性の中で、特に本人が「思い」を語ることの流れは、現在まで、認知症をめぐる社会的な認識を変化させていく試みとしてインパクトの大きなものである。そして、認知症を語る上で前提とされてきたケアや介護といった問題設定を超えて、認知症の社会における理解・包摂の議論につながっていく要諦の位置にある。そのため、本人の「思い」やその語りの登場と展開については、第5章と第6章、および巻末の補論で重点的に議論をしていく。

注

（1）倉石一郎は、包摂と排除の「入れ子構造」について「排除のなかに包摂の種子がはじめから宿されており、排除が進むにつれて包摂もまた姿を現わし、それが実を結ぶことによって排除がより完結したものとなる」ケースと「包摂において予め排除の過程がプログラミングされていて、包摂とともに排除も姿を現わし、その顕在化によって初めて包摂そのものも完成をみる」ケースがあると述べている（倉石［2009］2018：13）。倉石は教育現場における支援実践を事例としてそのことを論じているが、本章は、こうした視点も意識しながら認知症の人の理解と包摂の試みを見ていく。

（2）現在でも、介護現場などで「あの人認知（ニンチ）入っている」というような表現も見受けられ、それは、認知症へと単語が変わっても、痴呆という言葉が使われたころと同様に、その状態の人をスティグマ視するニュアンスが残っていることを思わせる。また、社会全体で、多くの認知症の人たちの居場所がどこなのかという視点から見ると、精神科医療領域全体において、統合失調症などに代わる新しい入院・入所の対象者に、高齢化にともなって増加する認知症の人たちが位置づけられていることも指摘されている（立岩 2015）。

（3）認知症は、避けたい悲惨な状態であるという認識をもとに尊厳死の適用是非をめぐる議論の対象となってきた（Dworkin［1993］1994=1998：359-400）。その意味で、尊厳死・安楽死と予防への関心は根を一つにしていると考えることもできる。歴史的には痴呆を尊厳死の対象とする日本尊厳死協会の試案に対して、呆け老人をかかえる家族の会は抗議を行っており（呆け老人をかかえる家族の会 1996）、安楽死が合法とされているいくつかの国家（オランダなど）やアメリカの州では、認知症状態は、安楽死の対象像の一つともなり、かつ、その適用をめぐって議論が生じている（松田 2018）。

また、序章の注1でもふれたように、認知症社会に向けて何かをしなくてはならない、という議論になった際に、わかりやすい「希望」を示すものとしてとりあげられることが多いのが「予防」のとりくみであり、それは二〇一〇年代後半においてもあまり変化がない。認知症基本法制定を見すえた二〇一九年の官邸主導の認知症施策の大綱においても予防が最重要項目として置かれている（三原 2019）。

（4）認知症という用語の利点として検討委員会の説明は、「認知障害により、社会生活や職業上の機能に支障をきたす状態・症状」という痴呆の本質に着目した案で、「症状や生活障害の多様性を含意」しており、「「症」の字を用いることにより、痴呆が単なる加齢現象ではなく病気の一種であることも表現できる」とされている（長谷川 2005）。

（5）その他、竹内孝仁などによる、特別養護老人ホームなどで、高齢者の身体的状態に注意を向けて生活状態の改善をはかってきた老年医学の実践がある（竹内 1995）。

（6）木下衆は、一九六〇年代に嫁の立場で介護をしていた者への聴きとり調査から、病気として理解することの重要性は、介護をする本人に対してだけでなく、介護者をとりまく親族や地域の人に対しても向けられたメッセージだったと述べている。弱い立場の嫁が介護責任者となる規範が強かった時代において、認知症の人の奇異なふるまいは、ときに、同居して介護する嫁の責任にされることも多かったのである（木下 2018）。

（7）政府内の検討会設置、施設入所などの痴呆加算、認知症対応のデイサービスの設置などがなされていった（植田 1999: 井口 2007: chap. 1）。

（8）もちろん寝たきりの介護でも同様であるが、認知症介護では「見守り」の性格が決定的に強くなり、一時点的なサービスの導入には効果がないという感覚がより大きくなることが想定できる。

（9）二〇〇〇年代になって、そうした感覚は、たとえば、要介護認定を廃止して、「暮らしの中の介護の必要性」から出発すべきだという主張につながっていった（認知症の人と家族の会 2010）。

（10）小規模多機能型居宅介護は、二〇〇六年からの介護保険改正において、在宅と施設という類型と別に新設された、市町村が管轄する地域密着型サービスの一つである。

（11）介護保険制度開始前後はホームヘルプなどを利用して自宅で生活をするといった意味の「自立支援」が強調され

ていた。だが、認知症高齢者が中心的な対象像となる中で、サービスを利用する主体を前提する「自立支援」より「尊厳の保持」という言葉が強調されるようになった。この時期に、介護保険制度における「在宅」の意味が、サービスを利用して生活する自宅から、地域の小規模な場へと変化していったととらえる論者もいる（二木 2007：173）。

(12) ここでの医療化の段階の変化については、井口（2019）で、しのぐ医療化から積極的な医療化への変化として説明した。

(13) たとえば、厚生労働省のサイトで認知症に関する相談先を見ることができ、そこにいくつかの学会の認定医制度や認知症疾患医療センター、もの忘れ外来などへのリンクが示されている（厚生労働省 2019）。

(14) ここでの「進行を遅らせる」という表現の意味は、厳密に言えば、認知機能の低下をいくぶんかゆっくりとさせる（低下すること自体は避けえない）ということである。しかし、実際の臨床においては、認知症の進行は、本人の認知機能、介護者の立場からの評価などいくつかの基準で解釈される。そのため、こうした認知症治療薬の臨床上の評価も何を重視するかでぶれることとなる。

(15) 現在、アリセプトはアルツハイマー型認知症だけでなくレビー小体型認知症でも認可されている。他方、フランスでは二〇一八年八月からアリセプトなどの四種類の抗認知症薬が保険診療の適用対象から外れることになった（水戸部・田村 2018）。このことは一見認知症において脱医療化の流れが生まれているように見えるが、むしろ、薬の効果に対する評価が厳密になった（医学的に見て効果の不十分さが指摘された）と見ると、（現在ある薬を前提とした場合の）脱薬剤化は進んでいると言えるかもしれないが、よりよい介入のあり方に関心が向けられ、それにともなって評価基準が厳しくなってきているという意味で、医療化はより進展しているととらえることもできる。

(16) 注3でもふれたように、二〇一九年に、政府発表の認知症施策推進大綱が示され、その中で「共生」と「予防」が二本柱とされた。その最初の大綱案においては「予防」施策の結果として、認知症の有病率を減らすことが数値目標とともに示され、それに対して本人や家族を中心に大きな反発があった。反発の大きな一つは、そこで示された「予防」のニュアンスが「認知症にならないこと」を含意していたことに対してのものであった。批判のポイントはエビデンスが不足している予防が強調されることで、認知症になることが自己責任化されることや、認知症になることがさらにスティグマ視されかねない点などである。そうした批判を受けて、修正案では「予防」とは、通常の医療における二次予防・三次予防の意味、すなわち認知症になるのを遅らせることや、なった際の進行を遅らせることだという「返答」が示され、数値目標が参考値に格下げとなった。この一連のやりとりに示されているのは、前者のような「予防」は強く批判されても、後者の広義の「予防」の意義は、一般のより多くの人にとって否定しにくいだろうということである。後者の「予防」は可能なのかどうかという点、また、仮に医学的に可能ならば、それを強調することには問題はないのかどうかには、議論の余地がある。大綱についての詳細は三原（2019）に詳しい。

（17）これまで老年学や家族社会学などの研究において、家族介護者の負担感や介護継続の心理的プロセスの考察が多くなされてきた。家族介護者の支援は現実的に最重要課題であるだろうし、政策レベルの議論としてもとりあげられている（笹谷 2005）。

（18）認知症問題の当事者の変遷と、本人の「思い」や語りの詳細な展開についての議論は第6章参照。

（19）サイコドラマとは、精神科医のR・モレノが二〇世紀初頭に考案した「生活状況や葛藤を語るのではなく演ずることによって探索する」（Marineau 1989=1995）集団精神療法である。

（20）第4章や第5章でとりあげる天神オアシスクラブでのフィールド調査の記録より。またこの聴きとり実践については第5章で詳しくとりあげる。

（21）第6章でも議論するように、二〇一二年以降、認知症の本人たちが自ら発信していく動きが生まれ、その主題が一般的に言うケア・介護を超えたものとなってきた。また、本書補論では、本人による著作や本人の声を主題とした本の時期的変遷にふれつつ、本人の「思い」や語りの特徴について論じている。

第2章 医療は敵なのか味方なのか

ケア実践による医療批判を考える

はじめに

前章で見たようにケア・介護を通じて認知症の人たちを包摂していく方向性の一つとして、「その人らしさ」によりそうという理念が生まれてきた。それは、本人の「思い」に配慮したケアとも言い換えられ、また実際に「思い」を語る本人が現れてきた潮流ともかかわっている。このような志向は、環境や関係を重視したケアといった表現で、二〇〇〇年代にかけて、その重要性が主張されるようになっていく。

本章では、そうした新しいケアの源流として注目されてきた先駆的な実践を事例に、それらの内実をふり返る。それらに共通するのは、それまでの痴呆や呆けに対する見方およびそれにもとづくその人へのはたらきかけ方に対する批判と、認知症の人の「今ある姿」を「本来あるべきではない姿」ととらえて「本来の姿」への変容を目指したはたらきかけである。特に、本章では、それらの実践に含まれていた医療を批判するニュアンスに注目する。医療と言っても多義的だが、ひとまず、ここで言う医療は、痴呆や呆けと言われる人にはたらきかける上で影響力を持ってきた知識としてとらえておこう。

しかし、ここで重要な問いが生まれる。第1章で見たように、医療の知識にもとづく認知症の「正しい理解」は、認知症の人を理解しはたらきかけていく一つの重要な論理であった。それは、最初は家族に対する相手の「問題行動」を疾患として理解すべしというアドバイスとして重要性を発揮し、そして二〇〇〇年代に入ると積極的な医療的関与ともなっていき、それはある意味で認知症の人の理解と包摂に向けて目指される一つの姿ともなった（疾患としての積極的対処）。そうだとすると、本章でとりあげる実践の中で批判された医療とは、一体いかなるものだったのだろうか。批判の対象となっていた医療は、第1章で示した認知症の人を理解・包摂していく一つの方向性でもあった疾患としての積極的対処と、いかなる関係にあるととらえられるだろうか。また、他方で、医療を批判したそれらの実践は、自らが何をできると主張してきたのだろうか。これらの問いへの答えは、現在の認知症の理解・包摂における積極的な医療の関与への評価を考えていく上で、何らかの示唆を与えてくれるだろうか。以上の問いを念頭に本章は展開していく。

1　医療への期待と批判

二〇〇五年の介護保険制度成立以降初めての改正に向けて、二〇〇三年に発表された『二〇一五年の高齢者介護』は、「痴呆ケア」を二一世紀の高齢者介護政策における重点課題として挙げ、以下のような新しい認識を示している。

まず、「痴呆性高齢者は、記憶障害が進行していく一方で、感情やプライドは残存しているため、外界に対して強い不安を抱くと同時に、周りの対応によっては、焦燥感、喪失感、怒り等を覚えることもある」ため、「徘徊、せん妄、攻撃的言動など痴呆の行動障害の多くは、こうした不安、失望、怒り等から惹き起こされる」と、自己意識を行為として表現する認知症高齢者の像を示している。そして、「自分の人格が周囲から認められなくなっていくという最もつらい思いをしているのは、本人自身である」と、自己意識を持つ人間に対する配慮の必要性を示し、「痴呆性高齢者こそ、本人なりの生活の仕方や潜在する力を周囲が大切にし、その人の人格を尊重してその人らしさを支えることが必要であり、『尊厳の保持』をケアの基本としなければならない」と周りのあるべきかかわり方を示している（高齢者介護研究会 2003：38）。

このような認識が、二〇〇〇年代に国の高齢者介護政策の基本的な考え方として提示されるにいたるまでには、小規模な場や、一部の病院・施設における医療者や介護職などの先駆的な実践の積み重ねがあった。[1] これらの実践は、自己の喪失、不可逆的な人格変化などの「常識」とされてきた呆け・痴呆のイメージと、そのイメージを前提とした不適切な対応（拘束着や薬物による行動の抑制など）に対する批判的な実践であった。図式的には「医療モデルからXモデルへ（Xには関係や生活といった医療と対比される言葉が代入される）」と表現できるが、医療は、それらの実践が闘い克服すべき「敵」の位置に置かれがちであった。呆けや痴呆とされる人がよい生をおくっていく上で、医学・医療のポジティブな貢献は見こめないことや、医学・医療にもとづいて編成されてきた施設や治療・リハビリ・ケアが、呆けや痴呆とされる人の悲惨な状況をもたらしてきたことが主張されてきたのである（三好 1986：151-9）。

そうした医療に対する不信（あるいは無期待）が認知症ケアの文化を形づくってきたように見える一方、第1章で見たように、特に二〇〇〇年代に入ってからの、認知症をめぐる新しい動きの中には、医療の役割の拡大と医療への期待というもう一つの潮流がある。認知症の主要な原因疾患（アルツハイマー病、レビー小体病、ピック病などの脳神経に関する疾患）に関する生物医学的な知見（脳神経科学や薬理学など）、脳疾患の診断技術（CTスキャン・MRIなどの画像診断技術）などが発展し、認知症への対処における医療側の参入（病名の積極的な告知と抗認知症薬の投薬、予防的介入など）も強まってきたのである。

また、やはり第1章で見たように、本人中心のケアの流れの中で、本人や家族が認知症についての経験を語り始めるようになってきたが、その語りの中にも、積極的に疾患として認知症をとらえる姿勢や、「治療」への可能性を強調したメッセージを見ることもある。つまり、そこには医療の否定ではなく、医学・医療への期待の強まりが見られるとも言えるのである。(2)

以上のような、認知症の人を理解し包摂していこうとするケアの背景にある医療への批判、他方での、研究の蓄積と並行して盛り上がってくる医療への期待と現実的な関与の状況をふまえると、社会学的研究は、関係性や社会に注目して、そちらの立場に立つ単純な形のままではいられない（木下 2019）。認知症研究に限らず医療モデル批判は、多くの場合、社会学的・人類学的考察の立場において方法論的な前提(3)とされる、あるいは規範的に支持されてきた傾向にある（進藤 2006：31）。認知症ケア領域における医療化批判(4)と、そのオルタナティブとしての「関係」や「生活」への焦点化という方向性は、それまでの医療モデルとは違う新しいケアのインパクトを一般的に評価する上で確かに妥当であり、現場の試みを伝えるメディアなどでキャッチフレーズ的に用いられるイメージに棹さしてきた。(5)しかし、医療の介入と医療への支持、および医療と、関係を重視したケアとの接合が見られるようにもなってきた状況をとらえていく上では、「医療」側の主張や意義についてもあわせて考察していく必要があるだろう。(6)

また、認知症の本人たちや認知症を社会課題として位置づける二〇一〇年代のムーブメントの観点からは、結局、医療を批判し、関係を重視することを主張する立場も、支援の対象という枠の中で認知症の人をとらえている点で、同じ土俵に乗っているととらえられることになる。認知症の人に対して、支援者の立場の者が、よりよくはたらきかけようと試みる「ケアの形式」(岡原［1990］2012)そのものが、認知症の人を社会的に包摂していく上で——障害者の自立生活運動がかつてそうしてきたように——乗り越えるべき対象となるのである。

しかし、そうした議論に向かう前に、これまでのケア実践の歴史の話に戻ろう。冒頭で述べた、新しい認知症ケアの実践と普及に力が注がれるようになった二〇〇〇年代半ばにおいて、これまで小規模な場や一部の病院・施設における医療者や介護職などによって行われてきた先駆的な実践は、(医療とは違う)関係を重視したケアの実例、およびそこにいたる歴史としてとらえられてきた。確かに、そうした実践は、医療の論理にもとづいた呆けや痴呆とされる人へのはたらきかけを、ある面で批判的にとらえ、自らの実践をそれに対比させてきた。しかし、実際にそれらは、医療に対して単純に周囲の関係の力、いわばケアを提示する単純なものだったのだろうか。以下では、それら先駆的実践を簡単にふり返り、その文脈や意図を明らかにしていこう。

2 先駆的実践の背景

前章で見たように、新しい認知症ケアは、一九九〇年代に展開してきた、呆けや痴呆とされる人たちに向けた様ざまな先駆的な実践を、二〇〇〇年代にかけて専門家が追認していきながら政策の文言に反映されていくようになり、注目を集めるようになってきた。

呆けや痴呆は「寝たきり」と並び、介護を必要とする老人の典型的な表象であり続けてきたが、その社会的な位置づけには、第1章でも述べたように「寝たきり」とのあいだでのタイムラグがあった。第4章2節でより詳しく述べるが、日本社会においては、一九六〇年代になってから病いなどで長期的に臥せっているような老人が、社会的な問題としてとりあげられ始めていった。政策としては、老人福祉法の中に特別養護老人ホームという施設が設けられていたが（一九六三年）、一九六七年から六九年にかけての各種公的機関の「寝たきり老人」調査を皮切りに、「寝たきり」状態に関心が集まり（川上編 2002: 525）、その流れの先に「寝たきり」が問題化され（大熊一夫［1988］1992; 大熊由紀子 1990）、「寝たきり」老人への介護やリハビリ、それを支えるハードや財政などへの関心が集まっていった。その背景には、人口の高齢化があり、高齢社会の課題の一つとして介護システムの構築がなされていく流れの中で介護保険制度の創設にいたっている。

呆けや痴呆という状態、あるいはそう表現される人たちは、「寝たきり」を中心とした要介護高齢者への注目の中で、「寝たきり」に付随する精神症状とされたり、通常の要介護老人とは異なる「重度の精神症状を持つ人」と位置づけられたりしてきた。すなわち、政策の規定上、および実際の利用においては中心的対象と位置づけられてこなかったのである（井口 2007: chap. 1）。

このような状況の中で、呆けや痴呆とされる人たちは、家族内で生きるか、それが難しくなったときに、運がよければ、老人病院や精神病院、特別養護老人ホームなどに入院・入所して生きることになる[7]。そうした場で、彼ら彼女らと生きていく周囲の者たちが、第一課題とせざるをえなかったのが「問題行動」とのつきあい方である。「問題行動」という言葉は、その行為を観察する側から日常的に用いられてきた言葉である。医学的には、徘徊や攻撃的行動として表象される「周辺症状」および「行動障害」と位置づけられながら、その症状自体が、家庭での生活や、病院における治療などの秩序を乱すとみなされるために、抑制やコントロールの対象とされてきたのである。

以上のような「居場所のなさ」への対応や「問題行動」とのつきあいをめぐる葛藤といった、認知症をめぐる歴史的な文脈の中に、本章で見ていく先駆的な実践が位置づけられる。そうした実践には、一方には、室伏君士、竹中星郎、小澤勲といった、老年期の呆けや痴呆の治療・ケア臨床をベースに議論を展開してきた精神科医たちによる原因疾患治療から区別された認知症ケア実践の系譜があり[8]、他方には、地域・在宅で生きるための資源不足の中で、家族や周囲の都合ではなく、認知症高齢者本人の視点でのケアを目指した「居場所づくり」の系譜がある（石倉 1999a: 5）。前者は、「問題行動」と呼ばれてきた行動を理解しようとする試みである。後者の多くは、病院や施設といった大規模な場における、「問題行動」への対応を中心としたはたらきかけへの違和感をきっかけに、それとは違う場を設けようと生まれてきている。これらの実践は、何らかの形で医療批判の側面を含んでおり、全体として、二〇〇〇年代に入ってからの認知症ケアの新しいパラダイムの源流として位置づけられている。では、その内実について、3節において前者、4節において後者をとりあげて見ていこう。

3　精神科臨床からの医療批判

「不自由をかかえた人」としてとらえる

まず、臨床実践を経験的根拠にしたそれまでの精神医学・医療が常識としていた、認知症や「問題行動」に関する想定に対する批判を見てみよう。その議論は、それまでの医学・医療から導かれる認知症症状に関する理論に対して違った考え方を提示している。ここでは、『痴呆を生きるということ』『認知症とはなにか』など、二〇〇〇年代の認知症ブームの中で、認知症とされる者の視点に注目した一般書を書き、関係の重要性を強調した認知症ケアの主導者の一人として位置づけられる精神科医の小澤勲の議論をとりあげる。

反精神医学運動の実践者でもあった小澤は、二〇年近くの痴呆老人の治療・ケアの現場経験をふまえた著作で、「もの盗られ妄想」「攻撃行動」など、典型的な痴呆の「症状」および「問題行動」と定義づけられる痴呆性老人のふるまいが生まれていく心のメカニズムを理解していこうと試みている。「痴呆老人からみた世界はどのようなものなのだろうか。彼らは何を見、何を思い、どう感じているのだろうか。そして、彼らはどのような不自由を生きているのだろうか」ということを問う「精神病理学」を構想しているのである（小澤 1998：i）。

小澤によると、精神病理という方法は、「対象を理解しようとする志」で、「痴呆性老人のさまざまな表出を単に『痴呆の症状』とラベルするだけで終わらせないこと、ひとりひとりの老いゆく者たちが痴呆を生きる不自由と出会う生活世界の中で彼らの心的世界を読み解き、ほんのわずかではあっても彼らとその苦闘をともにすること」である。だが、大学精神医学だけでなく批判的な精神医学研究を含めて、「精神分裂病や躁うつ病に対しては、このような志をもった先達の苦闘の跡がさまざまな形で残されている」が、「なぜか器質性疾患［筆者注：認知症など］の精神病理は等閑に付されてきた」（小澤 1998：249）。それに対して、痴呆においても、病む本人の心のメカニズムの探究が重要だと主張しているのである。

教科書的な定義では、現在のように一般的に知識が普及する以前から、痴呆という症状群は、脳神経の変性や血管障害など根治が困難である脳障害（認知症症状の原因疾患）、記憶障害や見当識障害などの中核症状、妄想や攻撃行動、徘徊などの周辺症状に分けて、その関係が説明されてきた。その図式をベースに、小澤の議論では、脳障害→中核症状→周辺症状という、痴呆の症状群にいたるまでの段階が設けられ、そのうち、脳障害そのもの（とそれを引き起こす不明の原因X）や、脳障害と中核症状（見当識障害や記憶障害など）とのつながりのメカニズムについては、存在は否定しないが扱わないとされる。そして、中核症状から周辺症状にいたっていく過程や周辺症状を、痴呆とされる本人の心理的過程として記述していくことが、議論の中心に据えられる（小澤 1998：249）。周辺症状は、痴呆と呼ばれる現象において、人びとが「問題行動」として関心を寄せる——介護を困難とさせる——症状である。また、その症状は、「ケア的関与」によって何らかの変化をもたらされる可能性もある。そのため、治療論的な関心から周辺症状に焦点が当てられているのである。すなわち、小澤は、いわゆる脳障害の原因や、その治療可能性については（現在も将来的にも）不可知なものとした上で、はたらきかけの対象を周辺症状に絞っていき、その周辺症状を脳障害という疾患を持つことによって不自由をかかえた人の生き方として、脳障害の種別による特徴などもふまえつつ理解していこうとしているのである。

以上の小澤の議論は、二〇〇〇年代に入ってから、認知症ケアの新しいパラダイムの象徴として言及されてきた、T・キットウッドのパーソン・センタード・ケア（person centered care）の議論と類似している。キットウッドの議論では、「神経病理学的要因」と、周囲の態度や環境などの「悪性の社会心理」という、より抽象化された概念を用いた「行動障害」の病理論が示され、周囲からはたらきかけることが可能であるが、これまで等閑視されていた「悪性の社会心理」の方を変容させるかかわり方が認知症ケアの「新しい文化（new culture）」として提示される（Kitwood 1997=2005）。この議論は、神経病理学にもとづく認知症理解に対するオルタナティブとして、関係や環境の力といった側面が特に強調されながら受け容れられ、コミュニケーション重視のケアや小規模な場でのケアを根拠づける理論としてたびたび引用されてきた(9)。

「倦まずたゆまずのかかわり」

だが、ここまで見てきた小澤の議論の主眼は、神経病理学の水準での研究にもとづく知見に対して新しい病理論を打ち立てることや、別様のケアの方法を対置することにあるのではない。小澤が提示する、痴呆とされる主体が、周りとの関係の中で様ざまな不適応を経験していくという「力動的精神医学(dynamic psychiatry)」にもとづいた症状の出現過程のモデル化は、必然的に、脳の疾患以外の複数の原因候補を導き入れ、その人の心の状況や、周囲の状況の変化、それらの要因の連鎖という時間的要素も説明プロセスに組みこんでいくことになる。こうした発想だとするならば、その主張を、関係という、医学が無視してきた要因によって周辺症状や相手の状態がポジティブな方向に変化する／変化させる、という単純な命題として理解することはできない。たとえば、小澤は、痴呆とされる人に対する治療的介入のあり方として、デイケアなどの場において、「なじみの関係」をつくることの重要性を挙げている。結論だけを見ると、関係によって変容するという議論と同じように見えるが、以下のように述べている。

しかし、ある意味で彼らの喪失感は永続的である。老いゆく過程、ぼけゆく過程は持続的だからである。それゆえ、身の丈にあった生き方は発見し続けられねばならない。また、記憶障害のある対象への働きかけであってみれば、たとえばドライブに行ったことを次の日には忘れているかもしれない。だから、その時々の、しかも倦まずたゆまずのかかわりが要求される。だが、このようなかかわりの継続は、彼らの心に間違いなく蓄積される（小澤 1998：221）。

小澤は「かかわり」（＝関係）を明確な方法として規定できるととらえているわけではない。また、「かかわり」によって、ある時点で痴呆とされる人の症状やその姿が変わるといったことを主張しようとしているのでもない。小澤は、まず、痴呆とされる本人の、脳障害を持つことで不自由を経験していく心的プロセスについて、症例から詳細に議論した上で、痴呆とされる人の主観的経験が帰属する「心」が存在することに信を置く。そして、それが人の「心」として措定されるのならば、常に一定にとどまったものとしてはみなせないことになる。つまり、他者が簡単に見てとれる、いつも変わらない抽象的な認知症の人の「思い」があるわけではない。その「心」に対するはたらきかけは、たとえば、デイケアや○○療法などの、セオリーとされるような方法としてではなく、常に「心」の変化をふまえた上で「倦まずたゆまず」行っていくことが必要とされるのである[10]。

つまり、小澤の力点は、ある種の医療に対して、それとは異なる関係の力を強調することにあるのではなく、相手のあり方を見切らずにかかわり続けていくこと――一般に人に対して行うべきコミュニケーション――を強調することにあると読み解くことができる。薬物療法であろうが、非薬物療法であろうが、それはあくまで手段として位置づくにすぎないものであり、医療に対抗するオルタナティブとして「関係」がある、という図式的な枠組みが想定されているわけではないのである。さらに言うならば、小澤自身の考える医療のあるべき姿が、この議論に現れているとも言えるだろう。

4　居場所づくりの実践からの医療批判

次に居場所づくりの実践について見ていこう。二〇〇〇年代における高齢者ケア全体の転換の一つの象徴として、デイサービス、小規模多機能型サービス、グループホーム、ユニットケアなどの、小規模な集いの場や住まいで、利用者個々人に向きあえることを目指す形態のケアがある。これらは、認知症ケアの新しい考え方にもとづいて生まれてきたものであり、介護保険制度の給付メニューや施設整備計画の中にも位置づけられてきたが、その源流には、地域での「居場所づくり」の動き（宅老所運動）や、北欧などを参考に、病院や施設の内外に集団処遇とは異なる、少人数ユニットやグループホームをつくろうとしてきたとりくみがある。[11]

これらのとりくみは、前節で見た小澤が言うような、相手のあり方を見切らずにかかわり続けていこうとする様ざまな実践の形態だと位置づけることができる。ここでは、そうした実践が、どのような意味で医療を批判してきたととらえられるのかを見ていくこととする。

医療の外側へ

まずは、福岡の宅老所「よりあい」の事例をとりあげてみよう。よりあいは、宅老所や小規模多機能型サービスの先駆的・モデル的存在としてたびたびとりあげられ、実践者たち自身も著作や雑誌を出版してきた。[12] 民家を利用した泊まりも通いもできる場で、一九九一年に特別養護老人ホームで同僚であった三人の女性によって始められた（井上・賀戸 1997：27）。ここでは主に創設者の一人である下村恵美子の著作（下村・谷川 2001）を参照して見ていく。[13]

下村は、宅老所を開設する前に精神病院で福祉職（ソーシャルワーカー）の実習をしていた。その実習における「音楽療法」の時間に、便の臭いがするお年寄りをトイレにつれていってよいかということを「看護婦」に尋ねたところ、今は「訓練」の時間であるから、「排泄介助」の時間まで待つようにと言われたという（下村・谷川 2001：38-9）。そのときの経験について以下のように述べている。

いまでも、施設ではいろんな〇〇療法、〇〇セラピーが行われています。それは何もないよりはあったほうがいいのかも知れません。でも、その前にすることはいっぱいあるはずです。いくら何でも、ウンコをつけたままで、鈴を鳴らすのはやっぱり可哀想です。ちゃんとトイレに行って、スカッとした気持ちで鈴を鳴らせば、気持ちのいい音色が出るかもしれないのです。それは熱心な職員と一部の患者さんだけの演奏でした。実習生担当の看護婦さんに、「どうだった？」と聞かれたので、「私は、鈴よりやっぱりウンコやと思います」と答えると、「あなたは、まだまだね」と言われてしまいました（下村・谷川 2001：39）。

ここで下村は、「症状」への対処として意味づけられている「療法」「セラピー」が、排便の必要性よりも優先されていたことへの違和感を示している。その精神病院では、入院している個々人の基礎的な生理的欲求への対応（便意をもよおしたときの排便や、オムツ換えなど）に優先して、「症状」への対処とされる「療法」が当然のようになされていたのである。下村は、「そうした体験をとおして、一体医療とは何なのかという疑問が膨らんで」いったという。

また、下村は、やはり精神病院の空間において感じた、以下のような違和についても述べている。

ウメさんというお年寄りがウメさんでなくなっていくのに、一カ月もかからない。元気なときはタンスを動かしたり、拳骨でガラスを割って歩いていたようなばあさんが、薬を処方されて寝たきりにされていく。それを見回ってきたお医者さんが、薬で動けなくなっているお年寄りに向かって、「だいぶ落ち着かれましたね、もう大丈夫です」と言うのです。精神科のソーシャルワーカーの仕事は、私には絶対にやれないと自信がなくなりました（下村・谷川 2001：39）。

タンスを動かすなどしていたウメさんの「元気な」行動は「問題行動」とみなされ、薬が処方される。そうした対処によって「落ち着く」ことが、その精神病院における痴呆や呆けとされる人へのはたらきかけの目標とされていた。しかし、下村にとって、その「落ち着いた」姿は、「ウメさん」という固有の人の姿からは程遠いものに感じられたのである。

以上で見たように、下村は、日常的な欲求よりも特別な対処が優先されることや、周囲にとっては問題とみなされる行動を抑えるなどの対処のあり方に違和感を持つようになっていった。そして、より重大な問題に思えたのは、以上のような論理——医療・療法の論理——が、呆けや痴呆とされる人にとっての生活そのものとなっていたことである。すなわち、「当時は、『痴呆』で『問題行動』が起きてくると、精神病院しか頼るところがないという現実があり」「『痴呆』の老人を受け入れてくれる病院は、家族から見ればありがたい存在だった」。その意味で、「一定の社会的な役割は果たしていた」ことは否定できないが、それゆえに、「私はお年寄りがぼけたとき、年をとったときに、最後にこういう選択肢しか用意されてないのだとすると、これはちょっとうかつにはぼけられないな」と思ったという（下村・谷川 2001：39-40）。そして、下村はそうした医療に対する批判を以下のように述べている。

徘徊だとか、帰宅願望だとか、異食だとか、マスコミも含めて「痴呆」という現象をとらえて大騒ぎをしていますが、ぼけるというのは、老いていく過程で自然に起こってくることだと思います。ぼけを特別な病気だと位置づけてしまうと、特別な施設をつくって、特別な治療を工夫して、特別な医療と訓練と薬でますますぼけの世界に追い込んでいく、ということになりかねません。いままでの、「痴呆」のお年寄りに対する医療の側からのアプローチは、常に「特別な病気の患者」という位置づけでした（下村・谷川 2001：50）。

ここで下村は、確かに、「特別な医療と訓練と薬でますますぼけの世界に追い込んでいく」と、医療による痴呆症状の悪化といった、いわば強い「医原病批判[14]」ともとれることを述べている。しかし、それは医療の否定を企図したものであろうか。ここでの「特別な病気の患者」のニュアンスを読みこむ必要がある。通常の病気に対する医療ならば、その人の生活の領域が保持された上で、病気の部分が医療の対象となるというバランスが成立している。だが、呆けや痴呆とされることで、そうした通常のバランスが崩れ、生活の部分にまで露骨に介入する特別な対応となってしまっている。そのことを問題としているのである。それゆえの「特別な病気（＝普通の病気とは違った対応をされる）」という表現であろう。

すなわち、下村の批判を読みこんで解釈すると、ここで言われていることは、医療が不要だという主張ではない。「痴呆」のお年寄りが「特別な病気の患者」とされ、生活すべてが、他者からの何らかの目標を持ったはたらきかけの論理、すなわち療法の従属下に置かれてしまうことが問題なのである。そこから、「ぼけるというのは、老いていく過程で自然に起こってくること」ととらえ、医療の論理が優先する精神病院（や大規模施設）とは異なる「自然な」「生活の」場を設けることを目指して、地域での宅老所実践を展開してきたのである。

医療の論理を用いて

以上で見た下村の実践は、「特別な病気の患者」に対する医療の論理が、認知症とされる人の生活のほとんどを覆ってしまうことへの批判であり、その論理で満ちた場とは異なる場を、施設や病院の外につくっていこうとするものであった。そのような問題意識を同様にしつつも、医療・治療の論理を転用する形で医療批判を実践してきた試みを、他に見ることができる。

たとえば、医療と治療という枠に強くこだわりながら、「普通に暮らす」空間をつくっていくことを意図してきた、島根県の精神科クリニック併設のデイケア「小山のおうち」がある。「小山のおうち」は、呆けや痴呆とされる人に手記を書いてもらうことや、自らのもの忘れについて話しあってもらうことなどの、二〇〇〇年代に入ってブームともなっている「認知症とされる本人が語る」試みを一九九〇年代前半から先駆的に行ってきた⑮。

その実践の中心人物、精神科病棟の看護師だった石橋典子は、精神病院勤務のころ、病棟勤務から二年間続くデイケア勤務になったことで、精神病院病棟での精神科医療の問題を感じるようになっていった。そして、「もっと生活のにおいのするところで何かできないか」と思うようになり、同様の問題意識を持っていた医師と、一九九一年に地域の精神科クリニック、および併設のデイケア開設にいたったという（石橋典子 2007：23-30；石倉編 1999：49-50）。そのデイケアで石橋が行ってきたのが、「集団精神療法」の「治療」プログラムを用いた「居場所づくり」の実践である。

石橋らは、治療や医療であることにこだわって実践を展開してきたというが、それは、彼女や実践をともに行ってきた医師が、他ではない医療専門職だからである。しかし、石橋らは、「治療」という言葉を用いた実践だからこそ、生活の場を可能にすることにつながってきたと、「治療」として実践を行ってきたことの意義をもう少し積極的にとらえている。石橋は、小山のおうちの実践を展開していく途中の一九九三年に、デンマークに視察に行った。その際に、そこには「痴呆の医療はない」と説明され、痴呆とされる人も生活圏内で支えられていることに衝撃を受け、それを理想的な形だと思うようになっていったという（石橋典子 2007: 41-7）。しかし、それと引き比べた日本の現状について、「あえて集団精神療法にこだわらなければならない点に、日本の生活の貧しさがあるのではないでしょうか。あたりまえの生活ができればいいのですが……。（家庭や地域で）それが（意識改革も含め）できるまでの過渡的なものがデイケアだと思います」（石倉編 1999: 153-4）と述べている。

石橋の理想は、呆けや痴呆とされる人でも、地域や在宅において「あたりまえの生活」ができることであった。しかし、彼女は、「日本では、治療という業務が保障されないと、仕事内容があいまいにされてしまうという事情がある」ため、治療という形でないと痴呆や呆けとされる人の地域での居場所をうまくつくれないととらえ、「私たちはデンマークでやっていることを医療分野のこととして受けとめればいい」と考えるようになったという。そして、過渡的なものとして（精神科）デイケアを始め、そこにおいて、利用者が自己開示できるようなしかけであるサイコドラマ[16]を応用した集団精神療法などを「治療」として実践してきたと述べている（石倉 1999b: 150）。

ここで石橋が言う「治療」は、先述の下村が精神病院で見た、「特別な病気の患者」の状態を薬物によって抑えるような対応とは違うものである。すなわち、認知症の本人が自己の思いを発揮でき、結果としてその家族との関係も回復させていくような「あたりまえの生活」という居場所をつくるために選択されている手段である。このように、石橋の姿勢は、認知症とされる人の「居場所」をつくっていく際に、「治療」という手段を、社会的な正当性を付与するなどの意義を持つ限りで用いていこうという実践的なものだったのである。

5　医療批判から学ぶこと

限られた資料をもとに記述した事例からであるが、3節では精神科医による精神病理学的な理解の試みを、4節では居場所づくりの実践をとりあげ、新しい認知症ケアの源流の中にあった、医療批判のニュアンスを見てきた。本節では、そこで見出せたことをまとめながら、以降で考えていくべきことを明確化したい。

まず、いずれの実践も、医療に強く対置して、関係やコミュニケーションの積極的な効果を主張しようとして始まったものではないことに注意すべきである。あくまでも、医療にもとづく認知症の人の姿の理解やその人たちのいる場のありようが歪んでいたことに対する批判であった。たとえば、脳障害の不可逆性を根拠に「心的機制」を有した人間としての姿を見ないことや、施設や病院などの場で、日常的な感覚から明らかに非常識な論理のもとに置かれていることへの違和感・批判から出発している。そこから、相手の「心」を見切らずにその変化につきあっていくことや、「よりましな場所」（天田 2004: 199）をつくっていこうとして実践が生まれていったのである。

したがって、それは第一には、当時の現場では普通に思われていたが、ここでの実践者から見れば常軌を逸していた状態から、通常の状態に戻すことを求めていく、極めて「常識的な」目標だった。また、その実践による変化の確実性は、決してあらかじめみこまれたものではなかったことにも注意しておく必要がある。すなわち、これらの実践の中にある批判のニュアンスは、二〇〇〇年代前半の新しい認知症ケアの中で、ときに強調されるように見える――あるいは私たちが注目したがるような――関係の力の主張といった積極的なものではない。あくまで、「ささやかな」もの、あえて言えば悲惨なものから何とか脱却していこうとするものだったと言えるだろう。

こうしたニュアンスを再確認することは、認知症の人を理解・包摂するケア実践が「新しい認知症ケア」として強調される中で、周囲の関係性を強調するケアが、あたかも救世主として存在するかのような過大な期待を薄めるものともなるだろう。実際に行われてきたことは、あくまでもマイナス地点にあったものを出発点に戻す、そういったものだったのである。

もちろん、当初、そうしたささやかな実践から出発していったものが、結果的に関係の力による認知症の人の変化の主張に移行していくこともある。たとえば、訪問看護師として、寝たきりやがんの患者が最後まで在宅ですごせるような実践を長く行ってきた後、二〇〇〇年になって、グループホーム「福さん家」を開設した宮崎和加子らは、在宅で訪問看護によって支えることが困難となった痴呆老人が施設に入ることで、それまでのいきいきとした姿から別人になってしまうことに衝撃を感じ、グループホーム開設を決意した。宮崎らは、「グループホームの効果は何か」と問われることや、精神疾患へのアプローチの一つである「生活療法」との類似性を言われることに違和感があるとし、「まずは、普通の人間としての生活ありきです。そのことを充実した形で実現できるようにしてはじめて、『療法』がプラスされる」(宮崎・日沼 2003：260)と自分たちの実践と「療法」の論理との違いを主張している。

しかし、その一方で宮崎はグループホーム実践の「効果」のようなことについても言及している。宮崎によると、「開設当初の目標」は、「痴呆状態にある人が周囲を困らせる周辺症状がなく、落ちついて、ゆったりと、穏やかな生活が送れること」で、「それだけで、本人も私たちもどれだけ幸せかと思った」。しかし、その後、『福さん家』の入居者の生活や変化を見てきて、それだけでは駄目なのではないかと思い始め」、「待ちの姿勢で受身で生きるのではなく、その人の内に隠れているさまざまな力、興味を自分から出して、それを実現することに挑戦する積極的な生きる姿が本来の姿」と考えるようになり、そうした姿を支えるような支援を目標としていくようになったという(宮崎・日沼 2003：254)。

以上からは、まずは、認知症とされる人や精神疾患をかかえた人に対する、よくするためのはたらきかけ(＝「療法」)の論理と、「穏やかな生活が送れること」を目指した実践とが別のものであるという認識がうかがえる。その一方で、その後の実践の展開においては、新たに「積極的な生きる姿」を目標と設定して、その目標に向けて何らかのはたらきかけを構想するようになっていったこともうかがえる。ここで言われているように、新たな実践は「療法」の論理と違うと認識される一方で、何らかの目標に向けたはたらきかけとしても意識されることもある。すなわち、「関係の効果」とみなされるような小規模ケア実践の帰結は、何らかの姿に近づける目標でなされたことの結果なのか、それとは距離を置いてなされたことの結果なのか、一つの実践の展開過程においても、実践間においても違いがある。ただし、出発点の「ささやかな実践」が大事にした、一律に生活を覆いつくしてしまうことへの批判に立ち戻るならば、そうした実践のプロセスの中で生まれてきた違いを、センセーショナルにとらえられる実践の光に眩んで、一緒くたに「関係の力」として単純化してしまうことにこそ注意が必要であろう(17)。

さらに、以上のことを逆から見ると、医療や療法の側に含まれるように見えるものが、必ずしも関係重視の志向と対立するばかりではないということも言えるだろう。前節までで見てきた実践は、医療やそこから派生する療法の論理を批判してきたが、それは医療の完全な否定ではなかった。たとえば、下村らの実践は、治療の論理や、周囲に迷惑をかけない状態にする——秩序への適応を目指す——ことが、そうした場で生きざるをえない人の生活すべてを覆うことに対して、違った場をつくろうとするものだった。そこで目指されていたのは、医療や治療自体の完全な否定ではなく、「特別な患者」として生活のすべてが治療や適応の対象となってしまうこと、すなわち、治療や適応が第一のものとして優先されてしまう、治療主義、適応主義への批判だったと言えよう。

また、石橋らによる、精神科デイケアという場での実践も、精神科医療における適応主義への批判であるが、「治療」という意味づけが居場所づくりを行う上で重要になってくる局面があることを示している。石橋は、日本社会においては、治療という業務として明確化されないと何をするかが曖昧になってしまうために、治療という意味づけを保持して居場所をつくる実践を行っていったと述べていた。

石橋は、このように、実践に正当性を与えるためといった意味で治療という意味づけが必要だとしていたが、より積極的な意味での必要性も考えられる。たとえば、第1章でもふれたように、根底に人びとが「認知症を少しでもよくしたい」「認知症になりたくない」という意識を持っているとするならば、そうした意識に適合するように、治療に近い意味づけを活動に与えて居場所をつくっていく実践も、一つの戦略としてありうる。認知症とされる本人に配慮し関係をつくっていく実践の中において、このような治療・医療の論理が運用されることもありうるのである（詳しくは第４章）。

おわりに――新しい医療の論理と向きあっていくために

本章で見てきたような医療批判の実践は、自らと医療とを対立的にとらえて、医療を完全に否定するようなものではなく、言ってみれば「ささやかな」批判であった。それまでのものに対する批判的実践というと、大きな革命的転換を、願望こみでイメージしたくなるが、その実際は、実践上の利を得ていこうとする「ささやかさ」が特徴であり、そこへの注目が重要なのである。さらに、本章で見てきたような、批判の「ささやかさ」への注目は、疾患として積極的に介入することと、本人の思いによりそっていくこととが同居していく二〇〇〇年代に入ってからのケア実践を見ていく上でますます重要な視点となっていくと考えられる。

詳しくは、第４章にゆずるが、二〇〇〇年代以降、呆け・痴呆という曖昧な対象としてではなく、何らかの脳の疾患に起因する症状群として認知症という対象を明確にとらえた上で、認知症とされる人を理解し、向きあっていくことが重要だという主張が定着しつつある。すなわち、認知症や認知症とされる人を、医療の知識を用いて把握していこうとする志向が強まってきている。これは大雑把に言えば医療化の進展と言える。そして、現在の医療化は、本人視点を尊重したケアという流れとも合流している。最終的な根治はいまだ不可能だという前提はこれまでと同様でも、認知症とされる人へのはたらきかけの方法・技術を、医学における知が積極的に供給できる、あるいは将来的に供給できるだろうというみこみを持ちながら、介入が試みられているのである。

また、在宅介護サービスの利用の伸び、地域の強調の中で、デイサービスなどの家族外の居場所におけるケア実践が生まれていく流れがある。この流れの中では、施設や家族などの、限られた人たちでつくられた限定的な空間と比べて、様ざまな論理が錯綜する中でケアがなされていく。そうしたケアの場においては、個別の状況にあわせてプラグマティックに様ざまな方法を駆使していく実践が重要になっていく。たとえば、先に述べた医療化とも言える論理は、認知症とされる人へのはたらきかけの方法や、彼/彼女らの居場所の秩序形成に対して、広い意味での治療や予防などの意味を与えるようなストーリーを提供している。それは病院や施設の場だけではなく、そうした認知症の人が生きる場においてケアを行っていく場合にも無視できない重要な論理となっていく。こうした動きを一律に批判的なニュアンスでとらえることには注意が必要だろうし、仮に医療化批判をするとしても、それぞれのケア実践を見た上での丁寧な所作が必要だろう。

この先の第4章では、二〇〇〇年代中盤のあるデイサービスをフィールドとして、そうした実践の一端について見ていくことになる。だが、その前に第3章では、もう一つ一九八〇年代から九〇年代にかけての実践について、本章とは違ったデータを用い、違った点に焦点を当てて見ていこう。

注

（1）春日キスヨによると、二〇〇〇年代の痴呆ケアのパラダイム転換は、「痴呆高齢者が主体として遇される社会的場の誕生によって痴呆症についての新たな精神病理学の理論が産み出され、それがまた現場の実践を裏づけていくという円環的変化」のプロセスであった（春日 2002: 47）。

（2）二〇一九年時点で見られる医療への批判も、医療そのものの存在を批判するというよりも、そのあり方の改善を目指した批判という色彩を増してきている。第1章の注15の認知症における医療化の現状に関する記述も参照。

（3）医療人類学や、相互作用プロセスに注目した医療社会学においては、生物学的な「疾患（disease）」と、その主観的な経験である「病い（illness）」とを区別する（Kleinman 1988=1996）。そういった観点から病いをかかえる人の経験や、周囲との相互作用過程に焦点を当てていくような研究がなされ、本人の苦悩する姿や相互作用過程の特徴が発見されてきた。呆けや痴呆とされる人を対象になされた、そうした研究として、阿保（2004）、出口（2002）など。

（4）欧米における、施設などでのフィールドワークをもとにした研究は、呆けや衰えが、アルツハイマー病という脳の疾患に起因するものとして認識されていくことを、生物医療化（bio-medicalization）の進展ととらえた上で、そうした認識の普及が、認知症とされる人への抑制や騙しなどのはたらきかけを生み出し、彼／彼女を無力化する結果をもたらしていると批判的に論じている（Lyman 1989, 1993）。

（5）本人主体から遠い身体拘束などが、施設などでいまだに見られる現状を考えたとき、関係や環境の強調という問題意識自体が切実で意義を持つことは疑いえない。また、さらに一歩進んで、こうした理念の裏にある現実、および、このような現実の温存に対して理念の強調がもたらす効果・逆効果などについて考えていくことも、本章とは別に考えるべき社会学的課題である。

（6）木下衆は、「新しい認知症ケア時代」における、注4のような医療化批判と認知症の本人の「個人としての尊重」

という認知症研究の枠組みの限界を指摘している（木下 2019）。また、障害学における、ディスアビリティの社会モデルから、個人の身体やインペアメントに再注目していく流れ（終章2節参照）も、社会・関係と医療との二項対立的なとらえ方では現実をとらえきれなくなってきていることと関連していると思われる。

（7） ただし、痴呆性老人が、福祉施設である特別養護老人ホームに入所できるようになったのは一九八〇年代後半からであり、一九八九年から開始された老人保健施設には入所期間の制限があった（宮崎・日沼 2003：10；植田 1999：86）。

（8） 北中淳子は、「認知症患者」という異なる世界に生きる人たちとしての表象を乗り越えるアプローチの一つに、一九八〇年代以降に隆盛した精神病理学・精神分析的アプローチを挙げ、竹中や小澤らによる妄想などの背後にある心理力動についての分析を例に挙げている（北中 2019a）。

（9） たとえば、平野（2002：64-5）、長谷川（2004：22-4）など。

（10） 小澤は同書において、痴呆とされる人の理解をふまえた薬物療法の注意点についても論じている。また天田（2006）も引用するように別書で、診断すなわちカテゴリー付与が、人間の個別性の剥奪の可能性を有しながら、対象認識の際には不可避であることも強調し、「むろん、われわれは、『枠組』（あえていうなら『偏見』）なしに対象と接することは不可能である。ただし、『枠組』が相対的なものに過ぎないことを大前提とし、『枠組』が対象を差別し、抑圧する構造性をもっていないか、かかる『枠組』はいかにして形成され、いかにして乗り越えられるべきものなのかが常に考慮されていなければならない」（小澤 1974：238→小澤編 2006：210）と、医師としての自戒を示している。

（11） たとえば、通い、泊まり、訪問の三つを地域単位で担うという小規模多機能型は、日中の通いの場を中心に、必要に応じて利用者の宿泊にも対応する草の根の宅老所実践をモデルに、介護保険制度の給付メニューとして二〇〇五年改正時に制度化された。

（12） 創設者である下村恵美子や、村瀬孝生が著作を出版し、また、豊田・黒木（2009）や鹿子（2015）など、その実践をとりあげた著作がある。
(13) 聴きとり調査や観察、および研究書の知見を用いて、子どもから高齢者までが集う「富山型」宅老所のモデルである「このゆびと－まれ」を分析した上野千鶴子が述べるように、実践者たちの自己報告からだけでは実態は把握しきれない（上野 2011：354）。しかし、ここではその実態の評価よりも、実践者たちが出会った呆けや痴呆へのはたらきかけへの違和感や驚き、およびそれを原点とした実践の意図を、医療批判の認識ととらえて、その論理を把握する。
(14) 思想家のI・イリイチは、現代社会における臨床的医原病、社会的医原病、文化的医原病という三種の医療を原因とする病いを指摘したが、ここでの下村の指摘は、イリイチの言う「治療法、医師、病院が病原、すなわち『病をひきおこす』因子になっているすべての臨床的状態」「過度の治療的副作用」（Illich［1975］1976=1979：28）という臨床的医原病の概念に近い。
(15) 小山のおうちのとりくみは、石倉編（1999）、高橋・石橋（2001）、出口（2004b）、石橋典子（2007）などに詳しい。本書第3章3節も参照。
(16) 第1章注19を参照。
(17) バリデーションや回想法など、コミュニケーションに関係する非薬物療法的な方法が、これまでの医療モデルとは違う、「新しい文化」や「パーソン・センタード・ケア」の側を構成する諸々として位置づけられがちである。しかし、医療モデルあるいは古いモデルに対する新しいモデルといった単純な認識枠組みは、文脈に応じて微細な違いが出てくるかもしれない実践を平板な技法として理解することにつながりうるだろう。
さらに、認知症恐怖とも言うべき社会意識（出口 2004c：233-9）が広く存在する状況において、意図とは別に、グループホームやデイケアの意義が、療法的な意味に引きつけられて解されたり、そうした観点から評価されたりしていくことも起こりうるだろう。

第3章　どのような「思い」によりそうのか

映像資料に見る本人の「思い」

はじめに

第1章で見たように、認知症の人は、理解できないとみなされていた存在から、ケア・介護の対象にされていく形で理解が試みられていき、そのケア・介護の内容をよりよいものとしていこうとするような動きが生まれていった。これが、いわば二〇〇〇年代にいたるまでの認知症の人が理解・包摂されていく大まかなプロセスである。そのプロセスの中での一つの重要な理念が、本人によりそうことである。ここで言う、本人へのよりそいとは、他ならぬ認知症の本人の「思い」や気持ちこそを、理解すべき対象の中心に据えて、はたらきかけていくことである。

その本人の「思い」は、今日においては、本人からの語りや表現を通じてもとらえられるようになってきている。本書の第5章以降で見るように、二〇〇〇年代中盤から認知症の本人が語るようになっていく中で――現実的にケア実践の場で十分それが重視されているかどうかは別として――それなりに見えやすく、ケアの場でも、それを把握するツールや方法が想定しやすくなってきたと言える。

しかし、原理的に考えると、たとえ言葉を介していようが、私たち人間が、コミュニケーションにおいて他者の「思い」を完全に理解することは不可能である。というよりも、「思い」が相手の頭の中にあると前提すると、直にはそれを知りようがない。そうだとすると、私たち、特にケア実践の外から眺める私たちが、実際に見ることができるのは、「思い」そのものよりも、「思い」をとらえようとする実践であろう。そう考えると、「語り」を手がかりに「思い」をとらえようとする実践は、「思い」をとらえる唯一の実践ではなく、現代において最も注目されてはいるが、あくまでバリエーションの一つにすぎないものだと位置づけることができる。

思いをめぐってなされている実践を以上のように認識すると、二〇〇〇年代に入るまでの実践の中にも、「語り」を中心的な手がかりとしないやり方で、本人の「思い」をとらえようとし、それを重要視しようとするケア実践や、本人の「思い」が、現れているような実践を見ることができる。では、その中で見出されてきた「思い」とはいかなるものだったのであろうか。

すでに第2章で、そのいくつかの事例を見たように、二〇〇〇年代に入ってからの新しい認知症ケアの源流には「先駆的な実践」の歴史の積み重ねがあった。本章では、前章とは違ったデータをもとに、いくつかのケア実践の事例をとりあげ、認知症の人の「思い」への注目とそれにもとづいたはたらきかけの実践が、どのようになされてきて、そこでどのような課題に突き当たっていたのかを見ていく。そこから、認知症の人の理解と包摂が目指すようになってきた方向性の一つである本人の「思い」へのよりそいの意義をとらえていく上での論点を導き出したい。

1　認知症関連番組に見る「思い」をとらえる実践

「思い」を重要視しようとしていたり、それが現れていたりするケア実践が、二〇〇〇年代より前にあったとしても、それらを、何をもとに見ていったらよいだろうか。第2章では、特別養護老人ホームや病院などの施設や、専門家がいる場所でのケアの主導的な実践者たちが書いたものを主にとりあげて論じた。本章では、一九八〇年代から二〇〇〇年代前半までのNHK（日本放送協会）で制作・放映された認知症ケア関連番組の視聴から得られたデータを用いて考察を行っていく。

こうしたデータを用いることがなぜ本章の目的にかなっているのか。まずはその点を確認しておこう。本章で用いるデータは、二〇一〇年から二〇一三年にかけてNHKアーカイブスで認知症関連番組の視聴をして作成した記録である。[1][2] この研究の開始時点では、第1章で見たような認知症の人の理解と包摂の歴史を裏づけるために、番組の持つ情報を用いることができると考えていた。たとえば、数量的なデータとしては、痴呆や認知症への関心の高まりにともない、認知症に関する番組自体や本人の思いに注目した番組数の増加を示せるのではないかという想定を持っていた。また、番組の内容に関しては、映像は、認知症ケアの実際の様子を例示してくれるのではないかと考えていた。データをそのように用いることで、よりリアルな歴史が見えてくるのではないかと想定していたのである。[3]

だが、番組の視聴を続けながら、NHKの認知症関連番組というデータの性質を考えていくようになり、重要だととらえたのは、ＮＨＫの番組自体が痴呆や認知症に関する現実に向けて、「違う現実」を見せていく実践だったという点である。特に、二〇〇〇年代以降にそれは顕著だが、当事者の思いや、その視点にもとづく新しい実践をとりあげた番組を積極的につくっていくようになる。すなわち、ＮＨＫの番組制作自体が、認知症ケアの新しい流れの一部を形づくっているのである。そこから推論して、二〇〇〇年代より前の時期にも、番組は新しい現実を見せていったりつくっていったりする実践の性格を持っていたと考えると、ＮＨＫの番組の中でとりあげられている、当時の認知症の人に対するケア実践の一部サンプルは、その番組がつくられた当時の、通常より高水準の先駆的な実践が扱われ映像化された資料だと仮定できるのではないだろうか。(4)

表３-１に例示した一九八三年から二〇〇三年までのケア実践を扱った主要番組の主題を見ると、番組【1】「二度童子（にどわらし）の館」は日本初の痴呆性老人専用の特別養護老人ホーム（特養）をとりあげ、その後、日本でも先駆的な痴呆性老人専門の病院（【4】「心は決して死んどらん」）、一九九〇年代中盤からグループホーム（【9】「ぼけても笑顔を忘れないで」、【12】「みんな一つ屋根の下」）、集団精神療法（【8】「心を開いて笑顔を見せて」）、回想法（【13】「遠き道　いま輝いて」）など、認知症ケアの新しいとりくみをとりあげている。また、そこで登場するのは、いずれも有名な施設や実践家であり、現在時点からふり返ると、その人たちの著作自体が認知症ケアの歴史を示すようなものにもなっている。

こうした点をふまえると、ＮＨＫの番組の映像資料の中で見られるのは、多くは、「先駆的」で、とりあげる側が社会に知ってもらいたいと評価した実践だととらえるのが妥当だろう。もちろん、現在時点の新しい実践からふり返ったときに、それらの一部は認知症に関する間違った知識にもとづくよくない実践だったと評価することもできる(5)。しかし、ひとまず番組に登場しているのは、その時代のその時点において、新しいケアの可能性を追求した実践である可能性が高い(6)。番組というものが、このような意味で先駆的な実践をとりあげたものだとすると、当時の理解・包摂の最大限の努力の試みをそこに見ることができる。そのため、二〇〇〇年代以前の本人の「思い」を重視したり、それが現れていたりする実践が見えやすいのではないかと考えるのである。

さらに、複数の番組から複数の実践を見ることができるが、それらの中には、困難に直面する記録や、理念や目標が互いに矛盾しあうような実践もある。ゆえに、それらから、最大限努力したケア、であるにもかかわらず、あるいはそれゆえに、生まれうる問題の可能性や、認知症をめぐる実践の複数の可能性を考えることができるとも言いうる。

二〇〇〇年代より前にも本人の「思い」は登場し、認知症の人の生をよくすることを目指す実践が見られるとすると、理念的にはともかく、少なくとも方法論的には、二〇〇〇年代中ごろからの試みを、それ以前と断絶したまったく新しい理解と包摂の試みととらえるべきではないだろう。それ以前から、本人の「思い」を理解・包摂していこうとする試みはあり、そこで実現しようとしたことや突き当たっていた課題の延長上に現在の新しい流れをとらえていく必要があるのだ。

以上のような視点から、本章では、番組として記録されている実践をデータとして、本人の「思い」を理解・包摂しようとする先駆的な試みを以下の二点に焦点を当てて見ていく。

一点目は、認知症の人の「思い」が何のために注目され、どのように位置づけられてきたかである。二〇〇〇年代以降の認知症ケアにおいて、本人の「思い」に注目しそこによりそうことは鍵となってい

表3-1　ケア実践を扱ったNHK主要番組（一九八二～二〇〇三年）

	放映日	番組名	タイトル	ケア実践	取材先	著名登場人物
1	一九八二・九・一三	NHK特集	二度童子の館	日本初の痴呆性老人専用の特別養護老人ホーム	特養・第二小山田特別養護老人ホーム（三重県四日市市）	長谷川和夫（医師、スタジオゲスト）
2	一九八三・五・三〇	クローズアップ	ボケはどこまで治せるか——音楽療法の試み	施設での音楽療法	特養・悠生園（福岡県大野城市）	田中多聞（医師）
3	一九八六・六・一三	あすの福祉	ぼけの老人三週間ホーム——自宅介護に備えて	施設への短期入所・観察・介護のアドバイス	生活指導ホーム・楽樹の園（静岡市？）	
4	一九八九・二・二七	NHK特集	心は決して死んどらん——痴呆性老人病院の五年	日本初の痴呆性老人専門病院	病院・きのこエスポワール病院（岡山県笠岡市）	佐々木健（医師）
5	一九九〇・七・一九	平成二年列島にっぽん	おじいちゃん笑って——痴呆性老人　介護住宅の一〇日間	介護住宅での家族介護実習	介護実習住宅・日本原荘（岡山県勝北町）	
6	一九九一・九・一一	NHKミッドナイトジャーナル	ホットジャーナル（特集）心を開く老人介護　二——街へでる痴ほう老人たち	痴呆性老人の外出の支援	特養・喜楽園（兵庫県尼崎市）	
7	一九九三・三・一一	くらしのジャーナル	痴呆をくいとめろ——ある民間施設の試み	施設での共同生活・リハビリ	短期共同生活（静岡県岡部町）	

8	一九九五・一・七	プライム11	心を開いて笑顔を見せて——痴呆症と共に生きる	通所施設での集団精神療法	デイケア・小山のおうち（島根県出雲市）	石橋典子（看護師） 高橋幸男（医師）
9	一九九六・三・三一	ドキュメントにっぽん列島	ぼけても笑顔を忘れないで——岡山　グループホームの三か月	生活リズムに合わせた介護	グループホーム・コスモス（岡山市）	
10	一九九六・五・二	共に生きる明日	鍵をはずそう　いっしょに暮らそう——痴ほう老人・ある特養ホームの試み	痴呆棟を解放したケア	特養・桜ヶ丘寿徳苑（熊本市）	
11	一九九七・一・二六	にっぽん点描	ぼけなんか恐くない——痴ほう老人ケアの新たな挑戦	痴呆のお年寄りの生活支援	特養・至誠ホーム（東京都立川市）	
12	一九九八・七・一六	共に生きる明日	みんな一つ屋根の下——痴ほう老人のグループホーム	痴呆のお年寄りの共同生活支援	グループホーム・ときめき（大阪市港区）	
13	二〇〇二・一・一九	列島スペシャル	遠き道　いま輝いて——回想法・一年の記録	病院での回想法	青梅慶友病院（東京都青梅市）	遠藤英俊（医師） 黒川由紀子（臨床心理士）
（参考）14	二〇〇三・一二・二	生活ほっとモーニング	痴呆ケア　本人が語る心の世界	痴呆の人本人を中心とした番組		クリスティーン・ブライデン（本人）、 小宮英美（解説委員）、 長谷川和夫（医師）

る。「思い」への注目と言ったとき、たとえば現在のように「本人の語り」に注目し、それを重視する実践はわかりやすい。だが、他方で、それ以前のケア実践の中でもなされてきた本人の感情や視点への配慮とは、いかなる目的にもとづきどのようになされてきたのだろうか。また、その実践の中から、どのようなことが課題として浮かび上がってくるだろうか。

二点目は、認知症になることや、認知症が深まることに関する本人の「思い」に向けてなされてきた実践への注目である。第1章でも述べたように、認知症になることを避けたいという「認知症への否定的な意識」が根強く存在しているとすると、その意識は他ならない本人の「思い」の一部にもなっていると考えられるだろう。だとすると、認知症の状態が進むことへの「思い」は、本人によりそうために目を向けるべき重要な内容ではないだろうか。すなわち、「思い」への注目とは、認知症をかかえることによる苦悩への注目でもある。認知症の重度化は、本人の苦悩の対象となるが、実践の中で、そうした重度化をどう位置づけて本人の「思い」へのはたらきかけがなされ、そこにはどのような課題が現れている（現れうる）のであろうか。以上の二点について、以下ではいくつかの番組中の事例をとりあげ、比較しつつ見ていきたい。

2 本人の「思い」を認める範囲

「問題行動」の背景にある「思い」

まず、表3-1に挙げた多くの番組において「思い」は第一に「問題行動」への対処という文脈で注目されている。視聴したもので最も古い一九八二年の【1】「二度童子の館」ではそれがはっきりと現れている。

この番組は、日本で最初の痴呆性老人専用の特養である第二小山田特別養護老人ホームの様子を追ったものである。番組は、特養での痴呆の人たちの様子、スタッフの対応などの映像の後に、著名な精神科医と神経内科医が解説をする構成になっている。

番組の中では、入所者同士の押しあいのケンカや、検査前で食事を控える必要があることを理解できず食事を要求する人など、痴呆の人が施設でトラブルを起こしている様子が連続して映されている。そうした中で最も奇異に見える行動として、夜中に施設のゴミ箱に放尿して歩いて回る男性が登場する。以下はその男性に関するスタッフ同士の話しあいの場面である。

S1：よく新聞配達をしているような感じの行動というのが時どきあるような感じ。それとか放尿しているのも自分なりの意味が何かあるんですね。仕事をしているような感じなんですけども。たとえばゴミ箱なんかにおしっこを入れる動作というのもポンプに水を、呼び水なんだと思うんですけどねえ。ポンプに水を入れているように思いこんでもいますし。
医師：まだ今でもゴミ箱に小便するの？　まだ？
S1：まだやっています。
S2：以前よりは少なくなったように思いますけど、はい。
医師：放尿は少なくなった？
S2：はい。

S1：一応今の対処の仕方としては、どうなんでしょうか、決め手っていうのはないんでしょうか。
医師：うーん、決め手はないだろうな。だから決め手はないから何を今一番……。
……（中略）……
医師：……食べるか食べないかというのを観察してかないといけないね。けど、僕がいつも言うように、脱水があるかないかそれは舌を見るということ、それは簡単なことで、舌がからからに乾いているときは何か変化があるわけだから。

この場面で、スタッフからの、本人にとって「自分なりの意味」があるのではないかという指摘に、医師は「身体的な変化」という理由が「問題行動」の背景にあると推論している。

こうした病院のシーンが流された後、スタジオのシーンが始まる。そのシーンで、認知症の研究者として著名な精神科医の長谷川和夫[7]は、「一見して異常な、私たちに理解できない奇妙な行動も、そのお年寄りには必ず理由があるんじゃないかと思う。先ほどのお年寄りの中にも、紙くずかごの中になさろうとするそういう行動にも何か一つの理由がある」と述べる。そして、「そういう理由を理解してみよう、受け容れてみようという態度が大切だと思うんですよね。それをただ子どもをしかるように、こんなことをしてはいけない、あんなことをしてはいけない、というようにこちらが騒ぎたてるとますますお年寄りを混乱させて、呆けの状態をかえって深めていくということがあると思いますね」としている。

このように事例とその事例の解釈をあわせて、「問題行動」の背後には、理解できる理由があることが主張される。ここでの理解できる理由とは、確かに「私たち」も同じような状況に置かれたらそういうふるまいをするだろうと納得できることである。このように、痴呆の人たちも「私たち」と同じ行動にいたる「思い」を持っていることが示唆され、そうした「思い」を持つ人に配慮する必要性が説かれる。

ここで重要なのは、まずは、周りにとっての、放っておけない「問題行動」に焦点が当てられ、それを改善する目的で「思い」への注目が説かれるという点である。このような「問題行動」への対応を考える上での「思い」への注目は、その後の番組においても基調となっていることが多い。(8)

本人の「思い」の表現にともなう「問題行動」の軽減

脳の変性疾患を原因とする認知症は現在も医学的な意味で「根治」は不可能である。(9) だが、多くの番組では、そうした水準とは違う「よくなること」を目指してケアがなされ、どうすればよくなるかをテーマの一つとした実践を映し出している。そうしたテーマの番組の中で、認知症の人へのケアやそれによる効果は——少なくともナレーションや番組全体のストーリーの水準で——「問題行動の軽減・消失」と関連させて示されている。そして、そのような関心のもとで、本人の「思い」が登場する。

一九八三年の【2】「ボケはどこまで治せるか」のテーマは、特養に入居している痴呆のお年寄りに対する「音楽療法」の実践と、その効果を表現しようとしたものである。この番組は、痴呆のお年寄りがオルガンにあわせて手を動かす、行進をする、手をたたきながら歌うといった音楽療法を行う場面と、脳神経細胞における情報伝達回路の代償機能の回復に関する研究結果の場面とが連続する構成になっている。番組の舞台となっている悠生園でなされている「心のリハビリテーション」は、「代償機能」をうまく発揮しようとするとりくみだが、その「代償機能」をはたらかせる有力な刺激の一つとして「音楽」が注目され、「療法」として音楽を媒介とした実践がなされている。(10)

番組の中心となっているのが、Aさんに対するはたらきかけの場面である。このAさんの場面は番組全体の約三分の一を占め、音楽療法の帰結を示す事例としての位置づけになっている。野球の応援歌を流して、お年寄りみんなで手をたたいている療法のシーンで、言語障害のある男性Aさんはまったく反応を見せない。音楽療法を実践する医師の田中多聞は、このAさんに、より深くかかわっていく。Aさんは、もともと漁師をやっていたので、田中医師は旅行に連れ出して思い出の港を訪ねる。それをきっかけに表情や話がAさんから引き出されていく。

このAさんを中心としたストーリーでは、本人が自分の気持ちを吐露し、その後他者とコミュニケーションをとれるようになることが「よくなること」として意味づけられている。だが、同時にその実践で強調されているのは、本人の状態が「よくなること」とともに、介護する側にとっても手間となる「問題行動」が減って望ましいということである。たとえば、その旅行の後、施設で入居者・スタッフで調理をして宴会をする場面があるが、そこでAさんは田中医師にお酌をしたり料理に対しておいしいという反応を返したりと「言葉」をとり戻した様子が示される。そして、その場面には「おじいさんもふるさとへのドライブをきっかけに廊下への放尿、夜の出歩きといった問題行動がほとんど見られなくなりました」と「普通」になったことを報告するナレーションがつけられている。

この番組では、全体としては必ずしも介護者側の問題の軽減だけに焦点が当てられているわけではないが、少なくとも本人が言葉をとり戻すという「思い」が現れるような変化と介護者の手間が減ることとは調和するものとして位置づけられている。このような介護の手間を減らすという帰結と関連づけた「思い」の位置づけは、当時、介護を何とかうまくやっていくことが最重要の課題だったこととも関連しているであろう。この番組では施設における生活を前提とした実践をとりあげているが、同時期の八〇年代から九〇年代にかけては、いかに家族介護を破綻なく維持していくかをテーマとした、専門職からの、本人や家族に対する施設でのプログラムをとりあげた番組がいくつかつくられている。[11]

介護する側の都合をやぶる「思い」

ここまで見た二つの番組に対して二〇〇二年の【13】「遠き道　いま輝いて」では本人が「思い」を表出し、それによって変化することと、介護側の負担の低下とが必ずしも調和しない場面が描かれている。この番組は、青梅慶友病院における回想法を用いたケアのとりくみを追った番組である。

番組の中心になるのは、入院している男性たちが、他の人と話をせず心を閉ざしがちであることを気にかけたスタッフが、その人たちの心にはたらきかけるために、昔の写真などを用いて過去を思い出す回想法[12]を通じて語りあう、一週間に一度設けられた男性だけのセッション場面である。番組全体は、その場面と、そこに参加した人たちが普段生活をしている病棟の様子、番組で中心にとりあげられている佐藤さんの過去の人生を描いた映像などで構成されている。

この回想法を用いた試みの目的は、本人の心にはたらきかけ、「思い」を表出してもらうことだが、その試みがどういう結果を導いたかを描いた場面がある。それが、回想法のセッションを何度か行った後に、病棟で日ごろどういった様子ですごしているのかを撮った場面である。

回想法のセッションで佐藤さんは、自分が誇りを持っていた書店経営のことなどを熱心に話すようになる。その後、病棟では、佐藤さんは自分の店の売り上げのことなどを気にして、頻繁に電話をかけようとして外に出ていこうとするようになった。病棟スタッフは活動性を増した佐藤さんによりそって店に電話をかけたり一緒に歩いたりするものの、佐藤さんはなかなか落ち着かない。そうした病棟での状況変化を経て回想法のセッションの責任者である医師と病棟の婦長とで話しあいが持たれる。

医師：忘れてらっしゃるけれども、ご自分の家族というものとか、釣りのことにしても、スキーにしても、お店のこともね。プライド持ってやってらしたこととか、楽しんでらしたこととか、もう一度思い出して、自分の気持ちの中でよい人生だったと思っていただいて、それでここに適応してくだされば、前とは一段違う。

婦長：回想法が始まってから、色々な精神活動が活発になった分、私たちの今までの対応では、ご不満。みんな同じことを言う。嘘言っているんではないだろうか、と。だから、活発になった分、私たちもそれにあわせて対応を変えていかないと。ご本人も何かストレスを感じられて、職員も、今まで「あちらに行ってこうですよ」という対応ですんだのが、すまなくなっているというか。

医師：私たちが苦労しているのに、おいしいところを取って何さという。

婦長：そこまでは思わないかもしれませんけど。

医師：それはやっぱりそういうもんだと思う。それをやっぱり僕らがどうやって克服できるかだと思う。

番組のその後は、回想法の実施スタッフが、セッションでの本人の様子をまとめたファイルをつくって病棟に伝えるなどの工夫をすることを通じて、回想法で本人が変化していくことがより重要だと病棟側が認識していくストーリーになっている。病棟のスタッフは、本人がいきいきと語っている趣味の魚釣りの話に注目して、休日にニジマス釣りに一緒に出かけるなど、回想法で促進された本人の「思い」やそこからわかるその人らしさに、一層よりそう実践を行うようになっていく。結果として、番組の最後には、本人にとってもよいことが介護する側にとってもよいというメッセージも示されるのだが、先の場面に現れているように、本人が「思い」を発し、それによって「活動的になる」こと、そして、その「思い」によりそおうとすることが、普段の介護を楽にすることと必ずしも調和するわけではないことが、この実践からは示されている。「問題行動」の解決と、本人の「思い」にそうことが場合によっては対立関係になり、介護する側の都合とは別に、本人がよくなりうることが示されているのである。

3　認知症の深まりへの怖れによりそう

認知症の進行を避けようとする実践

現在の認知症ケアでは、認知症の本人も認知症について情報を得て、その病気の進行を意識しながら生活していくことも、念頭に置かれるようになってきている。[13] すなわち、認知症の深まりを本人も考えるようになり、そのプロセスの中で本人が経験することに対して何らかのリアクションをすることが、本人によりそうことの内容の一つになってきていると言える。

私が視聴してきた番組の中においても、認知症が進行することが主題となっているものがあった。そこでは、進行をともなう認知症への怖れという本人の「思い」に対して、それを避けようとする方向と、向きあう方向の二タイプの実践を見ることができた。

前者の典型的なものに、一九九三年の【7】「痴呆をくいとめろ」がある。この番組は、病院の検査で初期の痴呆と診断された人たちを集めて、民宿を借りきって三カ月の合宿をし、痴呆の進行をくいとめようとする試みを追ったものである。そこに集ってくる人たちはまだ会話をすることができるが、もの忘れの兆候を持つ人たちである。合宿では、認知機能を維持・改善するとされるゲームなどの様ざまなリハビリがなされ、その効果を定期的な認知機能のテストで確認する。痴呆が軽度のうちに、早めに介入して進行を止めようとする意図の実践である。

その合宿での印象的な場面に、合宿開始後すぐに、近隣の特別養護老人ホームに見学に行く場面がある。「まず痴呆が進むとどうなるのか、それを知る」ために見学に行くが、「重度の痴呆のお年寄りたちの生活ぶりを見ることで、参加者にやる気を起こさせる」のが主催者のMさん（看護婦）のねらいだという。その場面で参加者に対して、Mさんは以下のように語りかけている。

M：こういう人たちみんなひどくなっちゃっているんだよ。【参加者たちと施設内を歩きながら解説するMさん[14]】。二四時間三日間歩き続けている。

【食べている最中に、食器を落とし、収集がつかなくなっている人。スタッフが駆けより直そうとするが暴

れる。それをみて複雑な表情をしている参加者たち】

M：ぼーっとしているのわかった？　そのぼーっとしているの何なのって。なぜぼーっとしているの？【参加者に話しかけて】

この場面では、スタッフが、「重度」の痴呆の人たちの様子を参加者に見せて、今から何らかの努力をしないと「ああいう状態になる」ことを強調している。また、番組の後半では、軽度痴呆の人たちにリハビリを行おうとしている病院が登場し、しかし、実際には、その病院に来るのはほとんどが重度の人たちばかりだということも示される。こうした場面から、まだ意思疎通が可能で、日常生活がとどこおりなくできる状態の人たちに早めに介入していくことの重要性が示されるのである。

この番組の実践は、まだ「思い」を言葉で表現して他者と意思疎通できる人たちが、これまでと同様に「思い」を表出し続けられることが望ましいととらえ、その状態が悪くなっていくことを避けようと意図していた。そこで前提になっているのは、意思疎通が難しい状態になるのは望ましくないということである。加えて、今現在、その時点にいたっていない参加者たちも、重度になりたくないという「思い」を持っている、あるいは持つことが望ましいということである。つまり、色々なことを認識できなくなる状態と、まだ語れる状態とが重度と軽度として対比され、私たちと同じように「思い」を言語で表現できる状態を維持していこうと試みている。「こういう人たち」と表現される「重度」の人たちは、軽度の人たちとは異なる者と位置づけられた上で、軽度の人たちの持っている認知症を怖れ進行させたくない「思い」に注目していると言える。

深まりゆく人の「思い」に向きあう

【7】と対照的に、一九九五年の【8】「心を開いて笑顔を見せて」のデイケア小山のおうちでのとりくみは、その痴呆に対する恐怖に向きあい、可能ならば軽減しようとするものである。(15) すでに第2章でその一端を見たように、これまで実践を主導してきた石橋や高橋の著作（石橋典子 2007；高橋 2006）、社会学者のフィールドワークによる分析（石倉編 1999；出口 2004b）などに登場している小山のおうちは、コミュニケーションが難しくなった重度の人たちに手記を書いてもらうことや、即興劇を演じることで葛藤や苦悩を表出することを目指すサイコドラマ（第1章注19参照）などの実践で有名である。一九九〇年のこの番組ではそうした「技法」として目立つとりくみは前面に出ておらず、逆に、認知症の人の苦悩に向きあおうとする試みの模索がよりシンプルに見えてくる。

小山のおうちには重度の痴呆の人たちが通っている。番組に映されている実践の内容は、①芋掘りや柿取り、ゲームなど参加者で楽しむ活動、②その活動を行った後に全員でそれまでのことを話すこと、③痴呆の人が心を開いてくれるようなその人にあった活動を見つけること、④そうした一連の活動の中での本人の姿を家族に見てもらうこと、などである。以下は芋掘りをした後でその活動について語りあう場面の様子である。

【室内で、車座になっているお年寄り】

（ナレ：外から帰ると、そのつど、今、何をしてきたか、みんなで確かめあいます。(16)）

石橋（スタッフ）：午前中、何を取りにいきましたかね。

Ａ：私、何も覚えてないです。
Ｂ：ご飯ですかね。
石橋：今ね、他の方が、芋と柿を取りにいったと言われるけど、Ｏさん、何にも覚えがないけど。
Ｏ：なんにも覚えがないです。
石橋：だけど、人にそう言われると。
Ｏ：聞いてもわかりません。
石橋：聞いてもわからないんだね。
Ｏ：私は、本当に、つまらんです。
石橋：それが皆さんのしんどさです。
（ナレ：ほとんどのお年寄りが、三〇分前までしていた芋掘りのことを覚えてません。しかし、ここでは物忘れがひどくても、叱られることはありません。）
石橋：午前中どこ行ったかなってはっきり記憶してない。だけれどもね、楽しんできました。
（ナレ：六人の介護スタッフのリーダー、石橋典子さん。精神科の看護婦を長年務めてきました。）
石橋：ほら、こんなお芋だったんだよ。【取った芋をみんなに見せる】
（ナレ：石橋さんは、物忘れをしていることをお年寄りに確認させます。その上で、物忘れは怖くないと語りかけます。）

この場面では、少し前の活動についてふり返って話す中で、お年寄り自身にもの忘れを確認してもらっている。ここでもの忘れを確認してもらうのは、先に見た【7】のように「忘れること」をなるべく避けるという目的に向けて、その度合いを見る「検査」としてではない。もの忘れを不安に思っている心にはたらきかけて、楽になってもらうことを意図して行っている。すなわち、重度の痴呆の人も――われわれと同様――もの忘れに不安をいだいていることが前提とされて、その上で、その不安に向きあうことをうながしていくのである。

この実践は、重度の痴呆の人の「思い」に向きあい、もの忘れをしても大丈夫だという安心を得られる空間をつくることを意図している。その点で、重度の人をあくまでも目の前にいる人たち（軽度段階）とは違う人たちとして位置づけていこうとする【7】の実践とは異なっている。もちろんこの違いは、はたらきかけの対象としている人たちの状況・状態の違いから来ている。しかし、いずれの番組の痴呆の人たちも、もの忘れを中心に痴呆と呼ばれる状態になることへの怖れを持っていることは共通している。その怖れは、私たちの多くも、おそらく現在、認知症と名指される本人も同様に持っていて、いつか実際に現実となることを否定できないであろうものだ。

おわりに――どのような「思い」によりそうか

ここまで、一九九〇年代から二〇〇〇年代頭にかけてのNHKの番組にとりあげられていた先駆的実践の中で、本人の「思い」がどのように現れ、どのようにその「思い」によりそおうとしていたのか、いくつかのバリエーションを見てきた。最初に述べたように、本章で言及した番組の映像データは、その時期ごとの認知症ケアの一般的なあり方を明らかにするような目的にはそぐわない。また、それぞれの実践は個別の文脈を持っているので、単純な優劣の比較や、全体の中での評価は慎むべきであろう。それらの映像記録のデータを用いて見ることができるのは、あくまでも、本人の「思い」に配慮し、よりそおうとしてきた実践のバリエーションと、それらを複数並べると見えてくる共通点や相互に対立するように見える点である。

まず、「思い」に注目しそれを重視する実践の中には、「問題行動」という介護者側にとっての問題との関連で認知症の人の思いに注目していこうとするものと、「思い」への注目が結果として介護者側の都合を突き崩していくようなものが見られた。これまで、実践者たちによる認知症ケア実践の歴史的記述では、認知症ケアの理念の展開の歴史は、周囲にとっての問題を中心課題とした介護から、本人らしさを支えていくケアへと到達していくプロセスとして、特にその新しいケアを実践する立場から描かれてきた（宮崎・田邊 2011；永田 2003）。そのようなケアが生まれ二〇〇〇年代に目立つようになってきたことは事実だが、もちろん完全に前者から後者へと置き換わったわけではない。認知症をめぐってケア・介護を介した関係が生まれる以上、介護者側の都合との対立の可能性は残り続ける。

ゆえに、二〇〇〇年代に理念となってきた、本人の思いへのよりそいを中核としたケア実践を考える際にも、周囲の介護者との対立の可能性に注意する必要があるだろう。認知症の人の理解と包摂を目標とするならば、本人が語る「思い」が登場した事実そのものだけを見てその実現ととらえるのは不十分である。その「思い」が、介護者側の都合を突き崩すようなものとなっているのか、そうなっていきうるのかを考えることが重要なのだ。ケア実践を行う上での制度的な制約は多く存在し、ケアする側の都合の範囲内での「思い」の実現となってしまうことも往々にしてありうる。本人の語りや何らかの表出があるかどうかは「思い」の存在を示す一つの重要な指標だが、その「思い」が見られることと、本人の「思い」へのよりそいがなされているかどうかは別である。逆に、本人の「思い」を強調し、そこによりそい配慮することが理念として掲げられることで、介護する側の都合と本人の「思い」との対立が、予定調和的に覆い隠される可能性にも留意していく必要がある。本章で見た過去の番組の中に見られる「思い」の位置づけからは、このような視点が導かれるのである。

また、3節で見たように、「思い」と言っても、認知症が進行すること、そしてその進行に対する本人の「苦悩」を念頭に置いた際に、時点によって「思い」が異なりうることが見えてくる。そのため、認知症の人の苦悩に向きあい、それを何とかするためにはたらきかけていく際に、方向性を違わせるいくつかの実践が生まれる。すなわち、もの忘れは避けたいという気持ちにあくまでよりそっていくのか、それとも、もの忘れをすること自体を受け容れていくような空間をつくっていくか、の違いである。重要なのは、実践において問題となってくるのは、二つのどちらを選択するかではないという点である。避けることと受け容れることとは、一人の人にとって、おそらく連続的あるいは同居するものである。そのため、周囲にとっては、どういった状態になった時点から、もの忘れを避けることは不可避だと考えていくのか、いくべきかが一義的には判然としないのである。

また、何人かの認知症の人が一つの場に存在するとき、一人の認知症の人への向きあい方だけにとどまらない課題が生まれてくる。複数の認知症の人たちのあいだに、認知症が進んでいくことの個人差が生まれ、それぞれの「思い」の違いにどう対応していくのかという課題も生まれてくるだろう。かたや認知症の進行を止めることを求めている人、かたやある程度進行してしまった人、こうした人たちが一緒となる集団において、どういった態度で実践に挑んでいくべきか。そこでの共同性はいかに成立し、いかに維持していくべきなのか。こうした課題と、実践のジレンマが生まれうる。そういった意味で、3節で見た一見対照的に見える二つの番組にとりあげられている実践は、現実の認知症ケアにはらまれていて葛藤を引き起こしうる二つのベクトルをわかりやすく示しているとも言えよう。

以上のように、本章から導かれるのは、「思い」によりそう実践において、誰のどのような「思い」によりそっているのかをセンシティブに問い続けることとの必要性である。こうした問いについて、次章では、二〇〇〇年代に入り、新しい認知症ケアの考え方が強調されていく中での、あるデイサービスでの実践を通じて考えていくこととする。

注

(1) 一九八〇年代から二〇一〇年ごろまでの認知症の描かれ方を追うことを目標として、データベース(ニュース映像を除く)から、認知症、痴呆(痴ほう)、老耄《おいぼれ》、アルツハイマーなどの語で検索し、その中から医療・福祉関連ではない番組を除き基本リストをつくった。そこから科学番組や健康番組などのシリーズものや、認知症を主題としていない番組(たとえば介護保険制度の解説など)を除く二三六を視聴候補番組としてリストアップした。

(2) 本章のデータ収集はNHKアーカイブスのトライアル研究事業への参加にもとづいている。トライアル研究事業は、研究計画が採択されると、川口市のデータアーカイブスセンターまたはNHK大阪放送局ブースでの検索と番組視聴が許可され、計画にしたがって視聴しメモ等を作成することが可能となる。映像を外部に持ち出すことはできないが、研究報告の際に一部の静止画キャプチャーを依頼して作成することができる。第二回のトライアル研究事業で「認知症の本人はいかに描かれてきたか?――本人視点の出現・変遷・用法に関する探索的研究」というタイトルで研究計画が採用され、二〇一〇年一〇月〜二〇一一年九月のあいだに視聴や記録に従事した。その後、国際会議での報告等に向けて二〇一三年まで追加視聴を行った。

（3）アーカイブスのデータベースで検索した認知症関連番組の数や内容の変遷を見ると、量的な変化として、二〇〇〇年代に認知症関連の番組数が増えていく（六〇年代から九〇年代の五四本に対して二〇〇〇年から二〇〇八年七月までに一八二本）。特に、二〇〇四年に国際アルツハイマー病協会の国際会議が京都で開催されて、認知症の本人が語るようになったことや、二〇〇四年末に痴呆から認知症への用語の変更がなされたことに代表されるような「認知症キャンペーン」の展開を反映して、二〇〇四年以降、大きく増えている（二〇〇〇年から二〇〇三年まで二一本、二〇〇四年一四本、二〇〇五年二〇本、二〇〇六年四二本、二〇〇七年三二本、二〇〇八年五三本）。また、実際の番組の内容としても、明らかに、当事者が出演して語るものや、当事者の視点を重視したケアの事例を扱い、その重要性を説く番組が増えていく。本人の語りや思いの登場を指標としたとき、確かに二〇〇〇年代に入って大きな転換があったということが言えそうである。

（4）たとえば、二〇〇三年以降の認知症番組を数多く手がけたディレクターの川村雄次（川村については第6章でもとりあげる）は、「バリデーションという当時注目されていた認知症ケアの方法を扱った番組を一本つくった後、なぜ続編をつくらなかったのか?」という筆者の質問に対して、「基本的に私たちは情報産業の人間であって、新しい情報に次から次に飛びついて、それを番組にして放送するというのが仕事」と述べている（川村・井口・田島 2012: 99）。なお、川村の、クリスティーンとの出会いから番組制作にいたるプロセスについては、ウェブ上の連載「『視線の病』としての認知症」（ネオネオウェブ、http://webneo.org/archives/45972）に詳しい。

（5）たとえば、認知症専門の病院のパイオニアであるきのこエスポワール病院は痴呆の人が歩き続けられる回廊式の建物や、グループホーム、バリデーションなど先端的なとりくみを行っていったが、院長の佐々木健は著作の中で、とりくみの過程でその時点の実践を反省的にとらえ、新しいとりくみにふみ出していくプロセスを記述している（佐々木 1994）。

（6）したがって、この映像資料群をもとに、それまでの「悲惨な状況」から新しい認知症ケアが現れ普及していったというような変化・拡大の命題の検証や、現時点からのその時代のケアの不十分さの指摘をしていくことにあまり意味はないだろう。番組の下の氷山部分にどういった実践があるのかはこのデータだけからはわからないのである。

（7）長谷川は、認知症の簡易検査として広く用いられている長谷川式スケールの開発者であり、日本の認知症施策をリードした医学者（老年精神医学者）の一人である。二〇一七年に自身も認知症であることを公表し、その立場から発信を続けている（長谷川・猪熊 2019）。

（8）より細かく言うと、その後つくられていく番組では、グループホームや、回想法など、より本人の個別性に応じたケアや生活を重視したケア実践がとりあげられていくが、番組で映されている実践を意味づけるナレーションや解説においては、「問題行動」がどうなったか、という観点が根強く続いていく。

（9）そうした根治の医学的なメカニズムへの関心は八〇年代から現在まで存在し、内容的にはあまり違いがない。また、番組の中で、脳のメカニズムに関する研究成果と、認知機能、それに影響を与える治療・ケアという関連を描く構成の番組は多く見られる。

（10）なお、「思い」のとらえ方や位置づけ方として特徴的なのは、理性や能力とは別水準の「感情」としてとらえることであり、番組の中では、施設に孫が訪ねてきた場面など、何らかの特別な出来事に対する本人の反応を描く形で示されている。「音楽」への注目も、そうした感情面へのはたらきかけというニュアンスと関係していると思われる。

（11）番組【3】「ぼけの老人三週間ホーム」は、家族が介護を続けられるように本人に短期宿泊をしてもらって介護方法をアドバイスする試み、【5】「おじいちゃん笑って」は、本人と家族に住宅に入居してもらって介護実習を行うとりくみを描いている。これらのとりくみは何とかして在宅介護を維持してもらうことを目標になされている。

このことから、現実的には、家族を中心に何とか介護生活を続けていくしかない条件の中での「よくなること」の追求であったことがうかがわれる。

(12) 回想法とは、昔の道具や写真などを見たりふれたりしながら、昔の経験や思い出について語りあう心理療法・ケアの手法であり、一九六〇年代にアメリカのR・バトラーが提唱した(Butler 1963)。

(13) 認知症を含めた予防の必要性の強調と、それを支える各種の社会的しくみの登場がこうした傾向を強め、他方で、こうした意識の高まりが社会的な予防言説やしくみを支えるという循環関係が想定できる。こうした循環関係を前提とすると、たとえば「商業主義的な予防の強調」を批判しているだけでは、この現象を的確に理解したとは言えないだろう。現状では予防への欲望が避けえないことを前提にして、認知症の理解と包摂の道筋を考えていく必要がある。

(14) 引用中の【 】内は場面の説明である。

(15) このとりくみについては第2章でも実践者二人の書いたものを引用する形でとりあげた。

(16) 引用中の( )内はナレーションの内容である。

第4章 その人すべてを包摂することはできるのか

あるデイサービスにおけるケア実践のジレンマ

はじめに

本書全体の課題は、現在の認知症の人たちの理解と包摂のあり方がいかなる地点にあるのかを確認し、その先に考えていくべき課題を言語化することである。そのために、これまでになされてきた認知症ケア実践の一部を、その文脈をふまえながらここまで記述してきた。

第1章で概観したのは、認知症の人をケアの対象として理解し、その領域へ包摂していく大まかな流れである。その流れの中における、一九八〇年代から二〇〇〇年代の先駆的な実践を、第2章では医療の論理との距離の取り方に、第3章では本人の「思い」への注目がいかなる意味でなされてきたのかに注目して記述してきた。第2章からは、先駆的な実践の「ささやかさ」に注目することの必要性が見えてきた。医療批判としてなされてきた実践における、それまでの認知症の人へのはたらきかけ方への抵抗は、強いオルタナティブを打ち立てようとするというよりは、ときと場合に応じて医療の論理にそいつつ、それまでのあり方を少しでもマシなものにしていこうとする、ささやかな歩みだと理解できる。その歩みからは、先駆的な実践による批判の内実を丁寧に見ていくような方法的態度が必要なことが示唆される。

また、第3章で見えてきたものは、「思い」を重視しようとしたときに、介護する側の都合にあわせた範囲にとどまるものなのか、それを突き破るものなのかという違いや、私たちの多くが持つ、認知症やそれが進行することへの恐怖・忌避の「思い」への向きあい方の相違であった。そこから、本人の「思い」によりそう実践を見ていく際に、本人の「思い」が現れているかどうかだけではなく、そこで注目されている「思い」の内容や、本人の「思い」の重視それ自体とは別の基準のもとでの「思い」への注目なのかどうかを意識的に見ていく必要性が見えてきた。

本章は、こうした過去の実践をふり返ることで見えてきた視点をふまえて、理解と包摂に向けた論理が実際にどのように実践されているのかを、二〇〇〇年代中ごろの、ある先駆的な実践を事例に見ていく。第1章で見たように、二〇〇〇年代前半は、医師や各国のアルツハイマー病協会の人たち（本人、家族）などが集まった二〇〇四年の国際アルツハイマー病協会の国際会議を経て、痴呆から認知症へと呼び名が変わり、認知症の本人たちも公的な場で自らの「思い」を語り始めていった。介護政策においては「寝たきり」を念頭に置いた身体ケアモデルから「痴呆ケアモデル」への転換が強調されていった。いわば「新しい認知症ケア」の実践に向けて盛り上がっていった時期である。また、同時に、認知症の症状をきちんと知ることの重要性の強調、認知症の進行を抑える薬の保険適用、それにともなう早期診断や予防の強調など、認知症の人を医療の言葉で理解し、それにもとづいて包摂していく動きも進展していった。

本章で、その実践をとりあげる天神オアシスクラブ（以下、オアシスクラブ）は、在宅で生活をする本人たちにとって、家族外での居場所となるデイサービスである。一般的に言うと、デイサービスは、介護保険制度施行後の、在宅介護サービスの中心的存在である(1)。第1章で見た、家族内での二者関係への閉塞に対して、外の風を入れることで影響を与えていくような場としてもとらえられ、認知症の人を理解・包摂する試みの中で生まれた、一つの重要な場である。デイサービスを中心としたオアシスクラブの実践は、認知症の人を理解・包摂していくケア実践の流れの中の、本人の「思い」へのよりそいと、疾患としての積極的対処の双方を意識しながらなされていた。では、その二つの流れを参照するこの実践は、具体的にはいかなる方法で認知症の人を理解・包摂しようとし、そこにはいかなる可能性と困難があったのだろうか。

第2章と第3章では、実践者の記した資料や、当時の映像記録をデータとして用いて記述・考察を行った。それらに対して、本章でとりあげる実践は、今から一〇年ほど前に、筆者自身が活動に参加しながら見学し、実践者や利用者にインタビューをして得たデータである。

以下では、オアシスクラブの実践について、その文脈を丁寧に説明しつつ、内実を見ていく。また、その内実の特徴をはっきりとさせるために、対照事例として、このオアシスクラブとは異なる形で認知症の人の包摂を試みてきたと位置づけられる、いくつかの宅老所の試みに適宜言及しながら考察を行っていく。

1 「仕事の場」をつくる

まずは、オアシスクラブでいかなる実践が行われているのか、私が出会った印象深い事例を一つ見ることからスタートしてみよう。[2]

会員（オアシスクラブでは利用者をこう呼んでいる）の五〇代後半の男性Aさんは週に三日ほどオアシスクラブに通っていた。街の中心部の商業施設の中にあるオアシスクラブは、デイサービスの活動として、講師を招いて、陶芸、歌、絵画などのプログラムを行っているが、Aさんは歌だけは苦手で自分で歌うより聴く方がいいという。送迎サービスはなく、Aさんは電車でここに通っている。しかし、ある朝、Aさんは勘違いして隣のビルに行ってしまったこともあり、家族は心配している。

Aさんは神経内科が専門の医師から、認知症の原因疾患の一つであるアルツハイマー病との診断を受けている。いわば、六五歳未満で認知症を発症した「若年性認知症患者」[3]であり、介護保険の要介護者でもある。しかし、当時、Aさん自身は、自らの状態に関して、認知症という言葉が語られていることは認識しつつも、自分の現状を、薬を飲むような病気であり、また、アルコール摂取と関連したトラブルの結果だととらえていた。Aさんによると、仕事をしていたころにアルコール中毒だと疑われたため病院に行かされたが、今はそうでもないそうだ。

さらに話を聞くと、Aさん自身にとってはアル中も「本当の原因」ではない。アル中になる遠因は、辞職前に勤めていた職場の人間関係であり、辞めるきっかけとなった上司とのいさかいの経験を語ってくれた。Aさんの家族によると、上司とのいさかいや、辞める前後に職場での仕事に関してずっと悩んでいたことは確かだったようだ。他方で、これまでAさんの話を聞いてきたスタッフによると、Aさんは認知症のことをインターネットで調べているため、家族が思う以上に、現在の状況が認知症と深く結びついていることに気づいているかもしれないようだ。

オアシスクラブでのAさんの役割は、自分より年齢の高い会員たちのための椅子の準備と片づけや、昼食後の食器の片づけである。Aさんは、「仕事」と認識して、あるいは「仕事」と自分に言い聞かせて、いや、ひょっとしたら、これは「仕事」だとAさんに思ってもらおうとしている家族を慮ってオアシスクラブに通い続けている。Aさんによると、ここのメンバーはスタッフを含めて「女ばっかり」なので、力仕事は自分がやらなくてはならない。また、自分よりも年配の人たちが多いため、自分はお世話をする方である。そんなAさんには毎月の終わりにスタッフから「給料」が手渡される。実はこの「給料」は、Aさんの家族が月末に本人に渡してくれるように頼んであずけておいたお金である。

このようにスタッフたちは、「仕事に通っている」という認識をAさんが持ち続けられるようにしていたのである。

2 「新しい認知症ケア」時代のケア労働

ケア労働としてのコミュニケーション

1節で見たような実践は、第1章で描いた、認知症の人たちが理解の対象から排除されていた地点から理解・包摂されていく流れの中で形を成してきたケア労働の特質を反映している。ここで言うケア労働は、認知症の人へのはたらきかけだけでなく、認知症を含む高齢者や老いにかかわる介護実践を含み、その中で、家族間ではなく仕事としてなされているものを念頭に置いている。第1章の内容も念頭に置きつつ、ケア労働の内容がいかに変化してきたのか、ここでは簡単に見てみよう。

まず、議論の出発点として、認知症の人や高齢者などへの介護を、便宜的に「肉体的・作業的な労働」と「コミュニケーション労働」といった二側面に区分けして考えてみたい。前節で見たAさんに対してなされていた場づくりや配慮は、後者の純粋な例である。実際の介護労働では二側面は混ざっているが、この混在から、見えにくい後者を分析的に切り出すために、「愛の労働」(Graham 1983)や「感情労働」(Hochschild 1983=2000)などの概念が示され、それにもとづくケア労働の分析がなされてきた。(4)

そして、単純に言えば、二〇〇〇年代に入って認知症ケアと呼ばれる領域が特に重点化されてきたことは、後者の特質がケア労働において注目されるようになってきたことを意味する。肉体的・作業的な労働とは別に、コミュニケーションの側面が「ケア」だと社会的に認知されてきたことが、認知症ケアという領域の誕生・展開と軌を一にしているのである。

いわゆる高齢者介護は、まず「寝たきり」状態に対する関心の強まりと、そうした状態の人に対するはたらきかけの技術の展開として生まれてきた(井口 2007)。高齢者福祉・介護の制度は、その起源と展開を見る一つの手がかりになる。

たとえば、救貧的色彩の強い養護老人ホームとは違い「老齢」というカテゴリーを入所要件とした特別養護老人ホームの誕生(一九六三年の老人福祉法が根拠法)や、もともとは貧困世帯向けの制度であった老人家庭奉仕員派遣事業（一九六三年）の所得制限・家族要件・対象の緩和の過程[5]に見られるように、高齢者介護領域は、障害をかかえた高齢者の身体への世話を提供する制度として形づくられていった。また、二〇〇〇年に成立した介護保険制度の大きな目的が、医療と介護とを制度上分けることであったことからも逆にわかるように、現在「高齢者介護」と呼ばれている領域は、医療の中にも老人病院への長期入院（社会的入院）という形で存在していた（岡本 2009：68-76）。

大まかに以上のような流れとして記述できる高齢者介護は、当初は、あくまでも「寝たきり」という身体的状態にはたらきかけていくことが中心であった。たとえば、一九八〇年代には、「生活」を重視している北欧の先進的な高齢者介護のシステムと対比させて、老人病院などにおけるベッドへの「寝かせきり」の看護が問題化された（大熊由紀子 2010：46-54）。そして、適切な離床のはたらきかけの重要性が言われ、「寝たきり老人ゼロ作戦」（大熊由紀子 2010：55-8）や「自立支援」（厚生省高齢者介護対策本部事務局監修 1995）などの言葉とともに今日介護と言われるような専門領域が生まれてきた。そこで主に念頭に置かれていたのは、身体的な世話の必要性（「寝たきり」を最悪の状態と位置づけた身体的な障害）であり、「寝たきり」状態は、周囲が適切にその人の身体にはたらきかけなかったことで、結果的につくられた状態であると指摘される。それに対して本来あるべきはたらきかけ[6]である介護という行為が生まれていったのである。

以上で述べた意味での介護においても、介護者と介護を受ける者とのあいだでのやりとりや意思疎通の試み、すなわちコミュニケーションはもちろん存在してきた。しかし、高齢者介護としての議論の対象は、あくまでも何らかの身体的必要に応じる行為であり、そうした行為がスムーズにできるかどうかという観点から、コミュニケーションの問題が考えられていた。それは、以前から痴呆・呆けといわれてきた状態の扱われ方に典型的に現れている。高齢者に対する世話や手助けと言ったとき、医療行為や、食事介助などの具体的な世話行為がまずは不可欠になる。だが「問題行動」をする人に対しては、円滑にそれらの行為を行うことができない。すなわち、療養をする際に、介護者と要介護者との意思疎通がうまくいかない。多くの場合は、このような意思疎通の「問題」の典型として、痴呆や呆けが問題視されていた。痴呆や呆けの人たちは点滴やおむつを外してしまうが、そうした行いは、いわば介護を妨げる雑音だったのである。もちろん、徘徊や異食、妄想などと呼ばれてきた行動そのものも、「寝たきり」とは別の困難な問題であることは認識されていた。しかし、それは、主流の「寝たきり」への介護と異なる特殊な困難として別課題とされてきたのである。

一九九〇年代後半から二〇〇〇年代になってくると、痴呆・呆けという状態に対する関心が強まり、高齢者介護の本流と統合された課題となってくる。具体的には、徐々に痴呆・呆けの人たちの気持ちに配慮することそのものが重要なケアだと認知されていく。それは、認知症の人たちそれぞれの気持ちに配慮しやすくする、すなわち「個別ケア」を可能とするような施設のあり方の導入・模索と重なっている[7]。たとえば、第3章でも見たように、一九八〇年代からのＮＨＫの痴呆・呆け・認知症関連番組のテーマの変化を見ると、九〇年代後半には、グループホームなどの小規模な環境でのケア実践がたびたびとりあげられ、二〇〇〇年代初期には認知症の本人の過去のことを話題に、施設の仲間やスタッフとコミュニケーションをとることを試みる回想法が紹介されるようになってくる[8]。やはり第3章で述べたように、番組の取材対象は、あくまで、その時代の先駆的とりくみだとしても、その映像には身体的介護よりも、痴呆の人たちのコミュニケーションの様子、その帰結としての普段の生活の様子が描かれている。こうした具体的なコミュニケーションにかかわるケアの方法などとともに「痴呆ケア」と呼ばれる領域が目立つようになってきたのである。

コミュニケーション的な側面が痴呆ケアにおいて前面に出てきたのは、第一に周囲から「問題行動」と呼ばれてきた症状を減らして介護を楽にする上で、本人の気持ちを知ることやコミュニケーションが有効だとわかってきたためである（第3章の最初の事例はその一つの例である）。そして、一九九〇年代後半あたりからは介護を楽にするという手段としての有効性に加えて、「本人の思い」を大事にすること自体がケアの目的として徐々に強調されるようになっていった[9]（永田 2003）。

高齢者介護制度の中では、二〇〇〇年度に「自立支援」を理念とした介護保険制度がスタートした後、「認知症ケア（痴呆ケア）」の領域は形を明確にし、中心的な話題となっていく。たとえば二〇〇四年の国際アルツハイマー病協会の国際会議の前後から認知症の本人が公の場に登場して経験や気持ちを表現するようになり、「思い」の存在が言語という明確な形で示されるようになった。また、今後の高齢者介護のあり方として、本人の「思い」によりそい、「尊厳」を守ることが課題とされ、高齢者介護全体が「痴呆ケアモデル」にもとづいて設計されるべきという方向性が示されていった[10]。大前提に「プライド」を感じる「思い」を持つ認知症高齢者像が置かれ、「思い」を持つ認知症の本人が環境への適応行動をとることで「行動障害（周辺症状）」が生まれるという説明モデルが示される。そして、それゆえに「思い」への配慮がケアとして重要だとされたのである（高齢者介護研究会 2003）。

周囲からの配慮や環境の整備がケアとなるという認識は、認知症に関する医療からの知識の普及にも後押しされている。認知症の中核症状（記憶障害や見当識障害など）を持つ本人が環境との不適合の中で対処することで周辺症状の出現につながっていくという症状論が、それまでの臨床経験やケア実践とともに示されて、そのモデルの確からしさを強めている。[11] 以上のような流れの中で、認知症ケア、すなわちコミュニケーションに注目したケアが存在感を増してきたのである。

施設と在宅とのあいだ

上述したコミュニケーションそのものをケアとするような理念をいかに実現していくかは場の特性に応じて異なり、実現の困難さも異なる。本章で焦点を当てるオアシスクラブはデイサービスを中心にその実現を試みている。デイサービスという場は、利用者が通ってくる形態のサービスならではの特徴を持つ。

先述したように「痴呆ケアモデル」に結実する形でコミュニケーション労働的な側面が前景化してきたが、そうしたケアを実現するための制度やしくみのトレンドは時期によって若干異なっているようだ。たとえば、一九九〇年代後半にまず目立つのは、グループホームや施設のユニット化など、施設そのものの小規模化であった。[12] つまり、大規模収容施設を「生活の場」に変化させていこうという動きであり、家族ではない「生活の場」で、いかに個人のニーズに対応したケア（個別ケア）を行うかが課題とされたのである。たとえば、特別養護老人ホームでの小規模単位のケア（ユニットケア）は、それまでの大部屋多床制に対して、職員が数人の入居者で構成されるユニットを担当することで、高齢者の個別性を大事にすることを目的としている。これは認知症を主要な対象像と設定したコミュニケーション重視のケアの流れの中で生まれてきた[13]。

以上のような施設の個別ケア化の後に強調されてきたのは「地域」でのケアである。介護保険制度においては、二〇〇〇年の施行後から五年後の改定に向けて、施設、在宅とは異なる地域密着型サービスという第三のサービス類型が提起されてきた。介護政策の方向性として「寝たきりモデル」から「痴呆ケアモデル」への転換が強調されたが、そうした介護像に対応するのが「在宅」とも「施設」とも異なる「地域密着型」と呼ばれるサービス群であった（高齢者介護研究会 2003）。そして、その象徴として示されたのが、草の根的にこれまで各地に生まれてきていた宅老所をモデルとした小規模多機能型居宅介護である。これは、通い、泊まり、訪問という在宅サービスすべての提供、居住する地域の事業所への登録制という形をとるサービスで、認知症の人の生活全体を「面」で支えることを企図している。

こうした小規模多機能型に典型的に示される「地域密着型」とは、いわば在宅と施設とのあいだを拡充していこうという思想であった。介護保険制度開始前後までにイメージされていた、自宅で高齢者自身がホームヘルプサービスなどを組みあわせて利用して生活する「自立支援」よりも、グループホームやデイサービスなどの共同で生活や時間をすごす、地域にある場[14]の「効果」に注目が集まる。特に「通い」[15]は宅老所の中核的な活動であり、介護保険制度としては、デイサービスとして一般的に利用されてきた[16]。そのサービスは、結果的に家族の行う介護の代替ともなるが、介護を受ける者の生活を自宅や施設で完結させるのではなく、いわば他の様ざまな高齢者などがいる公的領域を含めてつくっていくという意味も持っている[17]。

したがって、こうした「通い」の場におけるコミュニケーション労働は、その内部で完結しがちである特別養護老人ホームなどでの労働や、家族や個人の生活空間に一時点的に入って、その家族の文化にあわせて手助けをするホームヘルパーの労働とは違った状況にある。自分の「住まい」や、主たる介護家族というわば私的領域を生活の中心にすでに持つ「利用者」に対して、別の場所で日中六〜七時間ともにすごすことを中心とした仕事となるのである。

デイサービスに代表される「通い」の場は、それと類似した認知症カフェなどの場の増加などとも相まって、認知症ケアを軸にした二〇〇〇年代に入ってからの政策——現在では、地域包括ケアや地域共生社会などと呼ばれる——の流れの中で、新しい認知症ケアの主要な舞台として目立つ場所となっていった。また、そこでのコミュニケーション労働を、それまで中心的に考えられてきた完結した場での労働とは異なる、広がりのあるものとして考えていく必要が出てきたのである。

「軽度」認知症の発見と早めのかかわり

コミュニケーション労働的な性格の強い認知症ケアは、中高年期の予防志向の強まりの文脈とも関連している。ここで言う「予防志向の強まり」には、高齢者介護領域特有の二つの意味がある。

一つは、二〇〇〇年代半ば以降の介護保険制度のサービス給付における予防重視型システムへの変化である。医療経済学者の田中滋は、介護保険制度創設にいたる過程で念頭に置かれていた重い要介護状態になった人への身体介護（寝たきり老人モデル）から、「軽度の要介護状態から開始される長期ケア」へと介護モデルのとらえ方を変える必要があると述べている[18]（田中 2007: 15）。こうした介護モデルの変化は、いわば介護の対象が広がったことを意味するが、二〇〇五年の介護保険制度の改定では、この広がりに対してわかりやすい対応がとられた。それが「予防重視型システム」への転換である。その要点の一つは、在宅サービスを中心とした利用者数、介護保険総費用の大きな伸び[19]への危機感を背景に、要支援2という介護度区分を新しく設け、主にそれまで要介護度1だった人たちが、利用上限が低いその区分にあてはまるようにすることだった。これにより、サービス利用費用の総量を制度全体として抑え、かつ介護度が重度の人に対するサービスの供給割合を相対的に増やす形になった[20]。

また、この改定の前提として、介護保険制度施行後、特に軽度者のサービス利用の増大と、ホームヘルプの生活支援（家事援助）サービスが軽度者の介護度の改善につながっていないことが問題化され、要介護度の悪化予防を目的としたサービスという発想が導入された。具体的には、要支援と認定された人たちへのサービスの「目的」や利用プロセスの変化である。要支援と認定された者のケアプランは、本人、家族、ケアマネジャーのユニットではなく、地域包括支援センターの専門職を中心に予防を目的としたものとして立てられる。そして、要支援者は、要介護者が受ける「介護サービス」に比べて利用回数が限定される「介護予防サービス」を利用することとなった。このことは、軽度者の介護において、自助および家族による介護という私領域の役割が増したことを意味している[21]。

もう一つの意味は、通常言われるような、次の疾患のステージに行かないようにあらかじめ何らかの介入を行うといった対応の仕方である。上述した予防重視型システムの論理を含んだ、医療におけるより広義の予防志向と言え、高齢者介護全般においてもこの考え方が強くなってきた。たとえば、六五歳以上の健康診断において予防の対象となる人を割り出して、その人たちに運動療法的なはたらきかけを行う介護予防事業がなされるようになっていった。それと同様に、それまでは「なってしまったら終わり」というイメージが強かった認知症においても予防的な対応が強調されることも多くなってきた。その背景に、薬や環境の整備、コミュニケーションの改善などによる「効果」が語られるようになってきたことで、予防的対応が人びとにとって「現実味」をおびてきたこともある[22]。

これまでの認知症の介護は、重度になってしまった人の「問題行動」に周囲がいかに対処するか、本人の安全をいかに守るか、などを中心的課題としたものだった。しかし、場合によっては本人に自覚があるころから「重度になること」を意識し、その進行に向きあうようなかかわり方になってきたのである。それは、「進行」「変化」という時間の流れを示す概念が認知症の人への介護の中にも生まれ、より「軽度」の認知症の人たちがケアの対象として発見されてきたことを意味している。また、加えて認知症の進行のスピードを弱める薬の処方が標準化されてくると、そうしたプロセスに乗るための診断や薬の管理を含めた療養行動の支援もケアの内容に含まれていく。

以上のような流れの中で、自宅や地域で軽度の段階からかかわっていくこともケアという意味を持つようになっていく。そうした中で、軽中度の段階から認知症について気にし、その進行を「予防」的に見越してかかわっていくようなデイサービスが生まれたり、既存のデイサービスがそうした「効果」を期待されたりするようになっていく。また、先述したように、認知症や衰えを意識する本人への配慮も家族の役割となったととらえると、本人、家族、専門職が、認知症の進行を気にしながら対処していく構図が生まれる。このような状況の中で、認知症の人が利用者としてデイサービスに現れ、そこでコミュニケーションを重視した認知症ケアが展開されていくのである。

3　オアシスクラブでの認知症ケア

よりそうことと進行を意識した実践

ここからは、以上で見たような流れの中にある認知症ケアの特徴と困難を、冒頭でとりあげたAさんが通うオアシスクラブを主な事例として見ていく[23]。

オアシスクラブは2節で見たような思想・制度の変化の先にあるコミュニケーション労働の特徴を見るためには最適な事例である。二〇〇〇年の開設以来、「本人によりそう」という理念を実現しようとしてきたが、その象徴的な試みは、本人の「思い」をデイサービスの時間中に別室で聴きとり、そうしてまとめられた「思い」を、講演会などで本人が語って積極的に発信することである（詳しくは第5章）。二〇〇四年の国際アルツハイマー病協会の京都会議前後に、日本に住む認知症の本人たちが公の場で語るようになっていったが、その流れをつくってきた一つである。

日常のサービスでも本人に「よりそう」ことを理念としており、スタッフたちも本人に「よりそう」とはどういうことかを常に自問している。オアシスクラブの一日のプログラムには、一般的にスタッフにとっては時間と労力のかかる入浴はない。体操や歌、陶芸や絵画などのプログラムが行われながら、利用者とスタッフが会話をして一日をすごす。そのため、スタッフの仕事は、コミュニケーションを中心としたものに特化しており、スタッフたちは、介護士、看護師と職種にかかわらず交代でそのプログラムの進行を担当し、日中も利用者のかたわらに座って話をし、本人がトイレや外に出ようとするときには、さりげなくサポートをしている。[24]

また、通常のデイサービスの運営とは別に、特に行き場がなくなり介護が困難になることが多い若年認知症の人たちと家族が集まる会（虹の会）を隔月で開催したり、在宅でくらす家族の相談を施設長が積極的に受けたりと、在宅でのくらしをサポートする活動を通常のデイサービスの営業とは別に行っている。

さらに、オアシスクラブでは認知症の度合いが軽中度（要介護度で言うと1、2くらいまでの人が多い）の利用者が中心で、認知症のその先の「進行」「重度化」を強く意識して日々のはたらきかけがなされている。その際の「進行」「重度化」は、単純に脳の「疾患」や「症状」の進行といった医療上の意味に限定されていたわけではないが、大学病院の認知症を専門とした神経内科医と強いつながりを持っていたため、夕方のスタッフ会議などでは、医療面での「進行」にも言及されていた。利用者や家族の多くは、その医師のもとで脳画像検査を主とした原因疾患の診断を受け、医療的説明をそれなりに得た上で現状をとらえている。スタッフ側も医師との情報交換や認知症に関する学習を定期的に行った上でそれらの情報を参照して日々のケアを行っていたのである。

ところで、家族外の居場所づくりとしては、前節でふれたように、すでに一九八〇年代から草の根でなされてきた宅老所の試みがある。その開設者や取材者による本が多く出版されており、その一部については第2章でも言及した。以下の考察ではオアシスクラブの特徴をより明確にする参照例として、主に二〇一〇年ごろまでの文献の範囲で代表的な宅老所の実践について適宜言及する。宅老所は制度上の概念ではなく、それぞれ個別の文脈で生まれた「運動」であり、総称して語ることは乱暴である。だが、本人によりそうことを理念としている点ではオアシスクラブと共通している一方で、記述からうかがわれるコミュニケーション労働的な側面や、認知症の「進行」に対する態度という点で、オアシスクラブとは対照的な面を重視してきたと見ることもできる。その二つの実践の差異の意味を考えることで、「予防」を中心に疾患として認知症をとらえる傾向が強まっていく中での、通いの場をベースとした本人へのよりそいの試みが、いかなる特徴を持つようになり、どういった困難に直面するのかを明らかにしたい。

「ある」ことのできる居場所づくり

オアシスクラブの介護、看護およびその他のスタッフは、それぞれここでの仕事を始めた際の驚きや発見を語っていた。老人保健施設や他のデイサービスを経験してきたスタッフ二名はいずれも、オアシスクラブですごす時間は、それまでの入浴に追われる一日の編成とはまったく異なり、座って話をする時間が中心になったと言う。また、看護師で長く病棟に勤務した後にここで働くようになったBさんは、「認知症ケアに関するイメージが以前の職場と今とではどう変化したか？」という筆者の質問に対して、「病院にいるときは、『認知症の人たち』とは何だかよくわからなかったが、ここに来て認知症というものを初めて意識した。認知症の人が喋れるということを知った」と述べていた。

このように、スタッフたちは「認知症の人」という存在が、コミュニケーションを中心に時間をすごすオアシスクラブに来て初めて浮き立ってきたと述べていた。こうした認知症の新たな姿の発見は、仕事にとまどう経験ともつながっている。Bさんによると、オアシスクラブの施設長が強調する「よりそう」という言葉の意味が最初は理解できず、何をしてよいのかわからなかったという。Bさんがこれまで受けた教育や仕事の経験から、それまで痴呆や呆けという言葉で考えていた姿と異なるオアシスクラブの利用者に対して、具体的に何を行うのかイメージがつかみにくいものだったのである。

オアシスクラブでは、サービス内容と対応していてわかりやすいニーズを専門職側の定型的行為で満たしていくというよりは、一対一の会話や、そこに集まった人びとで行う一日の活動の運営、その場の雰囲気づくりなどの仕事が中心である。入浴サービスがあるデイサービスならば、家庭での充足に労力がかかる入浴ニーズを満たすことを目的に一日が編成され、スタッフもそれに追われるが、オアシスクラブでは、一日の時間を、明確な目的なくすごすような仕事が多くを占めている。

このような時間の消費が仕事の中心となるという点では、オアシスクラブの仕事内容は、宅老所の実践の目標と類似している。第2章で見た宅老所の象徴とも言えるよりあい（福岡市）の代表下村恵美子は、それまで勤めた特養などで経験してきた、療法などが利用者の気持ちや生活よりも優先されるプログラムに違和感を示し、あらかじめケアのあり方を枠づけしないことを重視していた（下村・谷川 2001: 36-40）。よりあいや多くの宅老所には、他に行き場のない人たちが集ってくるという性格が強いため、一般的には対応が難しいとされる人たちが多い。第二よりあいの代表の村瀬孝生は、そうした難しい人たちを念頭に「老いもぼけも深まりゆくと、『する』存在から『ある』存在へと移行する」ため、老いていく人、認知症の人は「すること」から「あること」へと移行していくと述べている。そして、よりあいにたどり着く人は、そうした「する」集団から卒業してきた人たちだとしている（村瀬 2010: 85-6）。

先駆的な宅老所には、そうした「ある」存在がすごせる居場所をつくろうという志向があり、そこでの時間をいかにすごしてもらうかが仕事の中心になる。特に若年認知症という、当時の介護保険制度の中では現在以上に行き場の少ない人たちを積極的に受け容れてきたオアシスクラブも居場所を得にくい人たちが「ある」ことのできる場をつくろうとしていたと言えるだろう。

「その場での効果」を超えたケア実践

ただし、そうした「ある」場をつくることが目指す方向であったとしても、オアシスクラブでは、スタッフたちはただ漫然と時間を消費しているのではなく、それなりに目標を設定した意図的なコミュニケーションを行っているようだった。スタッフの多くは、オアシスクラブで時間をすごしてもらうことや、利用者とのコミュニケーションによって、利用者が「おだやかになること」や「笑顔を見られること」など、落ち着いた状態や肯定的な感情を引き出すことを成果や達成とみなし、ときにそれを目標と語っていた。何を達成したのかわかりにくく積極的な目標を設定しにくい認知症のケアで、現場には笑顔などの表情をケアの効果の指標として評価すべきだというリアリティがあり、労働のやりがい（心理的報酬）として、相手の「笑顔」や「いきいきした姿」などがよく語られる（石橋潔 2010）。スタッフたちは、これらのケア行為の目標や報酬について述べていたのだとも言える。

では、このオアシスクラブでなされているケアを、目の前の利用者から肯定的な感情を引き出そうとすることというふうに、二者間の相互行為のように表現してもよいのだろうか。もちろんそうした面もある。しかし、スタッフの話からは、目の前の相手との相互行為の中だけで効果や報酬を獲得することよりも、デイサービスの場にはいない家族と本人との関係や在宅生活に戻ったときのことを意識して何かをなそうとしていることがうかがえた。たとえば、スタッフたちは、「利用者がおだやかになることで自宅に帰ったときに家族の介護が楽になる」ことや、「本人が家族に帰ったときにおだやかなことでデイサービスに行くことの意味を家族が強く感じられる」ことを強調していた。利用者と一緒にいる中で、よい表情やそれが示すポジティブな感情を見ることも、もちろん重要である。だが、それよりも、家族との生活の中に戻ったときに重要な帰結をもたらすと考えられているからこそ、「笑顔」や「おだやかさ」が組織における仕事の目標ともなっているのである。

ここに見られる特徴は、スタッフの仕事がデイサービスの場で完結していないことである。ケアの評価者は利用者だけでなく家族でもあり、その評価はデイサービスの場やそこにいる時間における利用者の姿だけでなく家族との生活の中でのその人の姿もふまえてなされる。いわゆる介護サービスの利用者が「本人」なのか「家族」なのかは議論になるところであり(上野 2011)、特に「意思」の把握が難しい(とみなされている)者の場合には、利用者が実質的には家族となることが多い。もちろん「本人によりそう」ことを理念としているオアシスクラブにおいて、本人よりも家族の意思が明らかに優先されているわけではない。しかし、利用者である認知症の人の生活全体を見たとき、家族の影響力は大きく、それゆえに家族の負担が増えることは望ましくない。そうした家族の影響力の強さを前提にしたときに、「おだやかさ」や「笑顔」を示す本人の姿によって家族の気持ちを和らげることは重要である。また、デイサービスにおいて「本人」によりそうためには、大前提として本人がデイサービスの場に来てくれなければならないが、その場で本人が満足していることが、家族が納得してその人を送り出すことにつながる。このように、家族に対する帰結を意識して仕事がなされていたのである。

このようにオアシスクラブでは、よりそうべき「その人らしさ」は、少なくともデイサービスの場で完結するものではなく、あくまでもその人の生きる場全体の中で考えられなくてはならないととらえられている。そしてそれは、デイサービスの「外部」である自宅で、その人がどういった姿を見せているかを考えることにつながっている。スタッフは、自分たちのかかわりは、生活空間とは違うオアシスクラブという場所に限定されていることを意識した上で、「全体」としてのその人の生に寄与しようとしているのである。

衰えの中での「その人らしさ」

先に述べたように、オアシスクラブでの実践の理念的な方向性は、認知症の人が「ある」ことのできる場所をつくることと言える。しかし、実は、そこでのケア実践は「する」ことのできる場所を意識的につくろうとするものである。それはどういう意味で、なぜそういった一見逆方向に見える実践になるのであろうか。

認知症となっていく本人や家族にとって、認知症の経験は、それまでの姿から変容していく経験である。認知症を脳の疾患として理解することの必要性が強調されているが、実際は「認知機能」を中心とした「能力」にかかわる変化として現れ、多くの場合、他者とのあいだで形成される社会生活において「できなくなる」経験となる。そして、その変容を見る家族、あるいは自らの変容を自らの心のうちで経験していく本人にとっては、本来あるべきもともとの姿から離れていく経験になる。初期あるいは軽度・中度の認知症の人が通ってくるオアシスクラブでの支援は、本人、家族がそうした変容のプロセスの中にいることを前提に、「その人らしさ」によりそうものになる。

こうした経験をしている人たちへの支援という課題に対して、理念的に考えれば、変容し、できなくなっていくことにあわせた集団や場をその都度つくることが最も望ましいのかも知れない。たとえば、それは「できなくても問題ない」という、主流とは異なる価値が満ちていたり、周囲の環境を整えて、それまで生きてきた社会の中でとは別の意味で「できる」状況の場をつくったりすることなどである。[25]

しかし、認知症と言われる変容の経験は、たとえばF・カフカの小説『変身』の主人公グレーゴル・ザムザのように、朝起きたら突然違う姿になっていたといったものではない。本人にとっても家族にとっても、それまでの姿と変化した姿とが混じりあいながら、日常生活の中で徐々に変容していく経験である。特に、そうした変容の初期、一般的には認知症の軽中度と言われる時期の「その人らしさ」は、本人や家族にとって、その人の「それまでの姿」を参照したものとなりがちである。

たとえば、本章冒頭で挙げたAさんや、Aさんの母親にとって、それは仕事をするAさんの姿である。また、ある介護者家族（本人の妻）にとっては、定年まで会社で働いてきた夫の姿であり、そのため、彼女は、現在の夫の姿を、それまでの会社仲間や地域の人に見せて「面子」を失うことを怖れ、自分と夫との二者関係の中で介護を完結させようとしていた。それらの事例からは、それまでの姿を様ざまな方策を用いて保持することが、特に家族にとっては本人に対する「ケア」ととらえられており、「それまでの姿」は今現在の姿と対比させて何かが「できる」人として意識されるということがうかがわれる。

オアシスクラブでは、そのような家族や本人の意識に向きあうことを仕事の一つとしている。本人や家族は、それまでの姿から離れていく中で「できない」存在であることを徐々に痛感していく。そうした中で、「ある」ことを認める価値観へと一足飛びに移ることは困難である。そのような場は簡単には成立しないだろうし、認知症になっていく個人がなじむことも簡単なことではないだろう。そのため、少なくともオアシスクラブでは、本人や家族にとって「する」という意味あいが持てるようなはたらきかけをしたり、場をつくろうとしたりと試みているのである。冒頭のAさんの事例では、認知症という病いの意味は曖昧にしたままに、家族とも協力して「仕事の場」を演出しようとしていたが、それもそうした試みの一つである。

また、日常のケアにおける試みの前提にある、ケアが行われる場の意味づけとして、オアシスクラブはデイサービス全体が「社会の中にある」というイメージを惹起《じゃっき》し保てるような工夫をしている。市の中心部のランドマーク的なビルにあること自体が、カルチャーセンターに通うかのような印象をつくっている。社会に対してそうした印象を示す場所に通い、講師のもとで実際に作品をつくることで、サークル活動へ参加しているかのような感覚を持てる場所になっている。こうした工夫で、「それまでの姿」を本来のものととらえている人たちにデイサービスに出てきやすくさせている。

さらに、大学病院の認知症研究の協力のもとに、医療的な対応の可能性を提示している点も「する」場所という意味あいを支えている。たとえばオアシスクラブに参加して、講演会や集まりなどで積極的に認知症である自分の「思い」を語っているCさんは、「治らない」ことは自覚しつつも、オアシスクラブにきちんと通うこと、認知症の進行を遅らせるアリセプトという薬を飲んで現在の状態を維持すること、また、時どき新薬の治験に参加することなどが「自分を高める」と語っている。Cさんの妻も、薬を飲んだ後のCさんの状態に関して、「調子がよくなったね」と声をかけるなど、薬の効果としてよくなったという感覚を与えるはたらきかけを自宅で意識的にしているという。いわゆる生物医学的に、薬が効果を示しているのかどうかは不明である。しかし、医療社会学の観点から見ると、一般的に、「治療」への従事、すなわち患者として「病人役割（sick role）」を取得することは、働くことなどの通常の社会的役割からの一時的な免除の正当な理由となる（Parsons 1951=1974: 431-4）。原因疾患を診断された認知症は、多くの場合、現状では不可逆的な脳の変性疾患であり根治はできない。そのため、本来は治療や予防という文脈での医療には乗りにくく、病気を対象化して闘うというようなことは難しいはずだ。だが、専門の医療などを通じて病気への抵抗を可能としている場として意味づけられることで、「治らない」が何かを「する」ことは可能となるのである。すなわち、それまでの姿のそのままの保持ではないが、それまでの姿と同居できるような「患者」への変容に近い意味づけを獲得しやすい場をつくっているとも言うことができる[26]。

限定的なよりそい

以上で見てきたように、オアシスクラブでの本人によりそおうとする実践は、実際にケアがなされる舞台であるデイサービスの外部との関係を強く意識し、基本的にはそうした外の世界のその人の姿を否定しないものである。ほとんどの時間をすごしている家族の中の本人、あるいは、「する」世界に生きてきた、それまでの本人の姿をふまえた上で場をつくりケアを行っているのである。

こうした実践は、ケアを社会で担っていく介護の社会化の文脈に置くと、第一には、私的領域への介護関係の閉塞や、「母親業」的に一人の介護者にケア責任が集中してしまう依存労働（Kittay 1999=2010）に対して、ケア責任の社会的な分担をはかっていく一つの工夫の形と見ることができる。また、本人へのよりそいという、認知症ケアの理念の文脈では、その人のそれまでの姿の重視や社会的役割の獲得を可能にする実践の洗練された一例だと言うことができる。

だが、そうした実践上の工夫や意義とは別に見えてくるのは、通いの場をベースとして認知症の人たちの生活全体に何とかよりそおうとする仕事のジレンマと、現在の認知症ケアの出発点となる「本人へのよりそい」の理念を突きつめて実践することの根源的な難しさである。その難しさの根幹は、医療的な観点から認知症をとらえた際にどうしてもついてくる「進行性」という特徴と関連している。進行することを前提に、認知症の人に配慮しはたらきかけていくことで難しさが生まれてくる。

認知症医療とも結びつきの強いオアシスクラブでは、最終的に認知症が「進行」していくという「現実」も見すえられ、それをふまえた実践として、本人の「思い」を別室で聴きとって録音テープや文字の形で残すことや（第5章参照）、絵や陶芸などの作品を残すことが試みられている。疾患の進行の個人差はあるものの、認知症の本人が「わからなくなってしまう」まで時間がないと認識されていて、そこにいたるまでにそれまでの姿を残しておこうとしているのである。

また、その先の段階への「進行」が現実になったときには、オアシスクラブや、そこからのサポートのみで、自宅でその人へのケアを続けていくことが大変困難になる。そのため、そのリスクに備えてオアシスクラブ以外の複数のデイサービスに行って慣れておくことが重要だとスタッフたちは考え、軽度のうちから進行した段階にあらかじめ備えておく必要性があることを家族に対してアドバイスしている。

しかし、そうした現実認識にもとづく実践は、オアシスクラブの特徴である「する」ことの強調によって軽中度の認知症の人たちの「ある」場所をつくろうとする実践がかかえるジレンマを顕在化させることになる。たとえば、重度になった人に、オアシスクラブから次の場所へ移ってもらわざるをえなくなることに関して、スタッフのBさんは次のように述べている。

たとえば、三〇人ぐらい会員様が来てるとして、一人の方が、ご飯（を）食べたのに「食べてない」とかもう、なんか、変なことを言ってうろうろするとかしだしたら、ほかの二九人がですね、その人を見て、自分たちもいずれあんなふうになる。認知症ってわかってるから、みんな。ここに認知症、ある程度認知症ってわかって、物忘れがあるから来てるんだって、わかってるんです。でも、物忘れがあるけども、ここに来れば、維持できるか、もしくは、ひどくならんですむから来よるんだっていう認識があるんですね。認知症って思わんで来てる人もいるかもしれないけど、ここに来れば、自分はひどくならないですむっていう思いがあって、ここに来てるもんだから、ああいう人たちを見るとどう思います？　ねえ。自分もいずれああなるんじゃないかって、すごい怖がられるんですね。それで、泣く泣く、私たちもほんとにもう、何年もいた人を出す。

Bさんは、この場に期待されていることの維持が、通っているが重度になっていく人がいることで難しくなるととらえている。ただし、こうした次への「移行」は場の秩序の維持のためだけではない。Bさんは続けて、本人のためにもそれが必要だという認識を示している。

進行が進んでるからって、捨てるわけじゃないんですよね。ただし、やっぱり、一人をとるか二九人をとるかってていったら、本人のためにはならないと思う。本人が変な目で見られますでしょう。本人も、あの人あんなことしてってていうふうな目で見られたら、仲間意識っていうのも、阻害されてしまうでしょう。そういう思いが、伝わってきだしたら楽しくないとこだっていうことになりますので。だから、やっぱり施設長がまた、しっかり面談されるんですね。もうそのちょっと前から、もう、なりきって……おかしくなってしまってからじゃなくてその前から、施設長は早めに話をされてます。早め早めに。家族が動かないから。まだ、まだできる、まだここにおれると思ってらっしゃるから。で、もう、とことん悪くなった、なってからよそに入れるとよそがまた大変なんですね。よそのデイが、受け容れる側が。

ここでは、他の人と同じようにしていられないほどに「進行」してしまった状態でそこに居続けることは、本人にとっても望ましくないことであり、「その人らしさ」を守り、よりそうことに反するともとらえられているのである。

認知症が進行していくことを前提としてケアを行っていくと、ある状態を基準としたその先、すなわち「進行」してしまった人自体に対して、このオアシスクラブという場では直接的にはどうすることもできない。そのため、先々のリスクを見越した形での対応や、今できている現在を大事にするという実践が生まれ、それもケアの仕事の一つとなる。

こうした現状に対して、責任者の中島さんは、「本来ならば看取りまでできる場をつくりたいのだが」と、もどかしさを語っていた。オアシスクラブという場での直接的かかわりは、時間という面からも限定的なものであり、その人に最期までかかわり続けることができない。それでもその先の衰えという時間軸を前提に、重度になった先も含めたその人の全体の生を見すえていこうとするならば、その先の場所を見通し、そこにうまくなじめるように早めに家族へはたらきかけるといった調整が重要な仕事となる。しかし、その人との直接のかかわりはある時点で断念せざるをえず、またその先にその人がどうなっていくのかは自らの手から離れたものとなり、事態に関与することも難しくなっていく。オアシスクラブにおいて認知症の人を包摂していこうとする実践は、それに真摯にとりくもうとする実践の論理そのものによって、ある時点から先の段階の人を排除してしまうようにも見える帰結にいたってしまうのである。

おわりに——よりそうことのジレンマ

オアシスクラブでは、認知症の人が「する」世界から少しずつ離れていくことや、本人が生活する家族の文脈を意識して、その場所に「ある」ことを可能にし、同時に家族においてもよい関係が形成されることを目指す実践を行っていた。認知症の人が家族や施設などの限定された場所だけでなく、地域で生活していくようになっていく中で、このような実践への展開は必然的なものであろう。認知症の診断が早期になされていく時代において、特に、診断直後からの生を支える先駆的な実践だったと言える。

だが、同時に、重度化ととらえざるをえない状況が実際にデイサービスにおいて現れたとき、その場所を「ある」ことができる場として維持するために、進行した人を別の場に移行させなければならないジレンマが生まれていた。こうしたジレンマは、認知症の人へのケアの本質的な特性を示している。その一つは「本人へのよりそい」と言うべき仕事を時間や場所で区切って分業していくことと一般が持つ困難さである。もちろん、一時点的に自宅にサービスとして入るホームヘルプ労働一般でも同様の困難があるが（齋藤 2007：209-10；齋藤 2015）、特に、「その人らしさ」によりそうという高い理念的目標を設定してかかわりを深めていこうとする実践において、その理想との差は大きな問題となる。

そして、より重要なことは、認知症という概念を強調し、進行に応じた段階を参照して考える医療の論理に乗って、老いや衰え全体によりそっていくことの難しさである。認知症の人の生全体へのかかわりを、上述したような分業化や段階設定を前提に仕事として行う場合、認知症の重度化という課題に向きあうことになる。そうした中で生まれてくるのが、その先を見越して調整していく仕事である。オアシスクラブの責任者も、自分たちの場でずっとケアすることができないゆえに、その先を考えることが重要な課題であると認識し、何とかそのジレンマにともなう不全感を小さくしようと、あらかじめ備えていこうとしていた。ここには、①疾患としての積極的対処という方向性と②その人らしさによりそうこととの緊張関係と、その緊張関係の中での対処としてのケア実践の一つのありようが示されていると言える。

他方、オアシスクラブとは別様にジレンマに対峙してきたのが、たびたび参照してきた宅老所と呼ばれる実践だと理解できる。それは、先に見たようなジレンマを発生させないようなやり方である。すなわち、認知症の重度化、あるいは認知症であるかどうかという区別を前提に置かず――認知症の軽重を「そこにある」ことの条件とはせず――「誰でも受け容れる」ことを原則とした場をつくっていく実践である。これは、第1章で見た理解と包摂の方向性の一つである「疾患としての積極的対処」からは外れるような試みだと言える。

そのような方針の中で、本人への直接的ケアと、その人の生きてきた姿やその先を考えることを分離せず同時に行っていく。そこから必要に応じて泊まりや通いという仕事内容が行うべきメニューとして生まれてくる。こうした宅老所のあり方が示しているのは、理解と包摂の一つの方向性である、「その人らしさによりそうこと」の理念を突きつめていくと、その場所は必要に応じて変化せざるをえないということである。それゆえに宅老所の実践は、本流の制度の流れから外れていく「運動」とも言うべきものとしてなされてきたと言える。

だが、そこを突きつめていこうとする宅老所の実践者たちからは、そうした実践の拡大可能性と持続するための方法についての課題が示されている。具体的には、そのようなケア実践を支えるような制度上のしくみがありうるのか。ないとしたらどのようにそれを行っていくかということだ。

その人の全体にかかわり続けていく試みには――介護という言葉で私たちが考える標準よりは――多くの人のかかわりと、強いコミットが必要とされる。介護保険制度には、小規模多機能型居宅介護という、通いや泊まり、訪問のサービス回数ごとにではなく、包括的に利用者一人受け容れあたりで報酬を得るサービス類型がある。しかし、その額が「コストに対応した報酬になっていないこと」など、行うべき実践を維持するのに不十分なことが、これまで現場から指摘されてきた[27]（土本 2010：152-62）。

こうした問題は、介護労働に対する評価の低さという文脈でも考えられるが、同時に、その人らしさによりそうことの達成を目指す実践の概念化と、社会的位置づけの難しさの問題でもある。宅老所井戸端げんき代表の伊藤英樹は、二〇一一年三月一一日に発生した震災後の被災地で生まれている助けあいは、それまでの宅老所で実践されてきたことと地続きであると述べ、これからの制度上の「不足」を前提とした時代においては、そこに集まる人たちの助けあいにかける他ないと述べていた[28]。井戸端げんきは、高齢者、障害者、子どもと様ざまな人がその場に集う「共生型」と言われる宅老所で、そこに集まる利用者、ボランティア、スタッフのやりとりの中で日常をすごすことそのものをケアとして位置づけている。たとえば、統合失調症の青年がボランティアとして認知症のお年寄りと一緒にいることで何か重要な変化が生まれるといったような偶然的な出来事が「助けあい」として重要視され、スタッフもそうした出来事を生み出す一成員といった位置づけで働いている[29]（伊藤 2008：124-30）。

仮に、このような、多様な人たちを包摂し、老い衰えの全体を引き受けようとする実践を育んでいこうとするならば、「助けあい」の前提となる場や集まりが生まれる自由、そうした場があり続けられる自由を確保するような制度や資源の分配が必要になってくる。だが、その前提に、そうした「助けあい」を介護労働とのかかわりでどう位置づけるのかを考える必要がある。まず解決されていくべきは、個々の介護労働の明確化と概念化、それに対応した適切な支払いという問題で、それらが明確になった先の労働の外でのインフォーマルに近い「助けあい」なのか。それとも、それまでのイメージでの労働の輪郭の確定と評価は、そもそも本章で見たような、最終的には変化し続ける「運動」たらざるをえない実践となじまず、個々の労働の評価とは切り離した別様の姿を「ケア」の仕事として構想し、その特性にあわせた制度的保障を考えていくのか。この問いは、「地域包括ケア」「地域共生社会」「認知症フレンドリー社会」などの言葉が強調され、介護保険制度という枠と深く関連してきたケア・介護労働とは違う形で認知症の人たちを包摂していくこと、あるいはケアや包摂という関係とは違うニュアンスでの認知症と生きる社会の構想が課題となっている現在、さらに重要な問いとなってきている。

注

(1) 通所サービスは、介護保険制度の居宅サービスの「訪問通所」にあたるサービス群の中で利用者が最も多く、通所リハや地域密着型に属する通所サービス利用者数を加えると、さらにその数は大きくなる。また、要介護度1から3の認定者の中で利用している割合が最も高い(たとえば、要介護度1で四四%、要介護度3で三六%程度が利用している)サービスとなっている(厚生労働省 2018)。

(2) Aさんの事例は、筆者が出口泰靖と二〇〇五年から行ってきた天神オアシスクラブへの訪問、利用者が語る講演会への参加、それをふまえて二〇〇八年から〇九年にかけて行ったスタッフ・家族・本人へのインタビューを中心とした調査の中で得たものである。オアシスクラブについては4節でより具体的に言及する。二〇〇八年からの調査に際しては信州大学医学部研究倫理委員会において研究実施の承認を得ており、データの内容に関しては各人に確認した上で、公表については責任者からも同意を得ている。なお、既発表の論文の加筆修正である第4章、第5章に関して、初出においては団体名や人名をすべて匿名化していたが、今回本書をまとめるにあたり責任者の中島七海さんに草稿を見てもらい、同意を得た上で、団体名と中島さんは実名で記載することとなった。これはオアシスクラブが二〇一七年に活動を終えたことに鑑み、その活動を歴史として残す意味も含めている。なお、井口（2015）でもAさんのナラティブをどう理解するかという観点からこの事例をとりあげている。

（3） 若年性認知症は、「若年期認知症（一八〜三九歳に発症した認知症疾患の総称）と初老期認知症（四〇〜六四歳に発症した認知症疾患の総称）の両者を含んだ名称」（若年認知症家族会・彩星の会・宮永編 2006）である。なお用語としては「若年性認知症」が正確だが、当初から家族や支援者たちは「若年認知症」と呼んできたため、本書ではそれにそった表記をしている場合もある。

（4） ただし、平山亮は、ケアを労働と愛のように二分する概念でとらえることは適切でないとし、「感覚的活動」と概念化している。感覚的活動とは、「ケアが成り立つために必要な『感知すること（feeling）』『思考すること（thinking）』といった営為」であり、「他者の状態・状況を注視したり、この他者にはいま何が必要かを見定めたりすること、また、その前提として、そもそもこの他者はどのような人物で、何を好み、何を好まないのかを理解することなどが含まれ」ている。さらに、「他者の生活・生存を支えるために、その他者の社会関係について思慮すること」も含まれる（平山 2017: 37）。本章で言う「コミュニケーション労働」も、仕事の性質を表現するものであるため、内容としては「感覚的活動」に近い。

（5） 一九八二年に制度上は全世帯が派遣対象になり、一九九〇年にホームヘルパーという名称になった。介護保険制度における訪問介護の源流だが、障害者への自治体のホームヘルプ派遣制度ともつながっている（渡邉 2011: 151-3）。

（6） この「あるべきはたらきかけ」には大きく二つのベクトルが含まれている。それは「寝たきり」の予防・リハビリと、要介護状態でもQOLの高い生を生きられるような介護サービスの提供である（井口 2007: chap. 2）。こうした対比で見ていくと、二つのベクトルは両立することもあるが、介護保険制度成立以後も、資源の制約の中でどちらに重点を置くかというバランスは変動し続けている。

(7) 一九八〇年代中盤からの身体拘束・抑制廃止の流れも（吉岡・田中編 1999）、ケアを受ける者をコミュニケーションの相手としていく動きの一つの現れである。それまで身体拘束・抑制は本人の意思や自尊心よりも施設や病院での「安全確保」を優先させる必要悪という論理で常識的なものとされていた。

(8) 一九九三年に託老所（現在で言うデイサービス）のドキュメンタリーがつくられ、翌九四年にグループホームを紹介する番組が初めてつくられている。その後九六年から九九年まで四本のグループホームをテーマとした番組がつくられている（それに対して、特養二本、デイサービス二本）。また、二〇〇二年から〇三年にかけて回想法に関する番組が四本つくられている（本書第3章も参照）。

(9) 井口（2007）は、こうした規範の強まりを「道徳性の上昇」と表現した。木下（2019）は、その「道徳性の上昇」がいかなる経験をもたらしているのかを、家族たちによるケア実践に関する調査をもとに検討している。

(10) なお、食事、排泄、入浴の介助などの身体的介護とコミュニケーションにかかわるケアとの関係はそれまで次のような二方向で考えられてきた。一つは、そうした仕事を効率的に行うことで、インフォーマルなコミュニケーションの時間を確保する（コミュニケーションはあくまでも専門的ケアの外にあるインフォーマルなもの）という考え方で、もう一つは、そうした労働自体をゆっくり行うこと自体が、コミュニケーションに関するケアになるという考え方である（猪飼 2011）。痴呆ケアモデルを中核に置くとは、痴呆の人を前提に介護時間や場を編成していくことを意味するため、後者の発想とつながっている。

(11) 認知症の人の症状の説明モデルが具体的なケア実践や認知症の人の世界と結びつけて提示されるようになってきた点に新しさがある。たとえば中核症状と周辺症状の区別は老年精神医学での教科書的な知識としてあったが、こうした症状論を認知症の人の対処や主体性といった「思い」と結びつけていったのは、第2章で言及した小澤勲など、老人保健施設などでの介護実践を背景に持つ医師たちである。

(12) グループホームは一九九〇年代後半に国の補助事業になり、その後介護保険制度のメニューの一つとなって、二〇〇八年には設置数が九二九二となった。ユニットケアについては、二〇〇二年から小規模生活単位型特別養護老人ホームとして補助金の支給や介護報酬の高めの設定などの、設置数を増加させる誘因が制度化された。

(13) こうした「個別ケア」化にともなう労働の変化についてこれまで何人かの社会学者が注目してきた。春日キスヨは、そうした新しいケアはケア労働者に感情をコントロールし自己を見つめる感情労働を要請するが、そうした高度なケアに比して職場でのサポート体制が不十分になりがちなために過重負担になると、ユニットケアを導入した先進的な施設のフィールドワークをもとに指摘している(春日 2003)。岡京子は、春日の研究を引き継ぎながら、ユニットケアの労働の特徴を「ながら遂行型労働」という概念で表し、生活時間を記録する方法で実証的に分析している(岡 2016)。

(14) 二木立は介護保険制度の最初の改定における「地域」への注目を、「在宅」の意味が、「自宅重視」から「居住系サービス(自宅以外の多様な居住の場)重視」へと変化したことを示すととらえている(二木 2007: 173)。

(15) 宅老所の展開の一つのパターンは、「通い」を中核に、そこに来ている人の必要に応じて泊まりや、訪問も行うというものである。多くの宅老所の開設者に影響を与えている介護士の三好春樹は、こうした必要に応じて変化していく特徴を「現前性」にもとづく実践と表現している(三好 2005: 65-9)。

(16) 二〇〇六年からの第二期の介護保険制度の区分上は、通常のデイサービスが居宅サービスに含まれ、認知症対応型デイサービスが地域密着型サービスに含まれている。

(17) 一般的にデイサービスは、在宅生活をしている人が自宅から通うサービスだが、施設入居者がデイサービスに通う「逆デイサービス」の試みもなされてきた(特養・老健・医療施設ユニットケア研究会編 2003)。こうした試みの存在は、生活の場以外に、外の通う場の必要性を実践者たちが感じていることを示している。

(18) また、田中は、介護保険制度改定を念頭に、対象が広がった「介護」のどこまでを介護保険給付でカバーするか議論すべきだとしている。こうした議論では、社会保障全体の設計という観点とともに多元的な主体による供給という論点が常に召喚され、家族や地域の相互扶助の役割などが議論される(地域包括ケア研究会 2009 など)。

(19) 介護保険の総費用は二〇〇〇年度の三・六兆円から〇八年度の七・二兆円へと倍になっている。利用者数は居宅サービスで増加割合が大きく、二〇〇八年度に二六〇万人超（制度開始時の二・七倍）となった。

(20) さらにその後、要支援と認定された人へのサービスは、介護保険制度から外れ、市区町村が個別に実施する地域支援事業に移されていく。

(21) この改定を、藤崎宏子は、「軽度」とされた人たちへの給付減によって家族側に介護責任を引き戻す「再家族化」と評した。藤崎は厚生労働省によるホームヘルプサービス利用における家族要件に関する通達などを資料として、介護保険制度施行から改定にいたるまでの「再家族化」の傾向を指摘している（藤崎 2008, 2009）。また、森川美絵はサービス利用プロセスにおける裁量に注目し、介護予防の観点からのプラン作成を、利用者（家族を含む）による選択が弱まり、地域包括センターにおける専門職の判断がより強くなるしくみへの変化ととらえていた（森川 2010）。

(22) 予防の対象者を照らし出す概念として強調されてきたのが、MCI（Mild Cognitive Impairment　軽度認知障害）である。健常者と認知症との中間段階とされ、認知症のような記憶障害が出るものの症状はまだ軽く、認知症への移行リスクが高い群とされる。この段階での対処によって認知症へ移行する割合を減らすことができることが英語文献などとともに示され（ex. 認知症ねっと 2020）、予防の中心的ターゲットとなってきた。なる前あるいは重度化する前になんとかしていくという論理を典型的に表した概念であり、この段階の人たちを割り出すこと、そのためにこの概念の認知度を上げることなどがなされてきた。

(23) 調査については注2参照。

(24) オアシスクラブには看護師、社会福祉士、介護福祉士などの資格を持つ人、音楽療法士として働く人などがスタッフにいるが、資格の有無、種類にかかわらず、会の一日のプログラムの進行を持ち回りで担っている。そうした場の運営をしながら、それぞれが、その資格の職能を果たす形で分業をしている。たとえば看護師資格を持っている人であれば、利用者と会話をするあいだに脈拍や血圧などのチェックをし、音楽療法士であればピアノの演奏などを担当する。

(25) 石川准は、自尊心の損傷を経験した人たちによる五つの存在証明の獲得戦略のうちの「価値の取り戻し」と「存在証明からの自由」は未分化のまま混然とした形で追求されるとしている（石川 1999：52-3）。環境を整えることで別様の「できる」経験を可能にすることは前者、できなくても問題ないという価値志向の場をつくることは後者の方向性での存在証明を可能にする場づくりだが、実際のグループホームや宅老所などの実践では両者は明確に分けられず、渾然一体となっている場合もある。

(26) 本文では「患者への変容に近い」ととらえたが、むしろA・フランクの言う「探求者の語り」（Frank 1995=2002）を可能にしていると言った方が正確かもしれない。近代医学における「治る」とは別のレベルでの「よくなる」という意味づけが可能となっているということである。しかし、同時に、この事例で重要なのは、その意味づけを得る際に、医療の物語が重要な役割を果たしているということである。

(27) そのため、小規模多機能型の指定ではなくデイサービスとして指定を受けて訪問事業を加えていくといった事業所もある。

(28) 二〇一一年六月二六日の信州大学での講演会において、全国宅老所連絡協議会の仕事として行っている、被災地におけるサロン活動経験をふまえて述べていた。

(29) 三井さよは、ケア労働の要素に「〈場〉をつくる」という、ケア労働者の直接的サービスに還元できない側面があり、そこへ注目することの重要性を指摘している（三井 2010：202-6）。またのちの著書では、地域での知的障害者支援を念頭に、そうした営みを「ベースの支援」と概念化して論じている（三井 2018）。

第5章 本人の「思い」の発見は何をもたらすのか

「思い」の聴きとり実践から

はじめに

本書はここまで、まず第1章において認知症の人の理解と包摂の大まかな展開を描いた上で、第2章と第3章では過去の実践をふり返り、第4章では、主に「その人らしさによりそうこと」と「疾患としての積極的対処」という二つの認知症の人の理解・包摂の方向性が、現実の個別具体的なケアの仕事としてどのように実践されているのか、その実践がかかえる困難とは何かといったことを見てきた。

本章と第6章とでは、もう一つの理解・包摂の潮流としての「本人が『思い』を語ること」について見ていく。本章では、第4章でとりあげたオアシスクラブ(1)(概要は第4章参照)のもう一つの特徴的な実践である本人の「思い」の聴きとりをとりあげて、本人の「語り」の生まれる一つの文脈を明らかにする。その作業を通じて、本人の「語り」の登場の一つのきっかけである「思い」の聴きとりが、決して奇をてらったものではなく、それまでの理解・包摂に向けたケア実践と地続きのものであることを示し、他方で、そこに新しい点があるとしたらそれはいかなる意味で「新しい」のかを考えてみたい。

1　本人の「思い」の登場

二〇〇〇年代の前半から、若年認知症[2]や初期認知症の人びとが、自らが認知症であることを公表して「思い」を語る現象が現れてきた。[3]詳しくは第6章にゆずるが、本人たちによる「思い」の語りは、「認知症の人は何もわからない」という周囲からのまなざしを打ち破ること、「周囲の適切な対応」や「環境」によって、認知症をかかえていても、よき生をおくることができる可能性を示したこと、この二つのインパクトをもたらした。

しかし、ここで立ち止まって注目したいのは、そのような潮流に対して、認知症介護のただ中にいる人や、認知症の人の介護経験がある人から提示されてきた以下のような根強い疑念である。

> まあ、認知症の場合は、まだ認知症として自分で認識もしながら、どうやったらいいのかな、カフェに行ったらいいのか友達に会ったらいいのかな、どうしたらいいのか、という段階は、私は大いに結構だと思いますが、それから一歩進んだ段階の方がもっと重要なんですよ、はっきり言って。自分で生きていくこともできない、家族も支えることができない。その認知症の人たちを、どうしたらよいかってところまでいかないと。しかもそれが一番大事なことですからね。まだみんなで支えて、サポートやって。大いに結構で

しょう。しかし、それからもう一歩進んだ認知症に対してどうしたらよいかってことなんですよ。もうね、遅いんですよ。はっきり言って。(4)

この介護経験者は、「一歩進んだ段階の」認知症は、本人が語れるようなケースとは異なり、自分で生きていくことができないこと、また、そのような状態への対応が大変であるということを述べている。そして、それを根拠に、「語れる」初期段階での関係性の構築などの問題よりも、重度認知症に注目した対応策を考えることの方が重要だということを主張している。

また、言語で語ることや、本人が語り前向きに生きていく様子が強調されるため、そうできない人はどうなるのか、という疑問が示されることもある。(5) 本人の生活の鍵となる家族や介護を行う側からも、語る認知症の人を事例に「適切なかかわり方」が強調されることへの違和感や反発、(6) ならびに「適切」なはたらきかけができなかったことへの後悔が表明されることもある。

以上のような疑問や違和感とは、次のような認識であろう。認知症だとくくられる人たちのあいだには、医療的な意味での程度の違いや、「能力」の違い、彼らをとりまく環境の違いなどの多様性がある。にもかかわらず、本人が「思い」を語ることとの強調が、「一歩進んだ段階」の本当の大変さをかき消してしまうような、偏った問題認識をもたらしているのではないか。(7)

理念に対して、現実を無視していることを指摘するこのような批判は、認知症に限らず、全体像についての共通了解が曖昧で「進展」し続けている先駆的現象に対してよく見られる反応だと言える。こうした語れる認知症の人を特別な存在とみなすような反応を「認知症になったら何もわからない」という類の偏見――認知症介護の「標準パラダイム」にもとづく「古い文化（old culture）」（Kitwood 1997=2005）――の反映だとみなし、本人の語りやその世界へと今以上に接近して、その実際を報告し、その「思い」を生かしたケアのあり方を強調していくことも必要であろう。

だが、認知症の本人が「思い」を公に語ることは、二〇〇〇年代中ごろに始められたばかりのものであった。そうした現象を横目に、より重度に思われる認知症の介護を行っている人／行ってきた人たちも多く存在し、そうした人たちから、上述したような反発が示されたとしても不思議ではないだろう。また、第6章で事例を示すように二〇二〇年現在においても、そのようなリアリティの違いが解消されたわけではないように思われる。

そこで本章は、そのような反発の存在を重要なこととととらえ、そうした「現実」を主張する人たちとの対話につなげていけるような議論を試みたい。具体的には、次のような問いにとりくんでいく。本人の「思い」の出現やそれが強調される潮流は、本当に「特別な」認知症の人（ex. 若年、初期、よい専門家に囲まれている、ケア体制が整っている）にしか関係のないことなのだろうか。また、本人の「思い」への照準は、これまで認知症の人と生きてきた人たち（多くは家族）が経験してきた困難と関係ないものなのだろうか。こうした問いに答えていくためには、本人が主体的に「思い」を語ること自体の意義を新奇なものとして強調するのではなく、「思い」が見出される背景や文脈に注目した検討を行っていく必要がある。

そこで、本章では、本人の「思い」が発見されていく文脈や過程を検討し、その「思い」が現れることの持つ意義の一端を、特に、認知症の人と生きる身近な者（多くは家族）にとって、どういった意義を持つのかに焦点を当てて明らかにしていきたい。そこで注目するのは、二〇〇四年ごろから行われていたオアシスクラブにおける本人の「思い」の聴きとりである。その実践を中心事例にし、そこに、本人の「思い」について言及している著作や、二〇〇一年から行ってきた筆者の家族介護者へのインタビューの一部などを事例として加えながら考察していく。

2 「思い」を伝える〈媒介〉

認知症の人の「自己」への接近

認知症の人の「思い」の出現においては、本人が主体的に語る点が強調される。確かに、私たちは日常的には主に言葉を用いて人に何かを伝えている。認知症の人が心のうちを語ってくれるなら、それはわかりやすいし疑いえない。明確だろう。しかし、第3章で議論したように「思い」や心は必ずしも語ることのみから明らかになるのではない。認知症の人の「語り」が最初に現れてきたころは、多くの場合、支援者などによる何らかのとりくみを通じて、本人の「思い」が現れ、伝えられてきていた[8]。彼／彼女らが集まる集団的ケアの場や、医療専門職・ケアワーカーとのあいだのセッティングされたコミュニケーションなど、本人をとりまく関係の中で他者からのはたらきかけを通して明らかになってきたのである[9]。本章では、これらを、他者による〈媒介〉の実践を通じた認知症の人の「自己」の現れととらえる。

では、こうした、認知症の人をとりまく人びとの〈媒介〉実践に注目することは一体どういった意味を持っているのだろうか。社会学的な先行研究を簡単に見ることで明らかにしておこう。

これまで、認知症の人の理解を深めていこうとする研究は、主に認知症の医療化批判を基調として研究を展開してきた（Lyman 1993；Kitwood 1997=2005 など）。認知症の医療化批判とは、神経病理学などの枠内で認知症症状とされてきた行動や状態は変わりうることを主張し、症状と言われる行動・状態を、周囲の人間・環境との相互作用の中で生まれるものだと理解していこうとする議論を指す。そのようなものの見方の中で、アルツハイマー病患者や認知症とされる人の「思い」「考え」「心」などへ注目が集まることになる。なぜなら、本人と周囲との相互行為という要因を入れることにともなって、一方の行為する主体として認知症の人をとらえることが必要となってくるためである。これを本人の「自己」への注目としておこう。

以上のような問題関心のもとで、アルツハイマー病患者や認知症とされる人の「自己」は、たとえば、記憶障害や見当識障害など認知的な障害があったとしても感情的側面が残存している、などの論理で強調されていく。そうした論理と並行して行われてきたのは、認知症の人の経験する世界への接近や（ex. 出口 2002, 2004a, 2016）、「自己」を持つ認知症の人が、周囲の環境や状況とどう相互作用し、認知症症状とされるものがつくりあげられていくかをとらえようとする研究であった（ex. 小澤 1998；Kitwood 1997=2005）。すなわち、自己が存在することを確かめようとする研究、あるいは自己の存在を前提として理論を組み立てようとする研究だと言えよう。

関係の中での「自己」

一方、以上のような議論と関心は重なりつつも、異なったインプリケーションを持ちうるものとして、「自己」や「思い」「心」などで表現される人間の内面を社会関係の中で構成されるものだと考える立場がある。(10) こうした立場の研究は、認知症に限らず、障害児や言語的能力を獲得する前の子どもなど、「通常の」言語的コミュニケーションとは異なるかかわり方を結ぶ相手とのやりとりを事例として、「自己」や「思い」はある個人に内属する力のようなものではなく、その人をとりまく周囲の人たちの実践の中で維持され続けているものだと考えている（Gubrium 1986；Bogdan and Taylor 1989；Sabat 2001）。

たとえば、S・サバットは以上の発想に立って、アルツハイマー病患者に関して一般的に言われる「自己」の喪失という状態ないし出来事について説明している。「言説心理学（discursive psychology）」という立場に立つ彼は、人間の自己を三つの概念に分けている。自己1は、生物学的身体のような個人の一貫した自己であり、自己2は、個人の属性や信念のようなもので、生涯を通じて継続するものもあれば、ある一時期に付与される場合もある。それらに対して、自己3は、場面ごとに異なって表出される自己で、周囲との関係の中で現れてくる自己である。人が自己3を維持するためには、自己1や自己2と異なり、周囲からの承認が不可欠だとされる（Sabat 2001：17）。アルツハイマー病患者は、アルツハイマー病というカテゴリーにもとづいて理解され（自己2の付与）、他者との共同によって維持される必要のある自己3が失われる。すなわち、アルツハイマー病や認知症とされる人が、社会生活を行っていく際、自己3を維持するための周囲からの承認が失われることにより、「自己の喪失」（Cohen and

Eisdorfer 1986=1988）として表象されるような事態が生じる。「自己の喪失とは、疾患から直接もたらされるのではなく、彼／彼女の周囲からの協働が不足することからもたらされる」のである（Sabat 2001：296）。

認知症の人の「自己」について、ひとまず方法論的にこうした発想で考えていくことは重要である。なぜならば、認知症が進行性の疾患であり、その進行が、一般的には衰えていくと表現される変容の過程である以上、認知症の人とその周囲の人とのあいだの相互行為は通常の「成人」同士とは異なるためである。つまり、両者のあいだには非対称的な関係が成立していくということだ[11]。ゆえに、周囲の他者や社会が、認知症の人をどうとらえ、どう受け容れるかといったことが、認知症の本人の「自己」のありようを決める上で大きな影響力を持つようになっていくことはありうることだろう。

以上の観点に立つならば、認知症の人の「自己」の存在について議論していく上での焦点は、その人にどのような能力があれば「自己」と言えるのかを考えていくことではない。認知能力や言語能力など常識的意味での能力が、その認知症の人に残っているかどうかとは関係なく、認知症の本人の自己3が、様ざまな〈媒介〉の中で、どのように定義づけられ、維持されているのかといった視点が重要になってくる。こうした発想においては、感情や心の残存と表現されてきたことは、認知症をかかえる人の「自己」の存在の客観的要件ではない。それらは、彼／彼女を見つめる人たちが、その人に「自己」が存在することを伝えるために生み出してきた「根拠」を表現する語彙なのである。

したがって、二〇〇〇年代に入って特に強調される本人の「思い」とは、自己3を構成する一つの「根拠」である。だが、それは、単なる一つの「根拠」を表現することを超えている。「思い」の存在が認められるという事実認識と周囲への発信が、認知症の人の「人間」としての尊厳を認めていくべき、という規範的言説へと――結果として――つながっているのである。

日本社会において、二〇〇〇年代中ごろの段階で認知症の本人の「思い」の発見が、社会的に大きな出来事とみなされたのは、認知症の人が生きる多くの〈媒介〉――家族や大規模施設などの介護関係――において、本人による「思い」の語りがなかなか想像され難かった、あるいは、発見が難しい状況にあったためであろう。本人の「思い」の発見という出来事が、驚きとともに起きている場があるならば、そうした場における〈媒介〉実践において「思い」が発見されたり、維持されたりする瞬間やその過程を、認知症の人が日常生活をおくってきた場での「自己」のあり方と対比しながら考えていく必要がある。すなわち、本人の「思い」を発見していくことはなぜ必要だったのか、どのような状況の中で、どのように見出されてきたのか、その「思い」を見出すことで何を目指しているのか、などのことを考えていくことが重要なのである。

3 〈媒介〉としての聴きとり

「思い」の発見と関係した、新たな〈媒介〉に注目すると言っても、それは一様ではなく様ざまな形をとりうる。今回は、第4章でもとりあげたデイサービスのオアシスクラブで行われていた聴きとりという実践を、上述した〈媒介〉の一つの特徴・意義を示す事例としてとりあげる。[12] その事例の特徴について簡単に述べておこう。

第4章で述べたように、デイサービスはグループホームなどの、その人の生きる時間のほとんどを包摂した住まい・生活の場ではなく、家族という生活の場の外にあるかかわりの場である。したがって、すでに本人の生活に大きな影響力を持っている家族と並行して存在する〈媒介〉である。

次に、本人の「思い」を重視することを目的とした当時の諸実践の中での、デイサービスでの聴きとりの特徴について、筆者が、同時期に調査のため訪問した他のデイサービスの実践と対比させて述べておこう。たとえば、デイサービスSは、特に若年認知症、初期認知症の人たちに焦点を当てて、参加者たちの自主性を徹底的に生かしたプログラムを設けているデイサービスとして当時注目されていた。具体的には、デイサービスのプログラムの計画を、利用者が自分たちで決める方針をとり、本人たちの主体性が可能な限り発揮できるようなしかけ・かかわり方を追求していた。

しかし、当時Sでは、参加者自身が表立って公的な場で「思い」を語る活動を行っていたわけではなかった。そのデイサービスの活動から見えてくることを、スタッフが講演会や学会などで紹介したり、マスコミがとりあげたりすることで、認知症とされる人の「思い」や自主性に注目することの重要性を示す事例となっていたのである。そのため、大雑把に言えば、Sの活動は、それまでも「個別ケア」などの表現で語られてきた、先駆的なデイサービスや小規模ケアの場における実践の展開といった性質のものである。周囲が、本人たちの「思い」を重視し、主体性に任せるという――それまでの臨床現場における常識とは異なる――セッティングを意識的につくり追求していくことで、認知症の人たちの「思い」や「能力」の幅が、デイサービスの活動における相互行為の中で明らかになっていき、それをスタッフが社会に伝えていった事例だと言えよう。

それに対して、オアシスクラブにおける聴きとりは、デイサービスでの活動が行われている場面から離れて、スタッフと認知症の本人とが一対一で面談する空間をつくり、そこで、ゆるやかな質問に答えながら本人が語る形式をとっていた。その語りは録音され、さらに場合によっては、その録音をスタッフが書き起こし、何回かそれをくり返して内容をまとめる形で本人の「思い」が文字化されていく。そして、その内容が、たとえば講演の場で本人が「思い」を語るような形で社会に発信されていく。すなわち、ここでの聴きとりは、当時、本人が「思い」を言語として語ること、その語られる「思い」を知ることに、より焦点を当てた試みであった。その結果、二〇一〇年代に入る手前の、本人が「思い」を語っていく潮流の象徴的な実践例となっており、当時の、本人の「思い」のケア実践へのインパクトを考えていくために適した事例だと言える。

次節では、その聴きとりについて、それが行われる背景にはいかなる状況があり、いかなる意図のもとでなされているのかといったことを中心に、特徴や内実を明らかにしていく。考察では、聴きとりをとりあげた刊行物に加えて、二〇〇五年一一月に行った聴きとりやデイサービスの観察、そのとき以降行っている実施者の中島さんへのインタビューの記録も用いる。オアシスクラブへの実際の訪問以前に、筆者は、二〇〇四年一〇月の国際アルツハイマー病協会の国際会議においてこのデイサービスを利用する認知症当事者の発表を聴き、それ以後も何回かの講演等を聴いている。そうした中で形成されてきた「本人が語る」ことのイメージに対して、訪問して詳細をうかがう中で得た印象の変化が、本章の記述の大筋となっている。特に、本章の問題意識と照らし、聴きとりによる「思い」が認知症の人と生きる周囲の人にとってどういう意味を持っているのかという点が考察のポイントとなる。

また、聴きとりの背景や特徴を明らかにしていく際には、筆者が二〇〇一年から〇四年にかけて行ってきた家族介護者へのインタビューデータや、オアシスクラブでの聴きとりで現れたもの以外の、本人の「思い」についての手記や著作、調査データなども参照事例として用いる。

4　関係にはたらきかける聴きとり

家族への「橋渡し」

オアシスクラブにおける本人の「思い」の聴きとりは、呆け老人をかかえる家族の会（現、認知症の人と家族の会）が二〇〇三年に全国的に行った「痴呆の人の思い」の聴きとり調査をきっかけとしている（呆け老人をかかえる家族の会 2004）。その調査に調査員として参加した中島さんは、自身が所属するデイサービスでも、プログラムの合間に三〇分から四〇分程度、別室でお茶を飲みながら、利用者に対する聴きとりを行うようになった。

聴きとりがきっかけで、「思い」を講演などで語るようになったある利用者に最初の聴きとりをした際の経験について、中島さんは以下のように記している。

一つひとつの項目にそって耳を傾ける。もの忘れにより仕事のトラブルが続き辛くなったこと、病院に行った時のこと、その帰り道の車中で奥様から励まされたこと、奥様は何も言わないが自分のことを見守ってくれていること、そして自分が自分でなくなる不安について……。……大声で泣き出したい気持ちを抑え、かみ殺したような声で涙をいっぱい浮かべている。「一緒に泣きましょう」。手をしっかり握り、しばらく二人で泣いていた。「なんで涙がでるのだろう」と言いながら（中島 2005：11）。

本人が「思い」を語り、中島さんがデイサービスの活動について語る講演会においては、このように泣くことや、笑えるようになったことがテーマやメッセージとして強調されることが多かった。また、実際の聴きとりの際には、聴きとられる人自身が、笑いながら「あーまた泣かされる」と冗談交じりに語っている。そうした様子から、最初、聴きとりは、認知症の本人の気持ち・心に直接にはたらきかけ、「涙を流すこと」やそれを通じて「笑えるようになったこと」など、その場面での感情表出を主に目指した試みだという印象を強く受ける。

しかし、聴きとりのセッティングや原則・注意点などに注目してみると、「本人の心を解放する」というだけではない志向が、そこには含まれていることが見えてきた。

まず、もともと、聴きとりは、調査という形式で始まったため、それなりに定められた質問項目が設けられ[13]、時間もおおよそ定められている。利用者たちが一日をすごすデイサービスで行われているため、デイサービスのプログラムの合間に、一人、三〇分から四〇分程度、別室で面談してテープレコーダーに録音する形で行われる。加えて、「相手の昔話を聴かない」ことが「聴きとりの原則」の一つとなっていた。なぜならば、相手の昔話を聴いていると、話が長くなり枝葉にそれていくため、時間がいくらあっても足りなくなるためだという。この原則は、前述の家族の会の聴きとり調査の研修で設けられ、中島さんによる聴きとりでも原則の一つとなっている[14]。以上のような条件や原則の設定からは、尋ねることの内容の範囲が、それなりに定められており、時間も限定されていることがうかがえる。[15] こうした時間的限定から、聴きとりは、話を聴き続けることや話すこと自体によって生まれる何らかの効果を主要目的としているのではないことがわかる。

また、聴きとりは、デイサービスの活動の場面で、スタッフが認知症の人と十分なコミュニケーションをするための方法――「特別な相手」に対する特別なコミュニケーション技法――を生み出していこうという関心でなされていたわけでもない。[16] あくまでも、「面談」で向きあう相手が、私たちと同様に「思い」を語れることを前提とし、限られた時間内で大まかに決められた項目をもとに対面してコミュニケーションをする。そして、その中で生まれてくる言葉の内容から、その人がかかえる現在の問題を把握し、その直近の問題に対してなんらかの示唆を得ることに大きな意義を見出していた。何らかの内容的に意味のある情報を得ることを目指すオーソドックスなコミュニケーションなのである。

では、ここで得ることを目指されていた情報とは何であろうか。ここでは、中島さんが挙げる聴きとりの意義のうち、「本人の認知症に対する症状や思いを知ることで、ケアのあり方を本人中心に考えることができる」と「ご家族も本人の思いを知り、家族のあり方を考えるようになる」の二つに注目したい。[17] 大雑把に二つをまとめると、広い意味で、本人に対する周囲のケアのあり方を変えるための重要な情報だということである。その中でも、特に強調されるのが、本人の「思い」が家族にインパクトを与える情報となるという点である。

聴きとりをするようになって、私の介護観も変わってきた。それまでは、隠していればよいことだと思った。だけど、あ、そうではないんだ、と。……。自分の中でどう思っているのかな、というのを聴いてあげて、それにきちんと答えてあげる。それは告知とは違うんですね。不安に思っていることを聴いてあげて。それをお家の人に言ってみようかと。そうするとお家の人も、ああ、そんなふうに思っていたんだって変わるんですよね。だから、そういう橋渡しです。

以上のように、中島さんは、その意義を「橋渡し」と表現している。中島さんは、全国的な調査をきっかけに聴きとりを経験していく中で、それまでは本人から聴けると想像していなかった「思い」を聴けることを知っていった。逆に言うと、それまでは、日常生活をともにする家族から聞いていた本人についての情報や、デイサービスに来ているときの本人の様子などをもとに相手のことを推測していたということである。しかし、不安に思っていることを聴き、相手がそれに答えるという、通常の専門職とクライエントとの関係、あるいは普通の人間関係においてあたり前の方法をとることで、本人の「思い」を知るようになっていった。そして、そうして知った本人の「思い」は、実は家族も知らない——聞いたことのない——情報である場合が多く、家族もそれを知ることで、相手への認識を変えていくことがあることがわかっていった。すなわち、本人の「思い」とは、認知症の人の生活の多くを占める家族関係へとはたらきかけるための重要な情報という意味づけを獲得していったのである。

現れにくい「思い」

では、以上のように聴きとりを通じて見えてくる本人の「思い」が、なぜ重要な情報となっていったのだろうか。それは、本人の「思い」の存在について確信を持つようになり、その存在を前提に悩みなどを聴いていく中で、認知症の人をとりまく日常の世界――デイサービスに来る利用者の多くにとっては家族――において、その「思い」がなかなか現れにくいことに気づいていったためである。聴きとりで語られる本人の「思い」の内容やストーリー自体ももちろん重要である。そうした内容に加えて、本人が生活の大部分をおくる家族の中で、その「思い」を表現して了解されることが難しく、それが本人の苦しさの一部となっていること、他方、家族の側にとっても、そのままでは知ることが難しい本人の「思い」を知ることが、大きな意味を持っていることに気づいていったのである。

たとえば、中島さんは、初期のころ聴きとりを行ったという、ある六〇代後半の会員（オアシスクラブでは利用者のことを会員と呼んでいる）とその夫との関係について、以下のように語っている。

その人は、やっぱりすごくしゃきしゃきしていたけど、ご主人に対する思いとか、兄弟に対する申しわけなさとかを語ってくれた。ご主人は旅行によくつれていってくれるけど、行きたくないと。なんで行きたくないかを聴いたら、ホテルなんかで迷子になるからと。男性と女性でお風呂が違うじゃないですか。それで、お風呂なんかに行っている帰りに迷子になったら嫌だって。そう言っていたことをご主人に言ったら、ご主人は他の人につきそいをお願いするということにして。それで今はどこに行っても大丈夫に。行きたくない行きたくないっていう理由は、色々あった。ご主人からしてみたら俺がこんなに一生懸命やっているのに何で嫌がるんだろうと。ご主人の方は「何でだ？　何でだ？」と考えてしまう。よくよく聴いてみたらそういうことだった。それは聴いてみてわかったこと。

この会員は、自分の世話を行ってくれる夫や親族に対する「申しわけなさ」から、自らの認知症のために困っている「迷子になること」について言い出せなかったそうである。注目すべきは、認知症の本人は、特に世話をしてくれる夫に対する「申しわけなさ」という、私たちが常識的にいだく気持ちから、「気づかい」をして語ることができなくなっているということである。聴きとりという形で、通常の対話が成立し、その理由を聴いていくことで、私たちにとっても理解可能な「気づかい」という「思い」が明らかになっている。

また、「奥さんが亡くなってその一周忌まで淡々と終えたが、そのときの気持ちについて子どもたちに言えなかった」八〇代の会員もいる。この会員は、認知症にともなう自分の経験を明確に表現できる人だったが、「お父さんまた変なこと言っている、そんなことあるわけない、と思われるのが怖くて」「家族には言えない」状況だったという。自分の子どもたちに、自分の言っていることや、自分のなくなった妻への気持ちなどを理解されない「怖れ」——これも合理的な推論から生まれる気持ちである——から、言えないのである。そうした状況の中で、「娘さんたちは、お父さんは冷たい人だと思っていた」が、「本当の心の中ではとてもつらかったということが、お父さんが言っていることが入っているテープを聴いてはじめてわかった」という。

一方、中島さんによると、家族側も相手の認知症に対して「何で?　何で?」という思いの中で、「思い」を聴く余裕がなくなっていく場合が多いという。家族は、なぜこうした状況を経験していくのだろうか。そのことを理解するために、ここでは、オアシスクラブでの事例を離れ、本人の「思い」と対比させて、家族の「思い」についての文章を掲載している著作での、若年認知症の夫を介護する妻の経験を見てみよう。

……この頃、私は主人の子どもたちに対する態度に腹を立てることが多く、主人が悩んでいることに気づきながらも何もできませんでした。何もしてあげられなかったというより、気持ちにゆとりもなく、何もしたくないと思っていました。本当は声をかけたり散歩に誘ったりすればよかったと思いますが、主人とは一緒にいたくなかったのです。また、下手に話しかけて暴れたり怒鳴ったりされても困るので、どう話しかけていいのかさえ分かりませんでした（若年認知症家族会・彩星の会・宮永編 2006：50）。

認知症である夫（五〇代）の介護を一〇年以上続けているこの妻（四〇代）は、以前をふり返って「悩んでいることに気づきながら」、「何もできなかった」と述べている。その理由として、妻からすると常軌を逸した行動をするようになっていった夫に対して「どう話しかけていいのかさえ分か」らないことに加え、「気持ちにゆとりもない」と述べている。この妻は、それから少し経過して夫がアルツハイマー病だとわかっていったころの経験について以下のように述べている。

主人の暴力はだいぶなくなりましたが、時々、憎くて憎くてしょうがなくなるときがあります。私には主人に対して様々な思いがあって、「すべて病気だったから」という気持ちだけでは片づけられないのです。私の中で、〃病気だから〃と思おうとする部分と、それだけでは割り切れない部分が共存していて、納得できない気持ちが大きい（若年認知症家族会・彩星の会・宮永編 2006：59）。

妻は、医師から、夫がうつと診断され、さらに続いてアルツハイマー病だと診断されていったその過程で、『アルツハイマー病』と診断されたことで、モヤモヤしていた気持ちの落としどころが見つかった感じでした」と腑には落ちたという。しかし、医師からそう診断される以前の常軌を逸した経験の記憶から、「病気の夫」に対して気持ちをくみとることや、近くによりそうことができなかったと述べている。すなわち、妻は、それまで生活をともにしてきた相手のこれまでの姿とひと続きの存在として現状の相手を認知してしまうため、目の前の夫を免責できず、現在の夫そのものと向きあおうと思ってもなかなか難しいということを語っているのである。

このように、家族の側にとっても、徐々に変容していく相手とつきあう日々の中で、そのときそのときの相手の「思い」をくみとり、よりそっていく意思を持ち続けることは難しい場合があるようだ。

この点について、家族の会による、本人の「思い」を感じたことがあるかどうかを家族介護者に対して尋ねた調査が、興味深い知見を示している。この調査では、回答としてよせられた、家族が本人の「思い」に出会った経験をＫＪ法[18]で小見出しをつけて分類している。注目すべきは、「思い」を経験した状況として挙げられている、「その時すぐに気持ちが分からなかった（気持ちになかなか気づけなかった）」「ずっと後になって、気持ちがようやく分かった」「私だって困っている」「私にはどうすることもできない」「自分のこれまでを振り返った」などの小見出しである（呆け老人をかかえる家族の会 2004：51-3）。

ここからは、相手が変容していくただ中で、その時どきに相手の「思い」をくみとっていくことの難しさが推論できる。介護者が、介護に追われる中、しばらく経ってから、相手も苦しんでいたことや、相手の思いがあったことを、後悔交じりに「気づいていく」様子が見てとれるのである。

以上のように、家族の中で、一方で本人は「思い」を語ることが難しく、他方で家族は「思い」を聴くことが難しくなっていく状況がたびたびあるようである。そして、そうした状況は、その時どきでは気づきにくく、ふり返って「後悔」の念とともに気づかれていくことが多い。こうした状況になってしまう背景には、もちろん、その家族に応じた個別の事情があるだろう。[19]しかし、家族における二者関係——多くの場合、介護者と被介護者という関係——の中では「思い」が現れにくいという点には共通性があるようであり、その「思い」を外部において見つけ、家族に示していく〈媒介〉の役割を果たすことに、聴きとりの大きな意義があると考えられるのである。

5 「思い」の聴きとりは新しいのか？

家族外部における〈媒介〉

4節で見たような家族における状況に対して、聴きとりを通じて現れる「思い」は、大きなインパクトを与える。それが、家族の認識を変えるまでの、リアリティのある本人の「思い」となるのは、録音記録や本人・家族の登場するストーリーを持つ文章という、本人から発せられる言語的情報として示されるためであろう。たとえば、二〇一七年途中までの認知症の人と家族の会代表で自身も認知症の親の介護経験を持つ高見国生は、本人が「語る」ことの意義について論じる座談会で、「必ずしもものを言わなくても、その人のことを理解できるというような場面もありますよね。けど、人間て神様やないから、相手が何か言うてくれないと理解できない。そうなるとどうしても本人に言葉を言うてもらわんならん」と述べている（呆け老人をかかえる家族の会編 2005：100-1）。

高見によると、「長い間、認知症の人は何もわからない人、周りの者がその人の気持ちをくんでその人に合った介護をせなあかんと言うてきた」が、「それはあくまで周りから本人の気持ちを推測していた歴史であった」（呆け老人をかかえる家族の会編 2005：100-1）。見守りや相手の「問題行動」への対応、身体的介助などの世話などが第一課題となる関係の中で認知症の人とつきあっていくとき、多くの場合、相手の気持ちは、推測しながらくみとっていかざるをえないものであっただろう。あるいは、そうした介護状況の中で、介護者同士で集まって話しあうことや、先駆的なデイケア・宅老所などで相手が活動する姿を見ることは、「思い」の推測に資することだったと言えよう。他方で、認知症の本人側に視点を移してみると、自らの「思い」の表出は、介護を受ける関係の中――多くの場合「思い」の語りは許容されない――において見せていく――見てとられる――他ないものであっただろう。

それに対して、オアシスクラブは、一時的に家族を離れたデイサービスの場であり、さらに聴きとりはデイサービスの中でも、一時的であれ職員や利用者同士で行うプログラムから離れて行われている。そうした場で、本人の語りをテープレコーダーに録音し、その後、書き起こす作業を複数回くり返す過程をふみ、明確にストーリーを持った言語的情報として提示されているのである。このことはいかなる意味を持つのか、カテゴリーの物語性に関する議論を参照して考えてみよう。認知社会学を提唱する片桐雅隆は以下のように述べている。

夫と妻、親と子供という役割は、自他を認知的に定義するカテゴリーであり、そのことによって自他の行動の予期が可能となるのだが、そのようなカテゴリーは物語性をはらんでいる。そして、その物語にそった出来事がより強く想起され、それに合わないものは例外的なものとして忘却される。記憶はここでも、物語を基準として選択的に焦点化されている（片桐 2003：96）。

ここで片桐は相互行為の中での相手の行為期待を含むイメージとして概念化できる「役割」のリアリティ確保に果たす物語やストーリーの機能について言及している。この議論をふまえると、聴きとりで現れる認知症の人の「自己」は、これまでの認知症の人と生きてきた家族の多くが、介護を行う中で形成し、経験してきたものとは違う、新たなリアリティを持つ「自己」の発見と言えるだろう。

しかし、まず注意しておきたいのは、言語的情報で示されることの新しさではない。言語的情報としての発見にいたる背景にある、認知症の人と生きてきた人たちの持つ、本人の「思い」が存在することの感覚と、他方でのその「思い」のリアリティを維持することの難しさである。

先の座談会で高見は、本人が何か言うことの大きな意義について語っている。しかし、同時に、「本人がしゃべれない」けれども、本人の言葉を言ってもらうにはどうすればいいのか、喋れない本人の思いをどうやって知ればいいのか、という根本的な問題についても言及し、それがこれからとりくむ重要課題だとしている（呆け老人をかかえる家族の会編 2005：100）。こうした高見が示すような問題意識の背景に何があるのかは、本人の「思い」のリアリティをめぐる家族の経験を見ることから理解できるように思われる。以前筆者がインタビューを行った、重度認知症の相手を介護する人の経験を参照して考えてみよう[20]。

たとえば、脳血管性認知症だとされる母親を自宅で一〇年近くにわたって介護してきたPさんは、「箸を持って母親が自分でご飯を食べようとすること」や「寒さ」「暑さ」「周囲の明るさに対して『よい天気』という反応を返してくること」などを、「まともさ」「認知症の頂上に行って元に戻った経験」として語っている。Pさんの介護している母親は、言語でのコミュニケーションは難しい状態であった（二〇〇四年のインタビュー時のPさん宅での観察より）。

このPさんのように、言語を介したコミュニケーションもなかなか難しい状態になった認知症の人と生きてきた人たちに話を聞くと、相手の中に何らかの意思の存在を見つけながら生活を続けてきた経験を語ることがある。だが、同時に、こうした意思の存在のリアリティは介護の中で段々と失われていく場合が多いこともうかがわれた。たとえば、相手が寝たきりに近く言語でのコミュニケーションが難しくなっていくにつれ、「自分がつらいと思ったら母も泣き、こちらがニコニコしていると母も笑顔でいる……。鏡のような存在になってしまう」（Qさん）、「ここまで来ると、お人形さんと同じで、すべて自分のことになってしまう」（Rさん）などのように、介護者である自分の状態をそのまま反映する存在になってしまうという経験を語る人も多い。

しかし、そういった認知症の人と生きていく中で、相手の意思の存在にあらためて気づく経験に言及していた介護者もいる。たとえば、Qさんは、母親を病院からリハビリをかねてタクシーでデイサービスに通わせていたときの経験について、「病院の人間関係とは違って色々な人がいて、話しかけてくれ、ゲームなどのときに、母が何となく自分で立とうとしているのがうれしい」と語り、以下のように述べている。

意思表示があんまりない人がね、何かしようとしたりするっていうのは日常の二人きりの中ではなかなか難しいからね。こちらは、もうわかっているから、自分の方でしてしまうっていうのもあるし。やっぱり誰か他の人とのかかわりの中からの方が。周りからのはたらきかけからのほうが引き出せる？……。だから違う環境を作ってあげることがすごく大きいんじゃないかなあ、痴呆の人にとっては。人も周りの景色も含めて全部。日常じゃない世界を作るのが。いくらそれが表情がなくなっている人でもね……。感情みたいなのはすごくよく伝わるしね。

このように、Qさんは、デイサービスなどで、スタッフや他の利用者などの自分以外の別の人たちの中に、日ごろ介護している認知症の相手がいる風景を通じて、その相手が自ら動く存在であること、自分とは異なることに思いいたる経験について語っている。このような、相手が日ごろの二者関係の中で見せる存在とは異なることの発見は、言語的なストーリーを持つ「思い」の発見ではない。しかし、かかわる他者によって違う姿を見せるという事実に気づくことで、相手が「思い」を持つ、自分とは異なる存在すなわち他者であることを、あらためて感じる経験となっていると考えることができる。

以上のような経験の存在をふまえると、聴きとりを通じた「思い」の発見が、言語的情報を通じてなされていることだけを切り離して注目するのは適当ではない。家族の外での〈媒介〉を通じて現れているという意味では上述の経験と同型である。重度にいたるまで認知症の人と生きてきた家族は、これまで相手の「思い」の存在を感じつつも確信が持てぬまま介護を続けてきた。その過程の中で、デイサービスなどの他者たちのいる〈媒介〉の存在が、認知症の人と生きる家族に対して、何とか本人の「思い」が存在することのリアリティを維持してきた。したがって、「思い」を発見していく聴きとりは、認知症の人と生きる家族が相手の「思い」の存在のリアリティ感覚を持ち続けられるための〈媒介〉として、これまでも生み出されてきた家族外の実践と地続きのものとして位置づけられるであろう。

語れなくなるときに向けて

以上で見たように、「思い」の聴きとりは、これまで生み出されてきた実践と地続きの〈媒介〉である。では、そのことをふまえた上で、なお、言語的情報として「思い」が発見されたことの意義があるならば、それはどういったことであろうか。

まず、さしあたり言えるのは、これまでも経験されてきた「思い」の存在と、その「思い」をめぐって生まれてきた実践の存在を、よりわかりやすく伝える可能性を高めていくことである。言語的情報として示されることは、以下のような意味を持つ。一つは、これまでも個別の経験の中で何となく気づかれていたリアリティが、より伝達可能なものとなったこと。もう一つは、伝達可能性の増大によって、「思い」の存在の信憑性が高まることで、認知症だと言われている人たちを、社会において、コミュニケーションの相手とみなすように人びとの注意を喚起していく点である。

経験を広く社会へ伝えていく、こうした意義に加えて、最後に指摘しておきたいのは、言語として「思い」を聴きとる実践が、認知症と生きる個々の人びとに対して独自な意義を持っていく可能性である。中島さんは、語ることのできる時点において「思い」を聴きとっておくことが、相手が語れなくなってしまう時点における〈媒介〉としての意味も持つ可能性について示唆している。そうした実践が、実際にいかなる効果を産み出していくのかは、別に慎重な経験的な検討を行う必要があるが、ここでは、その可能性についてだけ示しておこう。

本当に聴きとりは大事で、私自身もこれまでのことを反省した。若年の人たちもどんどん悪くなっています。で、もし話ができるときに、この方法がわかっていれば。本人の話を聴いて家族に伝えてあげられたら。家族も、本当にそう思っていたのだと思えたら。家族は介護で大変だから、何で？ 何で？ と思う気持ちだけが先行しているのだけど。それ以上に本人がつらい思いをしていたとか、家族のことを思っていたということがわかってもらえれば。多少、認知症が進んでいったとしても、それが支えになっていたと。ちゃんとわかっていたんだねと。ちゃんと自分たちのことわかっていたし、つらいことも思っていたんだね、と。そうなると、喋れなくなったとしても、何かの糧になるんじゃないかなと思う。あのときは……って、昔をふり返る思いではなくて、自分たちのできることをしてあげようという気持ちに、もしかしたらなれたかもしれないけど。それは介護しているとわからない。苦しみばっかりになって。でも、本人の気持ちを聴いたら、ちょっと落ち着いていくんじゃないかなと。

中島さんは、聴きとりを、相手が言語能力を持ち、その「思い」を言語的情報としてこちらが聴ける時期だけに意味ある実践としては考えていない。中島さんは、認知症が進行性の疾患であることを経験的に熟知している。その認識の上で、家族が、「介護の大変さに追われ、『何で？ 何で？』という思いをいだき続ける中で生きていく」よりは、話すことが可能なうちに本人の「思い」を知り、相手が自分の状況や周囲に対して何を思って生きていたのかをわかった方がよいととらえている。すなわち、本人が自ら語る言葉を通じて「思い」を聴くことが物理的に難しくなることと、その状態となった後の関係を見すえているからこそ、その本人の「思い」が聴けるうちに、できる限り聴いておくことの重要性を強調しているのである。

以上をふまえると、オアシスクラブにおける本人の「思い」の聴きとりは、少なくともその意図としては、「語れる本人」だけに注目した実践ではない。第一に、その本人の「自己」を形づくる重要な日常的な〈媒介〉、すなわち家族に注目している。さらに、本人が「語れる」時点の家族関係だけにはたらきかけようとしているのでもない。今目の前で語れる本人の未来に想定される、語ることが難しい時点を見すえ、その時点の生に決定的に重要だと想定される家族関係にとって「思い」の存在という事実が重要になると考えるからこそ、語れる時点での「思い」の聴きとりが重要だと考えているのである。

おわりに――本人の「思い」の出現は何を提起するのか

本人の「思い」の出現という出来事の背景の一つであるオアシスクラブでの聴きとり実践を見ることから、何が提起されただろうか。特に、重度認知症の人と生きる家族の経験との何らかの関連性を示すことができただろうか。その関連性を示すことが、そのまま、異なったリアリティの中にいる者同士の対話の成立につながっていくわけではないが、その成立に向けた手がかりとして簡単な考察を示し、本章を終えることとしよう。

まず、この実践は、「認知症の人自身が語る」主体性だけに焦点を当てたものでは必ずしもなかった。少なくとも、中島さんの実践は家族との二者関係外部の〈媒介〉を通じた変容を目指していた。その点で、認知症の人と生きる家族が経験していくような困難——相手の「思い」や意思の存在をどこかで保持しようとしながらも、そのリアリティが失われていく——と、その困難への支援とつながりのある試みである。また、そもそも、「思い」の発見による家族の認識の変容を重視している点は、在宅で生活をおくる認知症の人の「自己」にとって、家族という〈媒介〉が否定できない重要性を持っているととらえていたからだと言えよう。

もう一つ言えるのは、未来に訪れるであろう、コミュニケーションが難しくなる重度状態を想定した上での試みだったということである。今現在の時点で、相手に対して、その話を聴こうとする態度で臨めば相手は語ることができる。そのため、本人の「思い」をなるべく聴くことが試みられる。しかし、それは、本人が語ること自体を確固とした目的としているからではない。語れなくなる時点において、その周囲にいる家族が本人の「思い」を知っていることが重要だと考えるからこそ、本人の「思い」のリアリティをより得られる時点の「思い」を聴きとり録音している。本人の「思い」が何なのかよくわからぬまま、苦悩の中で続いていくような認知症の人と生きる過程全体の中に、「思い」の存在する時期を楔《くさび》として打ちこむことを意図しているのだと言えよう。

もちろん、本章で指摘した聴きとりの意義は、あくまで、筆者の問題関心から、その一側面を強調した解釈である。[21]実際には、聴きとられる「思い」は言語として公的場面へと伝えられていく際に「語ることができる」姿の強調とともに受け容れられていくこともあるだろう。また、「思い」の存在が言語的情報となることで、言語的コミュニケーションが難しくなった重度の時点に何をもたらすのかは、類似の様ざまな実践の展開を見つめながら考えていくべき重要課題である[22]。だが、本章の考察から見えてくるのは、「思い」を語れることを強調しつつ積極的に聴いていこうとすることと、語ることの難しくなった時点で相手の「思い」の存在のリアリティを担保するような〈媒介〉とはつながりうること、そして聴きとりもその認識をもとに試みられていたということである。そうした意味で、本人の「思い」の出現という潮流は、重度認知症の人や、その人と生きる家族にとってのリアリティとまったく無関係なものではなく、認知症の人と生きていくことに対して、重要な意義を持ちうるのではないかと言えるのである。

注

(1) オアシスクラブの調査の一部は出口泰靖とともに行い(第4章注2)、出口の著作でも、この実践がとりあげられている(出口 2016: Part 5, chap. 1-4)。

(2) 若年認知症については第4章の注3参照。二〇〇四年ごろからの、公的な場で積極的に語る認知症の人は、現在まで六五歳より前に発症した若年認知症の人が多かった。だが、高齢期(八〇代)の認知症の人の「思い」の語りが聴きとられている例もある(呆け老人をかかえる家族の会 2004)。また、国際会議後、認知症本人会議の開催などを経て、現在は年齢にかかわらず多くの人が発言をするようになってきている。

(3) 二〇〇四年の国際アルツハイマー病協会の京都国際会議前後から、積極的に発言・著作活動を行うオーストラリアの認知症(アルツハイマー病)当事者C・ブライデンへの注目が集まり、国内の多くの認知症ケアの先駆者が注目し言及した。また、国内では、二〇〇四年の国際会議での当事者の公的場面への登場をきっかけに、何人かの当事者がマスメディアで語り、彼／彼女らを中心とした著作・テレビ番組などが登場している（越智 2005；一関 2005；太田ほか 2006など）。その後のこうした動きの展開を含めて本書の補論を参照。

（4）二〇〇六年五月二七日にNHK総合で放送された「ETVワイド　ともに生きる『いま、認知症の私が伝えたいこと』」での、出演していた認知症当事者の人に向けた、家族としての認知症介護の経験者であるタレントの発言。番組には、認知症当事者数名とその家族が実名で出演し、彼／彼女らの生活の様子や、各地の先駆的実践が紹介された。

（5）林真由美によると、スコットランドやイギリスにおいては、当事者団体の主体的活動などによって、「認知症とともによく生きる」言説が政策としても理念としても強調されてきている。だが、そうした潮流の中で、「よく生きる言説」が、そうできない人を排除してしまうことに対する懸念を示す論者たちもいるという（林 2017）。

（6）たとえば、二〇〇四年に、筆者がある家族会で出会った、妻を施設にあずけている男性は、近年、かかわり方によって認知症の人は変化しうることが、メディアで認知症当事者の人を事例に強調されることに対して批判的で、「それはわれわれ庶民には無理なこと」と述べていた（二〇〇四年の記録より）。

（7）加えて、認知症に対するスティグマなどの、周囲のまなざしを考慮に入れたとき、認知症であることを積極的に公表することが、想像しにくいという事情もあろう。

（8）不登校研究の文脈で当事者が語ることについて整理した貴戸理恵（2004）は、不登校本人の語りは、これまで専門家や運動側によって「解釈」されて伝達されてきたが、当事者そのものの語りはいまだ聴かれていないととらえて研究を行っている。他方で、認知症当事者の語りを考えるとき、本人の語りと伝達・解釈の区分は難しいことが多い。だが、二〇〇五年ごろからの目立つ動きとして、認知症の人たち同士で集まり様ざまな計画を立てるような活動、認知症の本人たちの会の成立などが見られるようになってきた。こうした例もふまえて「当事者の語り」という概念の変化と幅を考えていくことは重要だろう。この点については、二〇一〇年代以降の動きを含めて第6章で検討していくことになる。

（9）有名な例として、第2章や第3章でも言及した小山のおうちがある。ここでは「もの忘れ」について利用者同士で語りあったり手記を書いたりする実践を行ってきた（高橋・石橋 2001；石倉編 1999）。

（10）こうした視角の概要については、中山（2004：chap 1, 2）を参照。

（11）T・キットウッドは、「認知症では、長い間個人的であり、『内部化』されてきた精神の多くの側面が、再び対人関係の環境に戻される。記憶は消えたかもしれないが、しかし、過去の出来事はだれかが知っている。他人がそれを知っているので、自分らしさが保たれているのだ」（Kitwood 1997=2005：121）と、発達過程における幼児期と対比して、認知症の人の対人関係の変化の過程について述べている。

（12）オアシスクラブへの訪問と中島さんへのインタビュー、当初比較事例として考えていたデイサービスSへの訪問、調査データの内容検討などは、第4章注2で述べたように出口泰靖との共同研究の一環として行った。また本章のインタビュー記録については、中島さん本人に草稿に目を通してもらい掲載の許可を得ている。

（13）「一、もの忘れで困ったことはありますか？あればどんなことか教えてください。／二、病院に行ったことがありますか？　どうでしたか？／三、何か不安なことがありますか？　それはどんなことですか？／四、気持ちが晴れるのはどんなことですか？　逆に気持ちがふさぐのはどんなことですか？／五、これから何かしたいことがありますか？／六、生きていく上で大切にしていることは何ですか？／七、ご家族に何か一言。／八、忘れたくないことがありますか？　逆に忘れたいことはありますか？」の八項目である。最初の七つは呆け老人をかかえる家族の会による質問で、八番目は中島さんの追加質問である。

（14）認知症とされる人との会話では、昔話などのトピックがくり返し話題に出され、何度もそのことについて話し続けるようなやりとりをよく経験する。このような「会話」は、会話をしていること／雰囲気自体を楽しむという意味で十分にコミュニケーションとは言えるが、その会話から、何か内容的な情報を新たに得ることを主要な目標としたコミュニケーションではない。認知症とされる人と向きあったときに生じやすいこうしたコミュニケーションは、限られた時間で終えなくてはいけない聴きとりにおいては、なるべく避ける必要があることになるだろう。昔話を避けるという方針はその意味で合理的である。

(15) 認知症の人とのコミュニケーションは、ケア実践の現場で介護者が「行動障害」の理解や、適切なケア実践を行うために、言語を含む様ざまな記号から相手の「自己」を読み解くといった関心で語られることが多い(ex. 野村 2004)。その一方で、聴きとりの関心は、特別なコミュニケーション技術を開発することや、コミュニケーション自体を目的とすることとは異なっている。

(16) そのことは、聴きとりを行う中島さんの、デイサービス組織での位置づけとも関係していた。中島さんは、デイサービスの介護スタッフとしてではなく、相談員として仕事をしていた。

(17) 他に、「本人自身誰かに話すことで、わかってくれる人がいると思うことができるようになる。思っていたことを表出することで、前向きに考えられるようになる」「社会の認知症に対する誤解をとき、偏見をなくす契機となる」「認知症の人が普通に暮らしていけるよう、国や行政に働きかける原動力となる」(中島 2005:12)の三つが挙げられている。

(18) KJ法とは、文化人類学者の川喜田二郎による定性的データ分析の方法で、フィールドワークや調査で集まった膨大なデータを分類したり、アイディアを発見したりしていく方法である。

(19) たとえば、若年認知症の会を主催する医師によると、日常生活をともにする家族にとっては、あらゆるできていたことが消えていく「喪失」のイメージが強くつらいため、「わかっていても本人を責めてしまう」。それに対して、本人は自分でできることは自分なりに応えたい気持ちはあるが、どうしてもできない部分があるため、「お互いにとって悪循環となる」という(若年認知症家族会・彩星の会・宮永編 2006:256-7)

(20) ここでは、二〇〇一年から〇四年にかけて筆者が行った家族介護者へのインタビュー調査から得た事例を引用する。この調査の概要、調査データを用いた分析について、詳しくは拙著(井口 2007)を参照。

(21) 本章では、聴きとりの肯定的な効果と想定されることに焦点を当てたが、言語として「思い」が表現され、それが多くの人に伝わっていくがゆえに、生きられた経験と言語で表現されたこととのあいだの乖離が生まれ二つのリアリティ間の葛藤が起こることもある。その一事例に関しては、井口（2013b）でふれた。

(22) こうした議論は、終末期段階の決定に際して、より先鋭化する課題であろう。あらかじめ意思を聴いておくことの手続き化や制度化は、そうした課題に対する一つの回答として示されることもあり、事前指示書やアドバンス・ケア・プランニング（Advanced Care Planning）の議論など、ますます盛んになってきている。社会学の重要な役割の一つは、あらかじめの意思も含めた様ざまな手がかりをもとに、丁寧に本人の意思が読みとられていく具体的な現場実践を読み解きながら（ex. 三浦 2017）、本人のあらかじめの意思の確定や、その制度化の動きの影響を個別の文脈に差し戻して考え続けていくことにある。

第6章 認知症の本人たちの声はどのような未来をひらくのか

リアリティの分断に抗することに向けて

はじめに

第5章では、認知症の本人の「思い」の語りの登場と意義を、あるデイサービスで、二〇〇〇年代中盤から二〇一〇年ごろまでのあいだに、ケア実践と並行して行われていた聴きとり実践というローカルな文脈に即して見た。その後、語りが生まれてきたローカルな文脈を超えて、認知症の本人の語りを通じた「思い」は、マスメディアや講演会を通して、より広く社会に向けて発せられ、流通していく。そのデイサービスでの本人の「思い」の語りは、大きな流れの源の一つでもあった。

そして、さらに、認知症の本人たちが語り、自身たちが団体をつくって、認知症の人たちの「意見」を行政に対して示し、「宣言」としてその声をあげていくようになってきたのが、二〇一〇年代に入っ

表 6-1　認知症当事者団体の動き

年	出来事
2014 年 10 月	日本認知症ワーキンググループ（JDWG）結成、厚生労働大臣に意見書を提出
2015 年 1 月	省庁横断的な認知症の課題へのとりくみを主旨とした認知症施策推進総合戦略（新オレンジプラン）が策定される
2016 年 2 月	厚生労働省老健局長に対して、「今、自分が暮らす市区町村に取り組んでほしいこと」についてメンバーからの提案をまとめた要望書提出
2017 年 9 月	日本認知症本人ワーキンググループとして一般社団法人化
2018 年 11 月	「認知症とともに生きる希望宣言」
2019 年 1 月	「基本法に関する認知症の本人からの提案」

てから生まれてきた動きである（表6-1）。こうした「思い」「意見」「宣言」などの流通は、それ自体が認知症の理解と包摂に向けて大きく前進したと考えられる根拠の一つであることは確かだろう。だが、もちろんこれはゴールではなく、この現象の文脈や、その先に導かれる課題を考えていく必要がある。

本章では、そうした本人による声の出現の意義を、認知症問題の当事者の歴史的変遷を描くことで整理しつつ、認知症の本人たちが語る際に直面する困難や、それが社会に対してある形で届けられていったことで見えやすくなってくる、認知症の理解と包摂に向けた根底的な課題を提起する。

1　「認知症問題」の当事者とは誰か？

認知症をめぐる問題の当事者とは誰か。当事者という言葉には、こうあるべきという規範を示すような含意がある（上野 2013）。「私たち抜きに私たちのことを決めるな」という当事者主権やピープル・ファーストの理念に照らすと、認知症の当事者とは、認知症の人たち本人であるべきだろう。そうした意味で当事者とは本人である。

だが、当事者という言葉を、認知症をめぐる問題において実際に中心に置かれてきた人たちという意味にとると、これまで当事者は誰であったのだろうか。現在、認知症の人たち自身による、自分たちが必要としていることの表明や、施策への意見がインパクトを持って迎えられているのは、逆に、これまで、本人が認知症問題の当事者とされてこなかったことを意味している。また、現在、する側とされる側に分かれる支援やケアという発想を超えて、認知症になってもくらしやすい社会をデザインすることの重要性が運動や政策でも言われるようになってきている[1]。だが、ことさらにそのように強調されるのは、これまで多くの場合、認知症の人が家族や地域に出現することで、周囲にとっての何らかの「問題」が起こり、周囲の人たちが、ケアや支援と呼ばれるような特別な対応をしなくてはならない事態が引き起こされ、そのことに焦点が強く当てられてきたためである。

ケアが与え手と受け手とのあいだの「相互行為」だとすると（上野 2011: 39-40）、認知症にまつわる問題は、本人にとってのみならず、周囲の人とのあいだに生まれる問題でもある。そういう意味で、よい悪いは別にして、家族や家族以外のケアを行う人たちも認知症問題の当事者に含まれうる。そして実際には、これまで、主に本人ではない者たちから認知症に関する問題の訴えがなされ、その訴えを受けて問題が定義および再定義されてきたのである[2]。

では、認知症問題の当事者は、どのように変遷してきたととらえられるだろうか。もちろんそれは単純には描けないが、本章では、語る本人たちによる「声」の特徴を見えやすくする目的で、問題定義のあり方の変遷を、①声をあげている主体が誰か、②どのような問題に焦点が当てられているか、③そ

表6-2　認知症をめぐる当事者・声の変遷

	語る主体	主題	本人の位置づけ（目標）	主たる仮想敵	声が発せられる場	声を伝えるメディア	外に伝える声の形態
① 80年代〜家族介護者中心	家族	介護負担	負担・病気の患者	痴呆への無理解・無策	電話相談、家族の集い	ニューズレターなど	文字（家族の体験）
② 90年代後半〜本人の「思い」	家族、専門職	本人の思いを考慮した介護	思いを持つ要介護者	痴呆の人の状態（心があること）への無理解・無策	介護の場、調査	本、報告書	文字（家族の体験、実践者の報告）
③ 2003年ごろ〜語る本人	本人、専門職	本人の経験の実際	語れる人・できる人	認知症の人の思いや能力への無理解・無策	介護の場での先駆的実践（デイサービスなど）	講演会、本、マスメディア	文字（本人の著作）、映像、生の声
④ 2013年ごろ〜集団としての声	本人	本人から発せられるニーズ・希望・宣言	自ら主張する人びと	認知症の人の能力発揮やニーズ充足に不十分な政策・社会	本人たちの自助グループ、ウェブ・SNS、先駆的実践	講演会、本、マスメディア、ウェブやSNS	文字（本人の著作、声明文）、映像、生の声

の声の中で認知症の本人がどういう位置づけにあるか、の三点を基準として見ていこう。以上の三点において、①認知症の本人が声をあげ、②自分たちの問題に焦点を当てているような場合、それは③本人たちが主体となっているため、本人たちの当事者としてのはっきりとした「声」と考えてよさそうだ。冒頭に述べたような当事者団体による活動はそれに近い。現在はそのような地点にいるとして、では、これまで、そうした「声」とどのくらい距離があったのだろうか。そうした観点から、認知症問題の当事者の座の変遷を見ていきたい。図式的に大まかに整理すると、表6-2のような四段階の変遷として描くことができる。

当事者としての家族から本人の「思い」へ

まず、表6-2の①段階である。第1章でも言及したように、一九七二年に発表された有吉佐和子の小説『恍惚の人』には、ステレオタイプとも言える、根強く残る認知症の人の姿が描かれている。

「気楽にしてた方がいいよ、ママ。昔のお爺ちゃんみたいに気難しかったら、もっと大変だったよ、きっと」

「私もそれを思うのよ。子供に返ったみたいですものね。頭からがみがみ言われて、しかも病気なんていうのより、確かに楽かもしれないわ」

「子供っていうより、動物だね、あれは」

「まあ敏」

「犬だって猫だって飼い主はすぐ覚えるし忘れないんだから。自分に一番必要な相手だけは本能的に知っているんじゃないかな」（有吉［1972］1978：189）。


認知症である茂造（お爺ちゃん）は、以前の「がみがみ言う」人とは異なって、「（生理的な）必要」のみに反応する「本能」しかない動物であり、しかも「病気」とは別とみなされている。そうした茂造を前に、家族は「子供」や「動物」などの表現を用いて、そのふるまいの理由を解釈しようとする。こうした表現は、この小説の主旨が、理解できない相手にふり回され、介護負担をかかえる「犠牲者」としての家族を描こうとしたものであったことと関係している。

このように、当初、問題をかかえる主体は家族であり、その負担をどうにかすることが問題の中心だった。一九七〇年代から八〇年代にかけては、「寝たきり」状態を中心に、身体的および精神的に渾然となった機能減退を呈する老人へのはたらきかけの必要性が行政の政策課題となっていき（第4章）、そうした中で呆けや痴呆と呼ばれる状態の独自の特徴や困難さが見出されていく（第1章）。

小説の置かれた現実世界においては、家族自身が当事者として発言し、問題を定義していこうとする動きが現れていく。その代表が、一九八〇年に京都で設立された、呆け老人をかかえる家族の会（現、認知症の人と家族の会）である。家族の会は、痴呆に関する無理解や無策に対して、政策の要望などを出していくのだが、その際の基盤となる活動が介護者同士の集まりや電話相談であり、そうした家族の声がニューズレターや相談記録などの形で示されていった。

会の活動は、家族の痴呆介護の苦労に焦点化し、彼女／彼らが経験している問題に即時的に対応し、社会に訴えかけていくことであった。その中で社会に向けて示される痴呆の人の姿は、有吉の小説の中の姿とは異なっている。確かに家族も介護負担である痴呆の人をかかえることで苦しんでいた。だが、それは、痴呆の人の行動を理解しようとするがゆえの理解のできなさや、社会からの痴呆に向けられるスティグマゆえの苦しみも含まれていた。そのため、会の協力医などの専門家とともに「痴呆は病気である」こと、それゆえに、本人の「問題行動」を病気から来るやむをえないものとして理解していくべきことを「正しい知識」として主張してきた（ex. 杉山 1989）。第1章で述べたように、問題をかかえる家族という当事者と、それを支援する専門職たちの活動によって痴呆の人を病気の患者として理解することがメッセージとして強調されていくのである。痴呆の人は患者であるがゆえに、それにあった対応をすること、必要な資源を設けること、これらのことが中心的な主張となっていく。

しかしながら、このように痴呆の人を病気の患者として理解する必要性が強く言われたのは、逆に言うと、病気とみなすことが、社会からも、またそのことを専門家にアクセスできて知識としてはよく知っている介護する家族にとっても、（いまだに）とても難しいからだとも言える。主に専門職による痴呆への対応に関する本などでは、病気だとわかることによって介護生活がよくなった事例などが示されるが（本書第1章3節参照）、日々痴呆の相手とくらしている家族の語りには、相手は痴呆という病気だとわかっていても、相手の行動に対して適切に対応できないという経験がたびたび現れる（井口 2007）。また、「ぼけても心は生きている」という表現に結実するように、痴呆の家族の様子や、彼らの経験を推測することを重要視する記述や表現も一九八〇年代当時から見られていた。(3) このように、痴呆の問題の当事者として登場してきた家族は、痴呆は病気だという定義づけによって強力に後押しされても、あるいはそれゆえに、(4) 痴呆の人の「思い」を忖度《そんたく》しなくてはならない位置に置かれ続けてきたのである。

以上のような家族の苦悩を底流に、一九九〇年代になってくると、痴呆を生きる人の心や苦悩に注目した介護や支援の実践などが、医師や介護現場などから発信されるようになっていく。こうした実践の中から生まれてきた知識は、二〇〇〇年代以降、政策的な動きとも共振し、パーソン・センタード・ケア（Kitwood 1997=2005）という言葉や、本人を中心としたケアマネジメントなどの具体的技法とともに目指すべき認知症ケアのあり方となっていく。たとえば、家族の会も、そうした本人の「思い」の経験についての家族への聴きとり調査を行い、報告書として発表している（呆け老人をかかえる家族の会 2004）。また、「思い」への注目と、それを重視した介護の必要性が一九九〇年代後半から二〇〇〇年代にかけて強く主張されていくようになる。このように、家族や専門職などの介護をする側が発信の主体ではあるが、その主題がしだいに痴呆の本人の「思い」へと移っていったのが表6-2の②段階である。

「語る本人」から当事者団体による声へ

そうした関心の高まりの中で、実際に認知症の人たちが自らの経験を語る姿がマスメディアや講演会などで見られるようになっていく。それが表6-2の③段階である。まずは二〇〇三年にオーストラリアから来日した、認知症の本人であるクリスティーン・ブライデンが講演を行い、そうしたクリスティーンの姿を撮ったドキュメンタリー番組などが制作された。クリスティーンは四〇代でアルツハイマー病と診断され、認知症の本人として講演をし、著作（Boden（Bryden）1998=2003）を出版していた。このクリスティーンの登場をきっかけに、日本国内の認知症の人たちも実名を出して自らの経験を語るようになっていった(5)（川村・井口・田島 2012）。

本人が語ることとは、語っている人の意図は別として、二つのメッセージを含むものとして社会に受け止められた。一つは、自身の顔を公に示すことのインパクトである。痴呆や呆けであることは、他者には知られたくないスティグマとなりがちであり、自分の顔と名前を出して、痴呆であることを表明することは、これまでは考えられなかった。そうした常識の中で、実名で語ることは、一種のカミングアウト的な行為としてインパクトを持った。

もう一つは、「語れること」を中心にできることを示すことによる、認知症の人の行為能力に関するイメージの改変である。医学的な認知症の病態として「忘れたことを忘れてしまう」ことや「病識の不在」が一般的には言われていた。そして、それは認知能力を中核に置く「自己の喪失」（Cohen and Eisdorfer 1986=1988）という認知症イメージとつながっている。しかし、認知症の人が病気を自覚しながら自分のことを語るということは、この病態の規定から外れる。このことは、後述するように「その人は本当に認知症か否か」という疑念を周囲に引き起こすわけだが、「実は認知症の人は自分の状態について自覚し苦悩している」ことや、環境や周りからのはたらきかけのありようなどの条件が変化すれば、色々なことができることが示されていくこととなる。

そして、以上のような語る本人が登場してくる中で、認知症の人たち同士での情報交換や「語らい」（出口 2015）の試みが生まれていった[6]。そうしたとりくみを基盤として、認知症の人たちが必要とするサポートや、希望していることが、認知症の当事者グループの主張として発信されていく。冒頭にふれた本人たちの団体の活動は、日本におけるその流れの結実である。また、そうした活動への参加者の中には、SNSで自らの生活の様子を発信したり、日々の経験をまとめた本を出版したりする者もいる（本書補論参照）。こうした発信の活動が、現在私たちの目の前にわかりやすい形で現れている「当事者」による「宣言」や主張といった声と考えられ、表6-2では④段階となる。

2　聴かれないことに抗して

代弁者として

前節で見たように、本人たちの団体による声明のような明示的な宣言が成立する前段階に認知症の本人への注目、実際の当人たちの語りがあった。そうした本人の「思い」への注目や、本人の語りの登場は、当事者による「宣言」が現れていくプロセスとして重要な局面である（表6-2の③）。ここでは、特に、その本人たちが語り始めた時期に焦点を当て、本人の「語り」に、社会からどのような観点で注目が集まったのかということと、そのような社会的文脈に認知症の本人が登場して語る際に生まれる困難について確認しておきたい。

まず、本人の「思い」は、痴呆の人たちへのよりよい介護やその人たちのよりよい生を求めていく問題意識の中で生まれてきた。表6-2の②のころからも示されてきた家族からの、「ぼけても心は生きている」という日々の介護の中で醸成されていた感覚の表現や、デイケアや施設での先駆的なケア実践における本人の苦悩への注目があり[7]、そうした運動の流れの中で本人の「思い」を重視しようという機運が高まっていった。そうした問題意識を背景にして、本人の「思い」を、より直接的に媒介する当人の「言語表現」で伝えていくような、講演やマスメディアへの登場が段々と見られるようになっていく（第5章も参照）。そうした場で、本人は何らかの形で語り[8]、その生きる姿を見せるようになっていく。

こうした介護における新しいとりくみへの熱の高まりの中で、語る認知症の人は、いわば「代弁者」として登場してきた。ここで言う「代弁」は、もちろん、表立っては多くの認知症の人たちの気持ちの代弁の意味を与えられていた。しかし、その語りが置かれている時代的文脈をふまえると、それ以上に、本人の思いに注目して先駆的な実践を行ってきた人たちの示したかったことを、雄弁に代弁[9]する機能を果たしていたと解釈することができる[10]。

「認知症らしさ」のジレンマ

こうしたムーブメントの中で、認知症の本人は講演会や映像などで、語る姿として現れてくる。本人の語りのムーブメントの中核を担い大きなインパクトをもたらしたのがＮＨＫで制作された一連の認知症関連の番組である[11]。その番組制作の中核を担った川村雄次は、クリスティーン・ブライデンの来日時の撮影の際に経験した葛藤と決断について以下のように述べている。

最初はともかく、認知症らしいところをまず撮らなきゃいけないと思うから、撮ろうとするわけですよ、なんか忘れちゃうとかいったことを。だけど、カメラマンがね、南波友紀子さんという女性なんですけど、繊細な人でね、言うんですよ。川村さんに撮れって言われるから、ずーっと撮っている。掃除しようとしてバケツにモップ突っ込んだまま忘れて行ってしまうとか、夫の留守中に電話がかかってきてメモするのだけれど、電話番号を書き間違えていて、メモが全然役に立たないとか。でも、そういうことが一個撮れた二個撮れたって数えるのが、すごく嫌だってね（川村・井口・田島 2012: 96)。

川村たちの制作チームは、来日したクリスティーンのドキュメンタリー番組をつくる際に、最初は認知症の人らしい姿を撮ろうとしていたという。それは、認知症をテーマとした番組を見る視聴者は、広く共有されたイメージにもとづく「認知症の人」を見ることを期待しているので、番組を成立させるために、クリスティーンの認知症らしさを呈示することが常識的には要請されるためである。また、本人の「思い」に注目した先駆的実践者の試みを認知症の人が「代弁する」ためにも、「認知症であること」の印象はやはり必要とされる。なぜならば、「認知症の人に思いがあること」や「認知症の人たちは私たちと変わらないこと」が訴えとして成立するために、「認知症なのに……」という前段が必要になってくるからである。

そこでの「認知症らしさ」とは何だろうか。単純に考えると、「認知症らしさ」の内容の大部分は、「もの忘れ」に代表される典型的徴候や、家族や周囲の人たちが介護をする際に問題視してきた行動などになるだろう。これは、表6-2の①から続く認知症にまつわる問題設定のされ方であり、現在においても残り続けているものであろう。川村たちは番組制作のために、以上のような「認知症らしさ」を撮ろうとこだわることに悩んだ上で、実際の撮影において、次のような決断をくだしたという。

そこで、その晩スタッフで話あいながら、私は一つ決断をしたんです。クリスティーンが別に認知症じゃなくたっていいじゃないか。この人は「認知症と診断された人」なのだ。それ故に苦しんでもいるし、色んな生活上起きてくる大変なことがあって、それは医者がなんと言おうが、周りの人がなんと言おうが、彼女は大変で、自分がこうやりたいと思っていることと実際に出来ることとの間に大きなギャップがあって、そこに苦しんでいる。だからそういう一人の女性を撮ろう（川村・井口・田島 2012：96）。

結果として川村たちの制作チームは、クリスティーンが認知症であるかないかを証拠づけるような映像を撮ることにはこだわらないことにした。その上で、クリスティーンが生活上で困っていることがあるのは事実なので、そうした「クリスティーンというただ一人の、世界に一人しかいない女性を理解すればいい」という結論にいたったという。

ここで見た撮影チームのジレンマは、認知症カテゴリーでとらえられる当事者への周囲からの期待（まなざし）と、その人の本来の姿とのあいだで経験されている。前者のまなざしを優先することが、その人の本来の姿やその尊厳を毀損《きそん》してしまうようにとらえられているのである。川村たちは、結果として、クリスティーンの姿そのものを見せていくことを決め、「認知症らしさ」を示すような映像を撮ることは断念し、「困っている姿」を呈示するという方針で番組を制作していったという。[12]

聴かれない問題

以上の撮影の中でのジレンマは、認知症の本人が人びとの面前に出て「語る」行為につきまとう文脈と、それにともなう困難と関係している。語りの聴き手（講演の聴衆や番組の視聴者）は、認知症によって起こる典型的な問題についての理解を深めることを期待している。そうした期待のまなざしの中で認知症の人は「語る」、あるいは第5章で見たように周囲との協働で「語り」が生みだされる。そして、こうした文脈ゆえに、極端な場合「語れること」自体が、その人の認知症という語り手としての資格を疑わしくさせる証拠として持ち出されることもある。冒頭にとりあげた本人たちによる「声」を牽引している日本認知症ワーキンググループ（現、日本認知症本人ワーキンググループ、JDWG）の最初の共同代表であり、SNSなども通じて積極的に自分の生活の様子を発信している佐藤雅彦は、講演活動で経験した以下のようなエピソードを記している。

しかし、よいことばかりではありません。

講演活動を続けていると、あるとき、知らない人から「売名行為はやめなさい」と言われて、とても傷つきました。

また、前向きなことを話すと、「困ったことや問題点はないか」と問い詰めるように聞かれたり、「認知症らしくない」と言われたりすることもあって、自分が一生懸命に生きようとすればするほど、世間から冷ややかに見られることが、苦しかったです。

「あなたは認知症ではないのでは?」「本当にアルツハイマー型認知症?」と疑われたことも、一度や二度ではありません(佐藤 2014: 131)。

こうした経験の背景の一つには、やはり認知症概念にまつわる出来事に関して、多くの人が生活の大変さとそれに対する介護の大変さに目を向けている文脈がある。そのため、本人の語りを講演会やマスメディアなどを通じて一般に見せていこうとするとき、介護の大変さという聴衆側の関心の文脈で、現段階の姿(普通に語る存在であり、何かを補えばできる姿)を見せていくことになる。「認知症らしく、できない」姿も見せることが要請された舞台があらかじめ設定されている中で、そこに上がって、認知症という病気をかかえたその人のありようを伝えざるをえないのである。

つまり、認知症の本人が登場したり、語ろうとしたりした際に、すでにそのメッセージは、何か大変なことがあるはずだろうという想定の中で理解されがちとなる。このような想定にもとづく理解は、本人が語っていることや、言いたいことに優先され、その想定の枠外のことが聴かれないことにつながりがちである。さらに、ときに、そうした聴衆の持つ想定を超えて、認知症であるはずの本人が何かできること、場合によっては語れること自体が「期待を裏切る姿」と映り、その語り手の正統性が疑われる。すなわち、そのとき、語っている人は、人びとがその語りを聴きたい「認知症の人」とはみなされないのである。このような意味で、語りが聴かれないこともある。

認知症の本人によってなされている語りの出発点には、このようにあらかじめ人びとが有しているイメージにもとづいた「聴かれない」問題をはらんでおり、積極的に語ってきた人たちは、その語りによって、その問題に対抗しようとしてきたとも言えるのである。

3 聴かれるようになった後の課題

本人たちの声

二〇〇〇年代に入ってから本人の「思い」が「語り」として示されていくようになっていった後（表6-2の③）、二〇一四年にJDWGが結成され、厚生労働省に要望書を提出した（表6-2の④）。その後、二〇一五年には認知症施策推進総合戦略（新オレンジプラン）が出され、本人中心の認知症政策の方向性が示されてきている。このように、認知症の本人たちが団体として自身の意見を表明するようになってきた。第5章で見た聴きとり実践のようにあらかじめ本人から聴きとっておいた内容から周囲が原稿を準備したり、専門職とのやりとりの中で語ったりするのではなく、本人やその集合体の意思から発せられるような「語り」が見られるようになってきている。また、その内容も明確に他者（社会）に対して考えを示すことや、それに対する他者からのリアクションを求めたものである(13)。

もの忘れを重要な指標とするアルツハイマー病を中核的なイメージとした認知症概念から一般的に予期されるのは、「語ることや記憶を失うこと」と「不可逆的に進行すること」であるが、こうした「宣言」は言葉や文章で世界を変えようとする認知・言語能力に強く依存した行為である。そのため、前節で見たように、認知症であることの信憑性への疑いが向けられることや、認知症であるがゆえの「苦悩」などが表現において強く求められるジレンマがあった。だが、本人の「思い」や「当事者が語ること」は、少なくとも、今や否定しようのない現象になってきている。そして、本書の第1章でも述べたように、本人の「思い」を重視したケアが理念として強調される中で、当事者の語りを聴き、それを認知症の人とのかかわりやはたらきかけに生かしていこうとする流れは、それなりに前面に出るようになってきている。

しかし、そのように明確な声が成立し、聴かれ流通するようになったことは、いかなる課題を提起するだろうか。結論的に言えば、それは認知症と呼ばれる当事者の中における線引きが論理的に生まれうるということであり、その線引きにどう向きあっていくかという課題を、本人たちのみならず聴く側のいまだ認知症ではない者たちに対しても提起する。その線は、状態が進行することと、スティグマをはらんでいることという認知症の特徴とに関係して引かれることになる。以下では、それらの、いわば聴かれるようになった後に浮上してくる課題について考えていく。

「早期診断早期絶望」に抗する

ＪＤＷＧは、当初、何を主張していったのか、まずはそれを確認しよう。二〇一四年一〇月一一日、結成後最初に明確に出された「設立趣意書」で、国の認知症政策の展開にふれつつ、次のように述べている。

一方現実は、「認知症になったら何もわからない」「何も出来ない」という偏見が今なお岩盤のように残っており、認知症問題とは、「認知症の人が引き起こす問題に周囲が対処しなければならない問題」として意識されがちです。そのため、「医療や介護を行う人たちによる対策」は進みましたが、認知症になった人一人ひとりや家族が「希望をもってよりよく生きる」ための支援体制が十分整ったとはいえない現状があります。とりわけ、早期診断の広がりによって、自分が認知症であることを認識できる「初期」で診断される人が増えているものの、診断前後から介護保険サービスの対象とされるまでの支援は未整備であり、絶望に陥る人があとを絶ちません。この「空白の期間」の解消は、これから認知症になる可能性のあるすべての人にとって深刻かつ切実な問題です（日本認知症ワーキンググループ 2014：1 傍点は筆者による）。

この趣意書では、まず、これまでも本人がマスメディアなどに登場することで表現しようとしてきた認知症に対する偏見への対抗が示されている。しかし、それと同時に、これまでと違って強く求められていることは「希望をもってよりよく生きる」ための具体的な支援体制である。また、その際の支援の要点は、早期診断が広がる中で生まれてきた、介護保険サービスを必要とするまでの、あるいは介護保険サービス（医療や福祉という枠の中の資源）ではニーズにあわずに対応できない「空白の期間」の解消という言葉で表現されている。そして、具体的には、①認知症施策等の計画策定や評価に、認知症本人が参画する機会の確保、②認知症初期の「空白の期間」解消に向けた本人の体験や意見の集約、③認知症の本人が希望をもって生きている姿や声を社会に伝える新キャンペーンの三つが希望として出されている[14]。当時のＪＤＷＧの主要メンバーの多くが六五歳未満で（若年期に）発症した人たちであることとも強く関連し、ここでの意見表明は、診断を受けた直後に力点が置かれたものである。これは、いわば「語ることのできる」認知症の人たちによって、現在の自分たちにとって重要な課題を示した宣言だととらえることができる。

このように認知症の人たちによる「声」は、わかりやすい意味で「語ることのできる」人たちによって牽引され、そしてその声は認知症施策への反映という形で「聴かれる」ようになってきている。

ここで注意すべきは、一般的には、認知症カテゴリーには、明確に語ることのできる人も、重度で深い認知症になった人たちも含まれている点である。そのような幅広い認知症の人たちを代表した声として宣言をとらえた場合、「語る」人の代表性への疑念が容易に生まれてくる。実際に、認知症の人たちが、表6-2の③の段階で当初マスメディアに登場し始めたころ、その語りそのものは無効化されないものの、「軽いうちはよい」「認知症の本当の大変さは違う」といった特別視する発言が介護経験者から示されることがあった（第5章参照）。

また、当事者からの発信を推し進めてきた人たちにとっても、テレビなどで語っていた認知症の本人の症状の進行が実際に映像で記録され、進行した後の本人や家族の苦悩が、実際の重要なテーマともなってきている。[15] このように、語れる状態の人と一般的に重度だと言われる人——それは語れる人の将来の姿かもしれない——との関係をどう考えればよいのかが、論理的にまた実践的にも生まれてくる課題だと言えるだろう。

異なる様式の語り

先に見たような、初期・軽度段階と後期・重度段階とのあいだの線とは別の線が存在する可能性についても次に考えておく必要がある。

認知症の人たちの語りと言うとき、ＪＤＷＧのような社会に向けた語りではない語りの存在の重要性も指摘されている。認知症の人と家族の会の前代表の高見国生は、ＪＤＷＧの運動と、家族の会で考えていた「本人の交流会」との違いについて次のように語っている。

私は家族の会になったときから、そういう本人の部会がいると思ってずっとやってきたのですが、早いんですよね、進行が。何回かつくりかけたのですが、当事者そのものが運営の中心になるということが難しくて、どうしてもわれわれが事務局をやっていくことになります。そうするとそれはやっぱり当事者の会になりきれないわけです。家族の会がお膳立てしている当事者の集まりになってしまう。それで随分悩んでいるところにああいう組織［筆者注：ＪＤＷＧのこと］ができたので、そこはわれわれのやり方と当事者本人のニーズがどこか違ったのかなと思ったりします。うちはうちでそういう本人交流会をやっているのですが、うちのやり方はどちらかというとそこで当事者本人がいきいきと生活するだとか、いきいきと交流するだとか、そういうことを大切にしてやっています。そうすると、それをすぐマスコミに紹介するということにはならないのです。マスコミなどが入ってくると、当事者が本当に心を打ち明けて話ができないみたいなところがあったりするので、ついこちらだけの本人交流会になる（高見・天田 2015：92-3）。

このように高見は、認知症の人が、クローズドなグループにおいてようやく語れる側面もあるという認識を示している。また、出口泰靖も、「『語る人』と『語らない人』、『語れる人』と『語れない人』とのみぞが深まることのないために」も、「自らが『認知症』であることを語りたがらず、受け容れがたく感じている人もいる」ことを見すごしてはならないと述べている（出口 2015：52）。

先に述べたように、JDWGへの中心的な参加者としては若年性認知症の人たちが多く、最初から名前を出して活動せざるをえない切迫性が強かったこともあるだろう。また、もちろん、認知症に限らず言えることだが、すべての人が、社会に向けて語るわけではなく、ましてや語るべきとすることもできないだろう。そう考えると、社会に向けた語りそのものや、その語りが一部の人たちだけに担われていること自体が取り立てて問題というわけではない。

ただし、ここで認識しておく必要があるのは、認知症が進行する現実があることと、認知症という言葉にいまだ強いスティグマが付与されている点である。JDWGのような「強い」当事者性を打ち出す運動に対して、クローズドな場の重要性が言われるのは、高見が言うように、認知症の人たちの「本当の語り」が、スティグマの視線を受ける恐れのあるパブリックな場ではなく、クローズドな場でないと出てきにくいというリアリティが一方であるためである。そのスティグマは、もちろん本人たちによる強い「声」をともなう運動によって減っていくことを期待されているものだ。だが、それを実現できるかどうかは、次節で述べるように、進行して重度になる現実をどう位置づけるかという課題へのとりくみと深く関連している。

さらにより実践的な問題として、認知症が進行していく中で、宣言を発する主体となる団体や運動を構成・運営する当事者をどうするかという問題があるだろう。そのため、語れる人を中心に「強い主体」として集合的なアイデンティティが構築された当事者団体が声を一つの「宣言」として活動展開していくような形と同時並行的に、そのような強い声だけでは、認知症の人たち全体や、そこから生まれる語りを包摂しきれないという疑問が出現し続けていく。このことからは、言語を力に社会に訴えかけていくような形式に包摂されない「語り」への想像力を持つ必要性が喚起される、あるいは、「宣言」のような表現形態への注目のみでは、認知症の本人たちによってなされている「語り」をともなった行為の豊饒さをとらえきれないことが示唆されるだろう[16]。

おわりに——リアリティの分断をつなぐ

ここまで見てきた課題は、認知症の「進行」にともなって線が生まれ、その線の内外でリアリティの分断が生まれる問題として整理できる。「進行」にともなう問題を、第4章では認知症の人を包摂するケアのかかえる問題として見た。そのこともあわせて考えると、本来は「進行」という発想を前提として認知症の人の包摂を考えていくこと自体が出発点として問い直されるべきなのかもしれない。しかし、他方で、進行性の疾患として理解し、積極的に対処していくという認知症理解の流れは否定できず、それを前提にして理解と包摂の実践を行わざるをえない面もある。また、そもそも、実際に物理的な意味で語れなくなることなど、広い意味での「進行」の存在は否定しきれないものであろう。

そのように考えると、ひとまずは「進行」という現象があることを前提として、進行した後の状態と語れる時点との関係を構想していくことが、リアリティの分断の問題に抗する上で重要になってくる

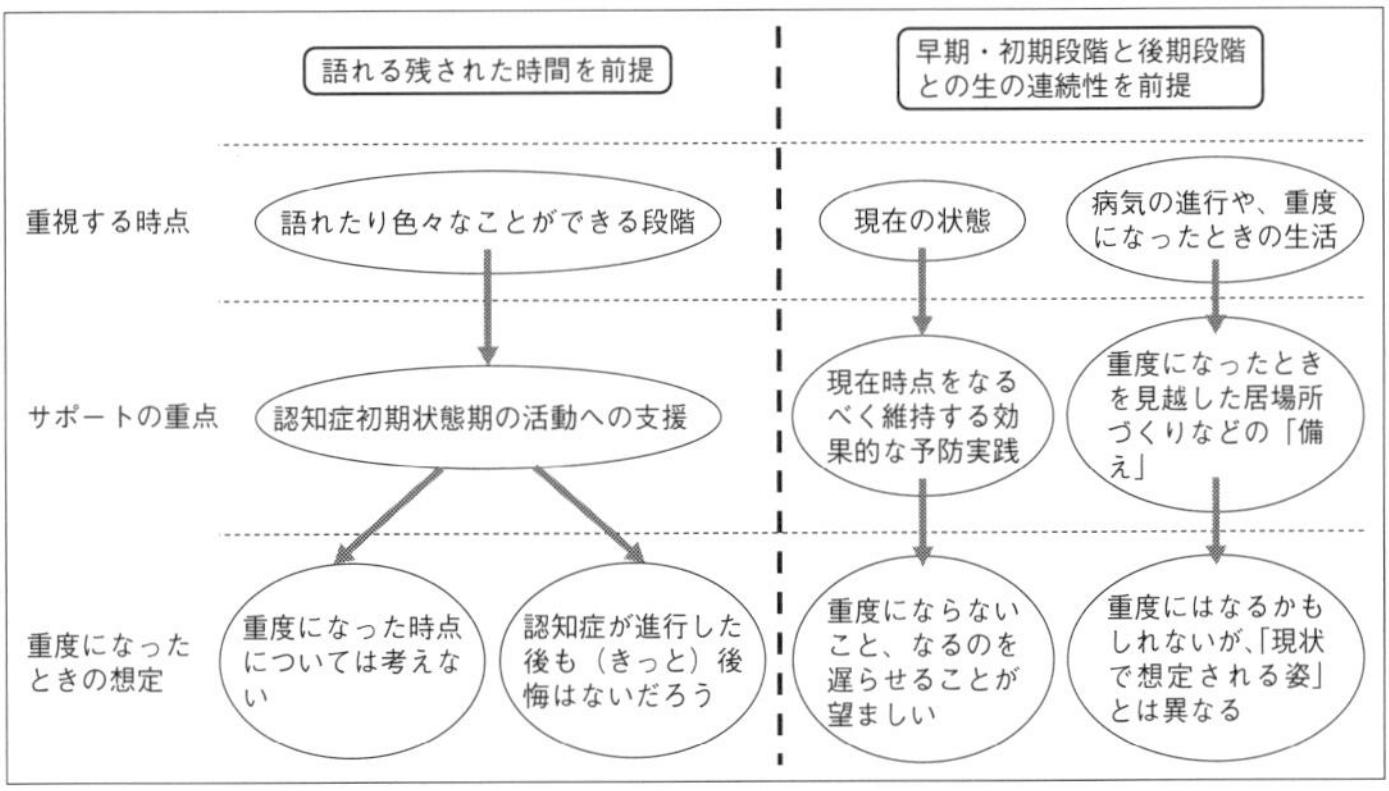

図 6-1　現在と重度状態とのつながりの論理

（図6-1参照）。

まず、一つの考え方として、「語れる残された時間」の充実といった発想があるだろう（図6-1点線左）。「早期診断早期絶望」への対策の希求は、語ることや色々なことができる段階に十分なサポートがあれば、認知症の診断を受けても絶望することなく、その時間を十分生かせるものになるということである。このことを狭く考えると、認知症が重度になった状態では色々なことができなくなってしまうので、まだ語れる状態である現在を重視しようという意味ともなりうる。また、早期段階において絶望してしまう一つの要因は、いわゆる介護保険制度内の高齢者向けの介護サービスしかなく、軽度や若年認知症の人にとっての居場所がないことであるため、高齢者の重度の認知症は、早期段階の自分たちとは異なる集団、もっと言うと、（暗黙に）同一化したくない存在として、論理的には位置づいてしまうことになる。[17]

以上のような発想に対して、「早期・初期段階と後期段階との生の連続性」を前提とする考え方もありうるだろう（図6-1点線右）。語れるような早期の段階において絶望しない生を可能にすることは、その先の病気の進行や、重度になったときの生活にとってよい影響をもたらすであろうという考え方である。先に述べた一つ目の発想も、まだ語れるうちに充実した生をおくれれば、認知症が進んだ後に（きっと）後悔はないだろう、というニュアンスを含んでいると考えると、第二の考え方に含まれうる部分もある。

こうした論理においては、重度の人たちは、軽度の人たちと分断された他者ではなくつながっている。ただし、このつながりの考え方にはバリエーションがある。今ある社会において、わかりやすく受け容れられやすいものは、早期に発見して色々な活動に参加したり、生活環境を整えたりすることが進行を抑えることにつながるという予防的な発想である（図6-1右から2つ目のパス）。しかし、この発想は、重度の状態を、あくまでもそうなりたくない、望ましくないものとして位置づけることで成立している。第4章で見た「する」場をつくる実践は、予防的な発想を前面に出してはいないものの、広い意味での維持や予防という考え方と結びつきやすいゆえに、「進行」した人にそこに居続けてもらうことを難しくさせていた。

それに対して、初期に発見し、対応していくことで、サポート体制の確立など、適応のための期間が確保され、重度になった未来において、今想定されている認知症の人の生とは違った生がおくれるといった考え方もありうる（図6-1一番右のパス）。たとえば、初期の段階に本人の意向を、本人からの語りの形で十分に把握しておき、語れなくなった段階での生き方をサポートするといった発想があるだろう。第5章での「思い」の聴きとりはこうした発想の芽を含んだものでもあった。こうした論理においては、現在の社会で想定される重度の人たちの状態は、必然的な病気の経過のゆく末ではなくなる。現在私たちが見ている重度の人たちの状況が、仮によくないものだとしても、それは、サポート体制の確立などによって変わりうるものなのである。こうした論理のもとで、進行した先の状態も包摂した語りを生み出していくことは、「語らない」背景の一つにある認知症にともなうスティグマに対しても何らかの影響を与えうるだろう。(18)

いずれにせよ、本人たちが宣言という声の中で提起してきた課題を、「言語で語れること」を念頭に置いた、認知症の初期の人のその時点でのニーズや課題への対応として切り詰めてとらえるべきではないだろう。本来それは、認知症の進行と、進行した先の重度の状態と関連した課題を提起するものであり、その課題と向きあうことが初期の人たちにとっての「希望」を考える上でも重要になってくる。そして、その課題をまさに包摂して考えていくことが、上述したような認知症カテゴリーの中での線引きと、それによって生まれる可能性のある分断されたリアリティのあいだをつなぐことに結びつきうるのである。もちろん、ここで述べた課題は、認知症の本人たちが向きあっていく課題でもある。だが、その語りを聴く、現在まだ認知症ではないかもしれないわれわれこそ考えていくべき課題でもあるのだ。

注

（1） 介護制度との関連で言うと、認知症を介護保険制度の枠内のみではなく、制度の外のインフォーマルな関係性を含めたまちづくりの課題としてとらえる必要性が主張されている。この主張は、公助や共助の前に自助や互助を強調する地域包括ケアの推進という、介護保険制度のリフォームをその中心に含む政策理念と軌を一つにしている。

（2）明示的に「要求」や「ニーズ」を言葉として表現していなくても、ある形での問題の定義は、解決のあり方、すなわち支援ニーズの内容と論理的にセットであると考えることができる。そうとらえると、これまで、ニーズの主体と、その充足のあり方について色々な主体からクレイムが示されてきたと考えることができる。

（3）たとえば、一九八二年の呆け老人をかかえる家族の会の会報一月号では、介護者の連載に対する別の介護者からの投稿が掲載されていて、その中に「どこまでも御老人の立場になって御老人の心に添う対応が大切で、どんなに立派な理屈があっても、老人の心を無視した、こちら側の押しつけになっては何にもならないようです」と書かれている（家族の会本部役員会編 1982：10）。

（4）痴呆を病気ととらえることは、相手の意思を無視することではなく、症状を疾患から来るものと切り離した上で本人に配慮しなくてはならない、という規範を含んだ理念とも言える（井口 2005）。木下衆は、「新しい認知症ケア」時代における、このような「認知症」概念が、家族に対して道徳的規範を課していくプロセスを経験的データをもとに分析している（木下 2019）。

（5）クリスティーンも参加した二〇〇四年の国際アルツハイマー病協会の京都会議で、越智俊二が日本人の認知症患者としては初めて実名を出して講演を行った。

（6）二〇〇六年に認知症本人会議が開催され、二〇一二年には「3つの会＠Web」が開設されウェブサイトのチャットを通した本人同士のやりとりがなされるようになった。なお、国際的なインターネットを介したグループとして、二〇〇〇年に設立されたＤＡＳＮＩ（Dementia Advocacy Support Network International）があり、メンバーの三分の一は認知症の本人である。Ｅメールやチャットを介したコミュニティを形成しており、メンバーの何人かは各国のアルツハイマー病協会の会議で発表をしてきた。

（7）この種の代表的な実践であるデイケア小山のおうちに関する社会学的研究としては、出口（2004b，2016）などがある。また、第2章でとりあげた精神科医の小澤勲は、痴呆性老人の心的機制に注目した学術書を出版し（小澤1998）、それは二〇〇〇年代に書かれる一般書（小澤 2003, 2005）につながっていく。

（8） たとえば、注5でふれた越智俊二の講演は、第5章で見た、デイサービスでの聴きとりから原稿が作成され、デイサービスの責任者が読む箇所を指しながら本人が語る形で行われていた。

（9） たとえば、クリスティーン・ブライデンの来日は、小山のおうちで本人自身による手記の執筆や、サイコドラマ（第1章注19参照）などの実践を試みてきた石橋典子の発案から実現した（川村・井口・田島 2012）。また、クリスティーンの著作の日本語版には小澤勲などが文章を寄せている。認知症の本人による著作の時期ごとの特徴については、本書補論を参照。

（10） 二〇〇三年から、二〇〇四年秋の国際アルツハイマー病協会の京都会議にかけては、クリスティーンという日本社会の外部の当事者からの刺激を受けて、日本社会で生きる認知症の本人の周囲の支援者たちが本人の語りを何とか表現しようと模索する中で、認知症の本人たちもニーズに気づきつつ、思いを表現していったと言うことができる。すなわち、あらかじめ明確に存在していた認知症の人たちの「思い」が代弁されたというよりも、これまでの専門家たちの実践などから見出されてきた本人の「思い」や認知症に関する経験知を、本人たちが代弁することから出発したととらえることができるだろう。

（11） 川村の制作した番組については、川村・井口・田島（2012）の番組リスト参照。また、本文中の川村の発言のもととなっているインタビューは、本書第3章の議論のもととなっているNHK番組アーカイブストライアル研究（第3章注2）の一環として実施した。インタビューは、川村のかかわった番組をリストアップして視聴した上で、川村らが主導していた当時の新しい認知症観の普及と情報交換を目指したネットワークの集まりに参加しつつ実施した。

（12） 川村は二〇一八年八月からウェブで「『視線の病』としての認知症」（ネオネオウェブ、http://webneo.org/archives/45972）の連載を始め（二〇二〇年六月時点で一五回分）、クリスティーンとの出会いからその後のかかわりなどについて詳細に記述している。

(13) ただし、こうした動きの基盤となる集まりや組織などは、新しい認知症ケアや認知症の人の生き方を考える政策的とりくみや実践に促進されて生まれている。たとえば、二〇〇五年より始まった「認知症を知る一年」キャンペーンの一環として、本人ネットワーク支援事業(国の補助事業)がスタートし、二〇〇六年に認知症本人会議が生まれている。

(14) 最初の代表である佐藤雅彦、中村成信、藤田和子は、いずれも六五歳未満で診断された若年性認知症の本人である。

(15) NHK厚生文化事業団の制作した貸し出し型DVDセット『認知症ケア』の第三巻「早期診断そして人生は続く太田正博さんの一〇年」(二〇一二年)では、当事者としてNHKの番組にも多く出演して語ってきた太田さんの認知症が進行したその後の苦悩や家族の困難が、長期の記録をもとに描かれ、「早期診断」後の人生についての課題を提起している。

(16) たとえば、認知症の当事者として積極的に発信をしている丹野智文は、仙台で、診断前後の不安をかかえた本人や家族の相談の入り口になるような、「おれんじドア」の活動にかかわっている。丹野はエッセイで、おれんじドアにやってくる人の様子について、「当事者はみんな、最初は緊張でこわばった顔をしています。付き添いの家族が『この人は、ほとんどしゃべれません』と言うことも多いのです。ところが、当事者同士の輪の中に入って他の人が話すのを聞くうちに、相づちを打ち、声を上げて笑い、自ら発言するようになっていくのです」と描写している(丹野 2017)。ここからは、「認知症の人が語ること」の多義性、段階性が意識された繊細なとりくみが存在していることが見てとれるだろう。

(17) 二〇一九年六月に閣議決定された認知症施策推進大綱では、共生と予防とが二本柱とされたが、その決定のプロセスにおいて、認知症の人と家族の会などから認知症予防を政策目標にすることの懸念が示され、内容が一部修正された。予防自体が政策や社会的目標とされてしまうことへの十分な警戒が必要なのは言うまでもないが、第3章で見たような認知症への恐れが存在する中で、個人が予防を望むことは否定できない面もある。このように「予防を求めてしまう人びと」の背後にある不安や社会のありように向きあった上で、彼らをも包摂した形で認知症社会を考えていくことが重要だと、町永俊雄は述べている（町永 2019）。すなわち、個人が現在と重度段階との関係をどう考えるべきかという課題と、本人たちを含む運動の思想や社会の目標設定に向けた課題とは慎重に区別した上で、その二つの水準の関係をていねいに考えていく必要があるだろう。

（18）第5章で見たように語りが〈媒介〉を通じて生まれるとするならば、「語れない」ことは、その人ができないためというよりも、「語り」を可能にする適切な〈媒介〉が存在していないためだととらえることができる。少なくともそうした認識のもと、〈媒介〉の可能性を追求していくことが、理念的な目標として成立する。

全国の自治体（都道府県四七、市区町村一七四一）に対する調査票調査（二〇一八年一〇月から一九年一月にかけて実施。回収率はそれぞれ一〇〇%と五八・九%）によると、「認知症施策等への本人の参画状況」に関して、都道府県では計画づくりに一二・八%、評価六・四%、見直し六三・八%の参加率で、市町村ではそれぞれ〇・七%、三・〇%、一〇・七%となっている。「本人の意見を聴く今後の計画」に関して、「実施・検討の余地なし」としている自治体は都道府県で四、市町村で三三七（本人の参画がない自治体中三二・九%）である。ここで注目すべきは、「施策・事業等に関し本人の意見を聴く・活かすことへの課題（記述回答）」にある「意見を言う本人がいない」という回答である（日本認知症本人ワーキンググループ 2019）。自治体によるこうした回答の背景には、本人が意見を言うことが、「はっきりと何かを述べること」と認識されていることがうかがえる。しかし、第5章で述べた〈媒介〉という観点から言うと、それは単に聴くための〈媒介〉が存在しないことだととらえることができる。政策論的にも方法論的にも、明確に本人が言語で語る形式ではない語りをも含んで考えていくことで、本人が語るとはいかなることか、語りを発する「自己」とは何かなどの根底的な問いをもひらいていくことになる。補論での認知症の本人による著作についての検討はその問いについて考える一つの試みである。

終章 希望をひらくことに向けて

「進行」をめぐる諸実践への注目

1 認知症をめぐる新しい諸実践

「進行」という課題

本書では、第1章で概観した①その人らしさによりそうこと、②疾患としての積極的対処、③本人が「思い」を語ることという、大まかに三つの方向で展開してきた、私たちの社会における認知症の人の理解と包摂のありようを、各章で現場の諸実践をとりあげながら見てきた。現場における理解と包摂の諸実践が直面する重要な課題に、特に第4章や第6章で見たような、認知症の「進行」にともなって直面する困難やジレンマがある。早期診断が広まって、自らの疾患を認識し経験を語れる段階で診断され、場合によっては、そのことにアイデンティティを持つ――持たざるをえない――人たちが増加していく。その流れの中で、その人たちの「ある」場所をつくっていくことが課題になっていく。そして、その「ある」場所は、何らかの意味で「する」ことの可能性に開かれていることが望まれるようなものであった。たとえば、そのような考え方で、第4章で見たオアシスクラブというデイサービスの実践はなされていた。

しかし、そうした実践を突きつめていく上で、突き当たっていた課題が、その新しくひらかれた場で、ある基準点より状態が進行し、「する」ことができなくなった人たちの存在である。オアシスクラブでは、そこでの「する」場をひらく実践を遂行し、目標を達成するために、その場所から別の場所へと移ってもらわざるをえないジレンマが生まれていた。また、第6章で見たように、認知症の本人たちの語りは、それが言語的な経験の語りゆえに、語れる状態の時期に関することを中心に流通していくが、たとえば、それまでと同じような意味で語ることができなくなる認知症が進行した先の状態を、いかに包摂して考えていけるかという課題を提起していた。

まず確認すべきは——くり返しになるが——こうした課題に対して、最終的で明確な「解答」は想定できないということである。本書では、認知症の理解と包摂は、それ以前のあり方を反省しながら漸次的になされていくプロセスだという認識を前提としてきた。第2章や第3章でとりあげた、より過去の事例も、本書ではそうした視点から検討してきた。最終的にこうあればよいという地点はなく、描けるのは、あくまでもこの現在時点での問題とそれに対する実践のありよう、そしてそれらが問いかけてくる課題にすぎない。そうした現時点での課題の構図と、諸実践の可能性をラフなものであれ描くことが本書の最終的な地点である。

新しい諸実践

本書で見てきた「進行」にともなう困難やジレンマを、現時点での最重要課題だとするならば、認知症をめぐって生まれてきているいくつかの新しい動きは、その意図はともかくとして、結果的に、その課題に対するいかなる解となり、いかなる課題をさらに示していることになるのか。本書の結論部となる本章では、これらのことを整理していきたい。

ここでとりあげる一つ目の実践は、地域やコミュニティの中に認知症の人の「ある」場所をつくっていこうとするムーブメントである。これらの動きは、本書第4章、第5章で見たような「ある」場所を「する」ことを通じてつくっていくようなデイサービスなどの流れの延長上にあるだけでなく、商品の開発や都市インフラの整備などの環境デザインに近いものまで、幅を持っている。最終的には、医療介護の問題から脱却して、「認知症フレンドリーコミュニティ（Dementia Friendly Community）」をつくることを目指しており、いわば、医療や福祉を超えて、より広い社会領域で認知症を包摂していくことを目指している(1)。ここでは、本書で見てきたデイサービスの実践とのつながりのわかりやすい、地域での居場所をつくる実践や考え方をとりあげて、それがどのような可能性と課題を示しているのかを素描したい。

もう一つは、主に医療を基礎に定義されてきた認知症のとらえ方を、本人の経験や別の形での知識をつくっていくことで変更していこうとする流れである。これは、認知症の本人が、自らの経験をふまえて、既存の認知症カテゴリーを批判し、それまでのイメージと違った姿を示していこうとするものである。また、そうした動きは、疾患としての積極的対処という形で認知症が包摂されるようになってきた結果として、必然的に生まれてきた面も持っている。

以下では、こうした二つの新しい動きの意義を、障害を持つ当事者たちを中心に生み出されてきた障害学という学問領域における概念群と理論を手がかりに整理した上で、それらの実践からこぼれ落ちる課題を提起してみたい。それこそが、認知症をめぐる諸実践の社会学がその先に考えていくべき重要な課題となる。

2　障害の社会モデルから見た地域での諸実践

障害学から認知症を考える

「進行」(2)をめぐる課題に対する諸実践の意義を整理していくに際して、ここでは、障害学（Disability Studies）における、インペアメント（impairment　身体の損傷）とディスアビリティ（disability　不利益）の区分を前提とした障害の社会モデル（social model of disability）という考え方を参照してみたい（Oliver 1995; 星加 2007）。イギリスやアメリカを中心に展開してきた障害学は、障害の当事者を主要な担い手とし、障害者運動と深く結びついた学である(3)。

障害学において、私たちが障害と呼ぶものは、インペアメントとディスアビリティとに概念的に区分される。私たちの社会において、常識的には、ディスアビリティはインペアメントからもたらされるとされ、社会的な制度もその考え方にもとづいて成立していることが多い。たとえば、障害者への施策の前提となってきた、障害者手帳交付のための認定は、医師による医学的基準にもとづいた障害の判定にもとづいてなされる。障害学では、このような障害のとらえ方を障害の医学モデルという。

障害学の主張の特徴は、こうした医学モデルに対して、ディスアビリティの社会モデルを提起するところにある。インペアメントがあるゆえにディスアビリティが生まれるのではない。「できなくさせる」社会のしくみゆえに、インペアメントを持ち障害者と名づけられる人びとが不利益を経験している。このようにとらえるのである。こうした発想にもとづいて、不利益の解消において、個人にはたらきかけるのではなく、社会にはたらきかける道筋が示され、障害者運動では、その方向が目指されることになる。

こうした社会モデルの発想を、認知症をめぐる諸実践に探ってみると、たとえば、第6章で言及した認知症本人ワーキンググループ（JDWG）による「早期診断早期絶望」の批判と、診断直後への注目の要請は、その発想にそっていると解することができる。

ある人が認知症であるとの定義は一時点ではなくプロセスの中でなされていくが、決定的に影響力を持つのは診断である。現在、一般的には認知症だと診断されると、何もできなくなることや介護保険サービスが必要な人とみなされることとなる。そのために会社をやめなくてはならなくなったり、それまで生きてきた世界である、仕事などを中心とした活動とは関係のない場にしか行くことができなくなったりする。しかし、診断直後の人たちにとって、認知症にともなう不利益（できないこと）は、個人の症状（記憶障害や見当識障害）ゆえではなく、その時期の認知症の人たち（の能力や状態）への理解の不足と、先入観にもとづく社会の側の誤った反応から生み出されている。彼らの述べることは、このような論理となるであろう。そこから、その時期におけるよい生き方を可能としていくことを目指したムーブメントが生まれてきたのである。

「する」ことの幅を広げる地域

認知症そのものを、病気の「進行」や特別な状態への支援という発想を導く医療の枠組みの中ではなく、まちづくりや社会のデザインの課題としてとらえ直して、認知症フレンドリーコミュニティをつくろうとするムーブメントは、社会モデルにもとづく実践の一バリエーションとしてとらえられる。

こうしたムーブメントの主導者の一人である徳田雄人は、これまで言われてきた「認知症の問題」は、あくまで社会の側が認知症を問題とする枠組み（認知症対処社会）で課題を設定してきたために生まれてきたものととらえる。それに対して、認知症の課題を社会のデザインのあり方の課題と読みかえ、現在のデザインを変更していくことを目標とする（徳田 2018）。こうしたとりくみが、ある個人を、ことさらに認知症の人として特定して、特別な対処をするのではない――結果として認知症の人にとってもくらしやすい――社会につながる。すなわち、最終的には、認知症という医学に基盤を置いたカテゴリーが、日常生活をすごす上で、特に関連のないものになっていくような環境づくりを目指すのである。

では、こうした実践では「進行」の問題に対して、どのような解を示しうるだろうか。最終的に、認知症であろうがなかろうが誰にとってもくらしやすい社会に達すれば、そこには認知症の状態に関する問題もないだろう。しかし、もちろん、一足飛びにそうした社会状態が達成できるわけではない。実際には、現場の実情にあわせた形で、徐々にそうした社会のあり方に近づいていこうとするものである。そういった意味では、第4章で見たような「ある」場所をつくろうとしていくデイサービスの実践は、その途上にある萌芽だったと位置づけることもでき、そこで突き当たっていた課題への解の一つとして、このような新しい実践の持つ意義を理解することができる。

ここであらためて第４章で見たオアシスクラブの実践の課題をふり返ってみよう。オアシスクラブでは、その場を何らかの「する」ことができる場所と意味づけることを通じて、認知症になった人の「ある」場所をつくっていくことを試みていた。まず重要なのは、そこでの「する」ことは、何か狭い特定の内容のものとして定められたものではないという点である。認知症になることで、職場や地域・家族などのそれまでいた場所においては「できない」存在になってしまう。少なくとも、そこから脱するために「する」場所の形成が試みられた。その際に、それまでの人生を背景に成立しているその人らしさになるべく即した「する」ことを可能にするように試みるのだが、それは必ずしも何か決まった一つには限られず、内容には幅があるのである。

しかし、その幅を保った場所を維持するにしても、デイサービスという制度および空間の制限によって、最低限の「できること」が要される。具体的には、そのデイサービスの場で、その時間のあいだ、座っていられることが第４章の例では要されていたことであった。そこに座っていることが難しくなったとき、認知症が「進行」したという意味づけが顔を出す。活動の場が、ほぼデイサービスの空間に限られているゆえに「進行」した人はそこに居続け、他のメンバーもそれを目の当たりにし続けることになる。本来であれば、「する」ことは「ある」場所をつくる手段であったが、それゆえに、そこに参加し続けてきた人間が「する」ことを続けられなくなってしまうことは、「ある」場所の安定性を崩す根拠になってしまい、避けられるべきこととなってしまうのである。すなわち、オアシスクラブの実践におけるジレンマは、認知症が「進行」する現実の中で、オアシスクラブという限られた場だけで、「する」ことの十分な幅をつくることができないことを背景の一つとしていたように思われる。

オアシスクラブで見ることができたこうした課題をふまえると、認知症フレンドリーコミュニティや「地域」をつくろうとする実践は、「する」ことの幅を、これまでの想定を超えた範囲まで大きくしていこうとする動きだと理解することができる。

たとえば、新しいムーブメントの代表的な実践者として、DAYS BLG！を主導している前田隆行は、従来認められていなかった介護保険制度内のデイサービス利用中における活動に対する謝礼受け取りを厚生労働省にはたらきかけ続け、その結果として、二〇一一年に許可の通達が出された。これは、認知症の本人がデイサービスに通っている時間中に行う企業などから委託を受けた活動に対価を出すことを可能にするものであり、デイサービスの活動範域を超えて「やろうと思えばできる場」の拡大を目指した異議申し立ての活動の一環だと解せる。また、デイサービスに来た人たちがその外での活動を行うのは、望むならば、その場に「ある」以外のこともできる場をつくっていくということでもある。先駆的な実践者による、このような制度や場づくりのとりくみからうかがえるのは、「する」ことの幅を広げていく際に、限定された場所や関係を超えて、様ざまな場所に開けて、多くの人がかかわっていた方がやりやすいということである。地域やコミュニティと呼ばれる場が希求されていることの意味の一つはまずは単純にそのように考えることができる。

また、地域においては、単に活動のメニューが量的に増えるだけではない。場そのものが、専門職などの支援職の存在を前提としたデイサービスのように、あらかじめ支援する側とされる側との役割で明確に分かたれていないことが多い点も重要である。複数の他者との組みあわせの中で、一見支援されるだけに見える人にとって、何らかのできることが創発される可能性を高めているからだ。そのことで、多様な「する」ことの可能性がひらかれる。こうしたマッチングによる創発性への期待が地域に対して持たれている期待の一つである。たとえば、前述の徳田は、「しごと」について、「地域や家庭で、誰かのため、何かのためにすることと広くとらえると、認知症の人がかかわれることは多くある」「積極的に何かをするわけではないけれど、その場にいることが価値になるという『しごと』もあります」(徳田 2018: 167-8)と述べている。このようなとらえ方は、「する」の意味を「そこにいること」という存在の価値の部分に近いところまで可能な限り近づけていこうと企図したものだと解せるだろう。

根強い「認知症にならないこと」「進行しないこと」の価値

以上のように「する」ことの範囲の拡張を通じて、個人が「できること」の意味を相対化しつつ、それでも何らかの「する」ことを見出していく方向で地域に期待をかけていくことは、私たちの社会における常識的な価値にゆるやかに乗っている。そのために、「認知症とともによく生きる」可能性を広げていくための青写真として確かに重要な試みであることは間違いないであろう。

しかし、実際にそのような「する」ことの創出が試みられていく際に注意しておくべきことがある。それは、このような創出の実践において、地域にいる人たちの多様性の増大がポイントとなっている点である。事実として多様性が増すかどうかという問題はもちろんある。だが、より重要なのは、多様性を増大させることそのものが、それまでの医療・介護という領域の限界の克服のための理念の位置にあることだ。多様性は、「する」ことを相対化し、「ある」場所を広げていく構想において手段であるだけでなく――仮にすぐにうまくいかなくても――追求すべき価値なのである。

したがって、それゆえの危うさについて考えておく必要もあるだろう。社会における「多様さ」は序列なくフラットに並んだものでは決してない。「する」ことの拡張において、働くことや語ることなどの――認知症の段階という言葉をあえて使うならば(5)――軽度や初期の段階の人たちの活動が、まずはわかりやすいものとして登場し、注目される。また、認知症フレンドリーな地域を目指す上で、そうした活動への従事者が場を広げていく先行者となっていく。そうした際に、そのような活動的な段階が価値づけられていく可能性もある。そのため、それらの活動が、いわゆる重度の認知症と呼ばれる人たちのいられる場をひらくことへとつながっていくかどうかを常に見通しておくことが、認知症の人の理解と包摂の課題として重要なのである。ここには、本書第4章や第6章で見た重度になった時点とのつながりに関する課題が、同様に回帰してくるのである。

その課題を考えていく際に、鍵となっていくのは、認知症の問題の当事者性がどのようなものとして成立していくかだろう。当事者性を成立させる知識や言説に目を向けておく必要がある。たとえば、たびたび言及したMCI(6)(Mild Cognitive Impairment 軽度認知障害)という認知症への移行リスクの高い群を同定する概念に代表されるように、認知症とそれ以外の人との連続性が、医学的知識をもとに強調されている。そうした医療の文脈が強調されると同時に、認知症ではない人たちも認知症になりうる当事者として認知症を「我がこと」として考えていくことが重要だともされる。こうした連続性は、重度の状態を自分の未来の姿として想定する意識を生み出し、それを前提とした社会づくりの方向に向かっていくかもしれない。しかし、他方で、こうした連続性は、重度の状態を否定的なものとして位置づけ、そうならないための予防への意識を強めていく可能性も持っている。医療や医学に対する期待が強いとするならば、その傾向はより強くなるかもしれない。当事者の語りが発せられる際にも、語れる状態やできる状態がよきこととしてとらえられたり、重度状態から離れた語りとしてのみ聴かれたりすることもあるだろう。

地域という場には、多くの人がいるが、後者のような志向が強くあることも否定できない。たとえば、地域を強調した政策の中で注目されてきた認知症カフェは、その内容に多様性があるが、認知症になった人や家族だけでなく、専門職や地域住民など、多くの人が集まる場を目標としていることも多い。またよりダイレクトに認知症の予防を目標としたカフェもある。[7] そうした場において、認知症になることや、認知症が進行していくことが、予防への強い指向と共存していけるのか。あるいは、予防によって避けることを目指すというとらえ方を変化させて「我がこと」として位置づいていくのか。そのような方向につながる具体的活動とはいかなるものなのか。「地域共生社会」が政策目標とされる中で、こうした課題も浮かび上がってくる。[8]

3　認知症の自己定義への挑戦

インペアメントへの再注目

障害学においては、ディスアビリティの社会モデルに対して、特に女性の障害者たちから、身体のインペアメントの経験を軽視しているという批判が示されてきた（Morris 1991）。社会モデルは運動の主張として強力ではあるが、実際の障害者の経験においてインペアメントにともなう苦悩の存在や、また、インペアメントそのものが障害を持つ人のアイデンティティの核になっている――ならざるをえない――こともある。あるいは、人びとのあいだでの相互行為の中で、当初は「違い」としてしか認識されていなかったインペアメントが「否定的なもの」へと変換されていくこともある（星加 2007: chap. 4）。こうした側面を捨象せず、障害にまつわる重要な現象ととらえていく必要性が提起されたのである。

こうしたディスアビリティの社会モデルに対する、インペアメントへの再注目の流れと重ねあわせて認知症のことを考えていくと、いかなることが言えるだろうか。

新しく起こってきている動きは、従来、医療を中心につくられてきた認知症概念に必然とみなされていた症状（インペアメント）の内実を、当事者自らの経験をベースに言語化し書き換えていこうという動きである。

その動きを見ていく上で、まずは、認知症におけるインペアメントとは何なのかを考えておく必要がある。すでに第1章で言及したように、二〇〇〇年代に入ってからの、当事者の語りの登場と並行していたのは「認知症に関する正しい知識」を示し、その理解を求めていく認知症キャンペーンであった。それは医療やそれを基盤とした治療や介護の技術の進展をふまえて、認知症の特性に関する理解を深めるものである。それを本書では、理解と包摂の一つの大きな潮流として、疾患としての積極的対処と呼んだ。そうした中で記憶障害や見当識障害などの中核症状と、不具合である中核症状から生まれてくる徘徊や妄想などを指す周辺症状との区別や、もの忘れへの注目など一般的な認知症イメージが形成されていく。こうした認知症理解の図式が成立していく中で、原因疾患は、いわば認知症の大元に置かれることになる。こうした脳の変性についた名前としての原因疾患が、認知症におけるインペアメントの内容の一つである。

同時に、この図式において認知症とは脳神経の変性疾患に端を発するものであり、その根幹部分には、最終的な進行の不可逆性という想定が置かれる。いわゆる症状と言われることに関しては、前述したような社会モデル的な発想によって様ざまな解消が試みられていく。だが、不可逆性にまつわる最終的な「進行」「衰え」「末期」といった表現は、いまだ残り続けている。これらは、認知症に関するネガティブなイメージの核になっているものとも言える(9)。

認知症におけるインペアメントの書き換え

こうした二つ目の意味でのインペアメント、すなわち「進行」に関しても、これまで想定されてきたその中身を、自らの認知症経験を言語化することを通じて書き換えようとする動きが現れてきた。たとえば、レビー小体病(10)の当事者として積極的に発言や執筆をしている樋口直美は、認知症と診断される前後の自らの体験を詳細に描くことを通じて、症状という名のもとで認知症とされた人のありようが十把一絡げにとらえられることを批判している。

今、「認知症」という言葉は、病気の種類も進行の度合いも無視して、十把一絡げに病名のように使われています。病気の種類によって、症状も治療もケアの注意点も違いますが、ほとんど無視されています。「認知症」は、深く誤解された言葉だと私は思います。それは、「認知症」と診断された誰をも絶望させ、悪化させ、混乱させます（樋口 2015：3）。

樋口は、特にアルツハイマー病の特徴である記憶障害とは異なる困りごとをかかえていることを著作の中で示し、「認知症」という概念で自分たちを同じような存在としてくることを批判している。この樋口の主張のような、原因となる病気の種類によって症状が違うという批判が成立し、一定程度理解されうるのは、まず一度、原因疾患の知識をこみとした認知症概念が成立し浸透したゆえである。(11) 記憶障害を核とした典型的な認知症概念がいったん成立した上で、「記憶障害を引き起こすアルツハイマー病を原型とした典型的な認知症の状態像ではない」ことが述べうるのである。

樋口の本では、認知症が「脳の病気」ととらえ直された上で、その症状の個別の状況に応じた現れ方などが示されたり、論じられたりしている（樋口 2015）。このような当事者による実践について、北中淳子は、精神障害の領域によって生まれてきている当事者研究などを念頭に「診断という呪い」に対するオルタナティブとなる「当事者による症候学」と名づけている（北中 2018）。こうした「症候学」には、それまでの悲観的なイメージとは違った認知症のありようを示す意味が第一にある。それに加えて、医学的次元でとらえられていた症状の概念自体を変更するものだとも解することができる。どのように生活を工夫してきたかという当事者による生活実践の記述をこみにして、それまで問われることなく前提に置かれていた、特に認知症の経過に関する症状像それ自体に変更を迫ろうとしているのである。

こうした当事者を中心とした実践は、症状として認知症を定義してきた医療・医学に対して、当事者がその内容を定義する力を取り戻していこうとするものである。(12) このような動きの中で、インペアメント（認知症の症状の内容）は、それまでの、いわば、医学モデルの中での「変わらないもの」という位置づけを失い、当事者によって書き換えられるものとなってきていると言えるだろう。

このように、本人の側を中心にインペアメント自体の変更を目指していこうとする動きがある一方で、ある人が「認知症である」というカテゴリー化は、やはり医師による診断を重要な要素として成立している。認知症の理解と包摂に向けて、原因疾患の存在を重視し、それをより細かく正確に把握することが重視されるようになっていくとするならば、この診断の持つ力は、より強まっていくとも考えられる。仮にそのように言えるとすると、診断カテゴリーの細分化に則りつつ、その意味内容を変更していこうとする試みの中で、どの程度認知症の本人たちがカテゴリーを自ら主体的に獲得し、定義し（直し）ているのかに注目していく必要があるだろう[13]。

周囲の人や社会に自分が認知症であるということを見せていく際、必然的に医療という第三者からの定義を前提にする。そのため、医学の立場から、当事者の自己規定に対する疑義が示されることもある。たとえば、先述の樋口の本に対して、老年精神科医の須貝佑一は専門誌『老年精神医学雑誌』で、その本を読みこんで、そのテキストから診断にいたるプロセスの情報を整理した上で、樋口のレビー小体型認知症は、おそらく「誤診」であり、内分泌系の疾患であろうという推論を展開していた（須貝 2016：8-9）。

このような医師からの疑義は、本人の主張を疑うという意味では、第6章3節で見たような、語ったり書いたりする能力の有無を基準に、認知症かどうかを判断するような無効化と似ているが、異なったニュアンスも持っている。無効化は、これだけ語れるのだから認知症ではないに違いない、それゆえに語られた経験は認知症とは関係ないといったニュアンスで、認知症の本人のリアリティそのものを否定するものであった。だが、この事例では、医師の側は、まずは本人が書いたものを読んで、その経験の存在は認めた上で、認知症についての自らのより正確な定義能力と定義権を主張しているのである。このように、より精緻な疾患カテゴリーにもとづく形で、認知症とされる本人が、自らのニーズや問題の存在を宣言したり、自らの真のありようを表現したりしていく流れは、それまでその定義権を有していた者たちとの関係を微妙なものにさせていく可能性を有している。今後の社会学的な視点での研究は、診断名の正しさをめぐって生じる争いや困難が、認知症やその原因疾患にもとづく当事者としての重要な経験の一つであり、ときにそのこと自体が認知症経験を大きく変えていく可能性を持っているととらえていく必要があるだろう(14)。

おわりに――社会学的研究の課題と希望

最後に、障害学におけるインペアメントへの再注目の流れに即して考えたときに生まれる、もう一つの重要かつ自明な課題をあらためて提示して本書を終えたい。

本章で中心的に論じてきたように認知症の「進行」は認知症の人の理解と包摂において大きな課題となっていた。「進行」そのものの内容を書き換えようとする試みがあったとしても、最終的な「進行」や「できなくなること」は、人の「老い」や「死」という概念に重ねあわせて考えていくと避けえないとも言える。すなわち、それは認知症における根源的なインペアメントと言うこともできるかもしれない。そのようにとらえると、何らかの意味で「進行すること」「できなくなること」は認知症の課題を考えていく上で、人びとの経験の共通性を担保する本質であり続けるとも言える。

認知症に関する新しい諸実践の中で、「する」ことの余地を広げていくことや、社会のありようを変えることでディスアビリティを軽減させていくこと、さらにインペアメントを当事者の経験に即して、より肯定的なものへと書き換えていくことは、認知症をめぐる諸実践の重要な「表」の課題である。イギリスにおける、パーソン・センタード・ケア（Kitwood 1997=2005）の考え方の延長上に、認知症の人のシティズンシップや人権に焦点を当てていく議論の流れも、積極的に発信する認知症の本人たちの声を起点に、そうした課題にとりくんでいると言えるだろう（Bartlett and O'Connor 2010）。

他方で、そうした諸実践の最大限の試みを経た上でも残る「できなくなること」そのものに、あらためてどう向かいあっていくかが、認知症の当事者にとっても周囲の者にとっても、重要な課題となってくる。それは、認知症の程度の違いによる分断として問題化されることもあるだろうし、一人の認知症の人の先の状態として課題になってくることもある。それに対して「できなくなること」自体を承認できるような社会をつくっていくことは、最終的な目標地点としてもちろん正しい。しかし、実践において、「できなくてもよい」ことを、そのまま全面的に打ち出し強調することは、どこか本人や、本人をサポートしてきた人たちの、これまでの苦闘のリアリティからずれているととらえられることもある[15]。

ここでもやはり具体的な実践に立ち戻って見ていく必要がある。そもそも「できないこと」は表に出にくく、また出しにくいことだという点に注目したい。特に外から見たときに、身体的に明らかな変容などがなく、隠す余地がありそうに思えてしまう認知症経験において、特にそれが隠された領域に集まっていく傾向は強まるだろう。そのような性質ゆえに、本書で見てきたように、外にささやかな居場所を切りひらくための「する」ことを通じた苦心がなされてきたとも言える。

一般的には、何かを「する」ことは、表の公的領域でのパフォーマンスとして示され評価される。対して「できないこと」は、インフォーマルな領域や裏舞台にとどまりがちであり、その領域の関係性の中で対処されていくことが多い[16]。その裏舞台は、「する」領域がひらけていき、光を増していく中でも残り続けていくだろうし、光が強いゆえに見えにくくなっていくこともあるだろう。そうした領域にも、認知症の人たちと生きる人たちが居続けている。そうした人たちの存在や、認知症の本人とその人たちとの相互行為にあらためて注目していく必要がある。言うまでもなく、これまでその支え手の多くは家族と名指される人たちと重なりがちであり、現在でもその出発点の多くは家族であろう。その人たちの担う行為は、介護と言われてきたものであった。

社会学に限らず、介護研究においては、重い介護問題として、認知症の人に対する他の家族の果たす介護役割が論じられてきた。だが、現在のように、認知症を理解・包摂する試みが広がっていく中で、それまで介護という言葉で表現されてきた関係・行為を超えていくような、彼女／彼らの役割や、認知症をめぐる相互行為を見ていく必要がある。家族は、認知症の人に対して、身体的な世話としてイメージされるような範囲のこと、いわゆる狭い意味での介護をするだけではないのだ。

認知症とされる本人は、できなくなっていくことに思い悩む。それに応じて、周りにはそのような思いに応答する責任が生まれていく。また、そうしたコミュニケーションを含めて「進行」していく相手との生活は続いていく。そうしたインフォーマルな領域における「進行」を中心としたインペアメントをめぐる本人と家族とのやりとりが、より明確な課題となってくる。そのような本人と家族とのあいだでの経験を丁寧に記述し、そうした実践を、声高な何かではなくとも、見えるようにしていくことが重要な課題となってくるだろう。

また、言うまでもなく、裏舞台において本人と生きる人たちは家族だけとは限らない。家族を含むこともあるが、友人や（一般的に言う専門職とクライアント関係を超えたような）専門職など、より広い主体を含んだ言葉として、認知症の人とかかわりを持つパートナーという言葉が用いられることがある。こうしたパートナーたちが、「進行」というある一定期間の変化をともなう認知症の人といかなるつきあいを形成していけるのか。そうした人たちとの広がりを持つ関係性も含めて、認知症の人とその周囲の人たちとのコミュニケーションを記述していく必要があるだろう。

以上の記述や考察から見えてくるのは、おそらく紆余曲折があって、簡単に理解できるものではない。だが、そうしたプロセスを丁寧に見ていくことから、認知症とともによく生きることに向けた希望がほのかに浮かび上がってくるのではないだろうか。

注

（1）こうした活動においては「ジブンゴト」などの言葉が多用されるが、これは今、認知症ではない人たちも当事者であることを強調するニュアンスを含んでいる。

（2）日本においては、英米圏でいうDisability Studiesは一九九〇年代後半に、障害学という名称で編著本の形で紹介され（石川・長瀬編 1999）、学会成立などの制度化にいたっていった。しかし、それ以前から障害学の問題設定に近い思想と実践は存在し、そうしたものに注目し、障害学的な含意を再構成するような社会学の研究が存在していた。代表的なものとして、安積ほか（［1990］2012）がある。

（3）林真由美によると、スコットランド発の権利をベースとした認知症へのアプローチは、イギリスの国家政策にも組みこまれ「認知症とともによく生きる」という言説となり、有力なものとなってきている。こうした認知症の課題は、障害者運動の論客たちによってもディスアビリティの一つとして議論されてきており、その観点からはあまり論じられることのない日本の現在とは異なり、障害学と認知症のムーブメントとは実際に深いかかわりを持っているようだ（林 2017）。こうした経験的な関連もふまえると、障害学の枠組みで認知症の課題を整理し、その議論の中でいかなる課題が生まれてくるかを見ることは、現在の日本社会における認知症の包摂に向けた一つの有力な道筋をたどり、その先の課題を探るような意味を持つだろう。

（4）DAYS BLG!は町田市を中心に活動するデイサービスであり、デイサービスの場からの外出や、企業などからの請負仕事などをデイサービスの活動として行ってきたことに特徴がある。詳しくは、出口（2015）や徳田（2018）を参照のこと。

（5）認知症の段階や程度に関して、重度・軽度、初期・中期などいくつかの概念が混在して用いられている（二〇一九年六月一五日の認知症当事者勉強会での木之下徹の報告資料より）。

（6）MCIについては、第4章の注22参照。

（7）矢吹知之によると、認知症カフェの出自であるオランダでは誰でも参加できるオープンな形、それに対してイギリスでは本人・家族を中心としたものとなっているという（矢吹 2016）。また矢吹らは日本全国の認知症カフェへの質問紙調査の「認知症カフェの目的」に関する自由記述をテキストマイニングで分析することで、日本における認知症カフェを「認知症に理解のある地域づくり」「認知症の人と地域住民の役割づくり」「認知症の予防と孤立防止」「運営者の利益や地域貢献」「介護者のソーシャルサポート」の五つの類型に分類している（矢吹ほか 2019）。

（8） 高齢者医療介護政策においては、地域包括ケアシステムの構築という流れの中で「地域共生社会」という表現が用いられるようになってきた。また、二〇一九年六月一八日には、認知症施策推進大綱が発表され、「予防」とともに「共生」が柱の一つとされた。本書第1章注3、16も参照。

（9） 他方で、これまで脳神経の変性疾患であるアルツハイマー病とそれにともなう記憶障害に焦点を当てて論じられてきた認知症が、予防可能性の文脈では、脳血管性の原因疾患への注目が集まってきている傾向（vascularization）もあるという。疫学的研究をもとに「個人の全体的な健康状態・栄養状態」や「経済的・社会的環境」と認知症の発症率との関連が示され、環境や格差などにも注目した予防の考え方が台頭してきているのである（北中 2019b：154-5）。このことから、一般的な加齢にともなう病気の予防と、それについての医学的研究の展開が、認知症予防と重なりうるとも言えるだろう（ただし、北中は日本の認知症予防においては、これまで大きな成功をおさめ支持されてきた予防医学とは異なり、狭義の医学モデルで認知症がとらえられていることから、多くの懸念が生まれているととらえている）。

また、この点について、認知症の診断とその後のモニタリング、診断後の対応に特化したあるクリニックでの診察の主要な内容は、脳画像診断によって脳の血管の状態をチェックし、それにともなう症状や問題の予測をすることであった（二〇一九年七月四日の見学より）。こうした文脈での予防は脳神経の変性にともなう「進行」への怖れといったものとはいくぶん異なり、もう少し平凡で、病いと生きる日常を支えていくようなものであろう。認知症（も含まれる）予防を論じる際に、このような意味での予防も含まれうることに注意しておく必要があり、その内容は「備え」といった表現に近いだろう。

（10） レビー小体型認知症は、幻視やパーキンソン症状、レム睡眠障害などを特徴的な症状とし、症状の出方の変動の激しさも特徴的であり、正確な診断が特に重要だとされている。

（11） こうした医学的カテゴリーの浸透が及ぼす影響に関する研究として、遺伝性疾患である多発性嚢胞腎の患者会をフィールドとした前田（2015）などを参照。この疾患においては、遺伝性疾患であることが明らかになっていくことで、当事者の物語が変化していく。

(12) これは「自己執行性」（Sacks 1979=1987）を獲得する動きとも言える。H・サックスは「あるカテゴリーによって自分たち自身の見方を確立し、他者に対してそのカテゴリーを通して自分たちを見るようにしむける」（Sacks 1979=1987：30）ことをカテゴリーの自己執行とした。ただし、サックスによる議論が、それまで「不良少年」に他者からあてがわれていた「ティーンエイジャー」という呼称（カテゴリー）に抗して、新たに彼ら自身がホットロッダーというカテゴリーを創出し用いることで現実を変化させる「革命的」なものであるのに対して、認知症においては、カテゴリーの内容を専門職とのやりとりの中で少しずつ変化させていこうとするようなものだととらえられる。こうした違いについては、坂井愛理氏（東京大学）の指摘に教えられた。

(13) それまでの認知症医療に対して他諸科学の中でカテゴリーの内実を再定式化していこうとする試みがある。たとえば、脳科学の問題として規定していこうとする発想は、従来認知症の「周辺症状」やBPSDとされていたものを、一般的な脳のメカニズムとして記述していこうとするものであり、インペアメントを別様に書き換えていこうとするものであろう。こうした書き換えにともない、工学・認知科学的な研究や教育実践に当事者が参加する流れも生まれている（たとえば、みんなの認知症情報学会など）。こうした科学の力を借りた課題の再規定を、カテゴリーの自己執行性との関係で、どうとらえるかについては、当事者とその知をつくっていく際の協働者たちの相互行為や集合的実践を経験的に見ていく必要があるように思われる。

(14) 北中は、神経科学的な説明に、認知症当事者による証言が重ねあわされることで、従来の認知症に関する医療的枠組みの限界が示され始めてきていることを指摘している。そうした語りは、「技術革新を目指す産業界でも影響力を持ち始め……（中略）……語りだした認知症者は、もはや単なる患者ではなく、（今後老いれば誰にでも起こり得る）脳障害の経験についての体験的知を持つことで、普遍的知と、特権的立ち位置を得た専門家にもなり得る」（北中 2019a：16）と述べている。

(15) たとえば、「忘れちゃったけどまちがえちゃったけどまあいいか」を掲げ、注文と違う料理が出てきてもむしろそれを楽しもうというようなコンセプトで運営されている「注文をまちがえる料理店」(小国 2017)は「できる」ことをよしとする従来の価値観の転換を意図する試みである。だが、認知症の人があらかじめ「まちがえる」ことを前提とすることに対して、当事者などから「『認知症の人が間違えてもいいじゃない』と言う前に、まずは間違えないためにはどうしたらいいかを一緒に考えてほしい」と、違和感が示されることもある(丹野 2019)。

(16) フェミニズム・ジェンダー研究にもとづく論者たちが提起してきた「依存労働者」「二次的依存」(Kittay 1999=2010)や「感覚的活動」(平山 2017)などの概念は、そうした裏舞台の存在を、一定の角度から照らすための概念装置だと言えるだろう。

補論

認知症当事者本がひらくもの

二〇一七年の著作群を中心に

認知症とともに生きる希望宣言

一足先に認知症になった私たちからすべての人たちへ

一．自分自身がとらわれている常識の殻を破り、前を向いて生きていきます。

二．自分の力を活かして、大切にしたい暮らしを続け、社会の一員として、楽しみながらチャレンジしていきます。

三．私たち本人同士が、出会い、つながり、生きる力をわき立たせ、元気に暮らしていきます。

四．自分の思いや希望を伝えながら、味方になってくれる人たちを、身近なまちで見つけ、一緒に歩んでいきます。

五．認知症とともに生きている体験や工夫を活かし、暮らしやすいわがまちを、一緒につくっていきます。

（日本認知症本人ワーキンググループ　二〇一八年一一月一日）

1　認知症当事者本の積み重なり

認知症当事者本というまとめ方も乱暴であるが、二〇一七年は、いわゆる「認知症」関連の診断名を持ち、自分は認知症であると名乗って活動をしている国内外の人たちによる著作や、そうした本人たちによる声を集めたもの、活動の取材記録などの出版（日本語への翻訳本を含む）が相次いだ。ひとまず二〇一七年に出版されたものを、ざっと挙げると以下のとおりである。本人を著者名としたものとして、『丹野智文　笑顔で生きる――認知症とともに』（丹野智文）、『認知症になってもだいじょうぶ!――そんな社会を創っていこうよ』（藤田和子）、『認知症の私は「記憶より記録」』（大城勝史）、『認知症を乗り越えて生きる』（ケイト・スワファー、原著二〇一六年）、『認知症とともに生きる私――「絶望」を「希望」に変えた二〇年』（クリスティーン・ブライデン）、『私の記憶が確かなうちに』（クリスティーン・ブライデン）がある。また、当事者の語りや言葉が集められているものとして『認知症になっても人生は終わらない――認知症の私が、認知症のあなたに贈ることば』（認知症の私たち（著）・NHK取材班（協力））があり、一連の当事者の活動を取材したものとして『ルポ　希望の人びと――ここまできた認知症の当事者発信』（生井久美子）がある。[1]

このように二〇一七年に出版が集中した商業的な理由の一つには、二〇一七年四月に国際アルツハイマー病協会（ＡＤＩ）の国際会議が京都で開催されたことがあるだろう。この会議には約七〇の国と地域から約四〇〇〇名が参加し、その内、認知症と診断された当事者が約二〇〇名参加した。[2]

しかし、このイベントの日本での開催にいたる、より大きな背景に認知症をめぐる二〇〇〇年代中ごろから十数年にわたる大きな変化の流れがある。ADIの国際会議は二〇〇四年にも同じく京都で開催されたが、その年も認知症をめぐる大きな転換点であった。そもそも痴呆から認知症へと用語が変化したのが二〇〇四年であり、その前から、認知症ケアの新しい考え方を紹介する本の出版ブームとともに、いわゆる認知症の本人を主題とした本が出版されるようになっていったのである。

二〇〇二年に初来日し、二〇〇四年の会議でも注目されたクリスティーン・ブライデン（当時はボーデン）の講演――その様子はNHKでもドキュメンタリーや生活情報番組として放映された――や翻訳本『私は誰になっていくの?』を皮切りに、日本人の当事者も講演などで自らの名前を名乗りながら「思い」を語るようになり、そうした人たちの名前がタイトルや著者となった本も多く出版された。そして、その後、認知症本人会議など、本人たちが語ったり集まったりするとりくみの中から、何人かの人

補-1　本章でとりあげた文献

【二〇〇四年のADIカンファレンス前後の本】

クリスティーン・ボーデン、桧垣陽子（翻訳）2003『私は誰になっていくの?――アルツハイマー病者からみた世界』クリエイツかもがわ
クリスティーン・ブライデン、馬籠久美子・桧垣陽子（翻訳）［2004］2012『私は私になっていく――痴呆とダンスを』クリエイツかもがわ
呆け老人をかかえる家族の会編　2004『痴呆の人の思い、家族の思い』中央法規出版
呆け老人をかかえる家族の会編　2005『若年期認知症　本人の思いとは何か――松本照道・恭子夫妻の場合』クリエイツかもがわ
一関開治　2005『記憶が消えていく――アルツハイマー病患者が自ら語る』二見書房

越智須美子・越智俊二 2009『あなたが認知症になったから。あなたが認知症にならなかったら。』中央法規出版
太田正博・菅﨑弘之・上村真紀・藤川幸之助 2006『私、バリバリの認知症です』クリエイツかもがわ
太田正博・太田さんサポーターズ 2007『マイウェイ――認知症と明るく生きる「私の方法」』小学館

【二〇一〇年代に出版されたもの】
クリスティーン・ブライデン、NPO法人認知症当事者の会（編著）、永田久美子（監修）2012『扉を開く人 クリスティーン・ブライデン』クリエイツかもがわ
樋口直美 2015『私の脳で起こったこと――レビー小体型認知症からの復活』ブックマン社
中村成信 2011『ぼくが前を向いて歩く理由――事件、ピック病を超えて、いまを生きる』中央法規出版
佐藤雅彦 2014『認知症になった私が伝えたいこと』大月書店
佐藤雅彦、ハーピー山口（巻頭写真）・鎌田實（巻末エッセイ）2016『認知症の私からあなたへ――二〇のメッセージ』大月書店

【二〇一七年に出版されたもの】
クリスティーン・ブライデン、馬籠久美子（翻訳）2017『認知症とともに生きる私――「絶望」を「希望」に変えた二〇年』大月書店
クリスティーン・ブライデン、水野裕（監訳）、中川経子（翻訳）2017『私の記憶が確かなうちに――「私は誰？」「私は私」から続く旅』クリエイツかもがわ
藤田和子 2017『認知症になってもだいじょうぶ！――そんな社会を創っていこうよ』徳間書店
大城勝史 2017『認知症の私は「記憶より記録」』沖縄タイムス社
ケイト・スワファー、寺田真理子（翻訳）2017『認知症を乗り越えて生きる――〝断絶処方〟と闘い、日常生活を取り戻そう』クリエイツかもがわ
丹野智文（文・奥野修司）2017『丹野智文 笑顔で生きる――認知症とともに』文藝春秋

【一連の当事者の活動の取材・当事者の声を集めた企画本】
生井久美子 2017『ルポ 希望の人びと――ここまできた認知症の当事者発信』朝日新聞出版
永田久美子（監修）2015『認知症の人たちの小さくて大きなひと言――私の声が見えますか？』harunosora
認知症の私たち（著）／NHK取材班（協力）2017『認知症になっても人生は終わらない――認知症の私が、認知症のあなたに贈ることば』harunosora

たちが著作を出版していくようになる。特に二〇一〇年代に入ってから出版が続き、二〇一七年の多くの当事者本の出版にいたっている。

このように認知症の本人と関連した著作には一〇年以上の堆積があり、その過程で蓄えられていたエネルギーが二〇一七年に一気に噴き出した感がある。では、この二〇一七年に出版された著作群の形式・内容や、その本への当事者のかかわり方、主張には、認知症の本人の登場の歴史という文脈の流れで見たとき、どういった特徴があるのだろうか。以下では、二〇一七年以前の認知症の本人と関連した本も含めて、何冊かの当事者本を紹介しながらそのことを考えていきたい。なお、本章の主な目的は、これらの著作へ読者を導入することにあるため、実際に本を読んでもらうのが一番である。そのため、個々の魅力的な著作の内容についての言及は最小限にとどめ、これら当事者本の置かれている時代的背景の簡単な説明や、これらの複数の本の存在が持つ含意についての私の解釈を中心に書いていくこととする。

2 本人の「思い」からの出発

認知症の本人の登場する本と、そのブームと言ったとき、最初期のころの著作の内容は本人の「思い」への注目から始まっている。今から考えると信じられないことだが——と言いきりたいが、現在多くの人の常識が本当に変わっているのかどうかはわからない——かつては「呆けるとわからなくなる」ことが当然のことと思われていた。そのため、認知症（痴呆、呆け）の本人に「思い」があること自体が、「発見」「センセーショナルな出来事」であり、「思い」の存在こそが社会に対して示すべきことだったのである。日本社会において認知症の問題にとりくんできた団体として認知症の人と家族の会（旧、呆け老人をかかえる家族の会）があるが、この会が主体となり、二〇〇四年に『痴呆の人の思い、家族の思い』が出版された。この本は、ＡＤＩ国際会議に向けて、介護する家族に本人の「思い」を感じられた経験を聴く調査を行い、本人の「思い」の存在を示そうとしている。その後、家族の会は認知症の本人に「思い」を聴く試みを始めていき、その中で、ある本人が語る際の葛藤などについてとりあげた二〇〇五年の『若年期認知症　本人の思いとは何か――松本照道・恭子夫妻の場合』などが生まれている。

そうした試みがなされるのと同じころに、先述したクリスティーン・ブライデンの講演やドキュメンタリー番組制作・放映、著作の日本語訳の出版などがなされ、その流れに後押しされて、越智俊二や太田正博といった、若年期（六五歳未満）に認知症（と関連する疾患）と診断された日本人の認知症の本人が講演やテレビ番組などに登場するようになっていった。二〇〇六年の『私、バリバリの認知症です』は、その太田を中心とした本であり、太田が精神科医、作業療法士のチームで行ってきた講演記録などを中心に構成されている。また、二〇〇九年と出版時期は少し後になるが、二〇〇四年の国際会議で日本人として初めて名前を出して講演をしたとされる越智について、妻の須美子の観点から書き、俊二を共著者とした『あなたが認知症になったから。あなたが認知症にならなかったら。』もある。

この時期に登場してきた著作群は、その一つひとつの内容自体とは別に、先述のように認知症の本人の「思い」の存在を強調するものとしてまずは受け容れられていったと言える。その「思い」は本人の記憶にもとづくものであり、同時に周囲の人たちの持つ本人についての記憶でもある。たとえば、この時期のその他の著作として一関開治の『記憶が消えていく――アルツハイマー病患者が自ら語る』があるが、記憶が失われていくことや、その中で示される妻への思いが強調されている。さらに、本の主題は、本人自身の「思い」だが、多くの本の形式は、本人ではない人が書いたものや、本人と支援者との講演のやりとりを形にしたものであり、本人自身の一人称ではなく、一人称であっても周囲の証言を中心に発言や行動の文脈を示している点が特徴的である。たとえば、先述した太田においては、講演内容や書いた文字などの資料から太田が語る形で構成された『マイウェイ――認知症と明るく生きる「私の方法」』という本が二〇〇七年に出版されている。一関の著作も「残念ながら文章を自分で書くことはできない」とはじめに記された上で、本人の言葉を太字で強調しながら関係者の証言で構成されている。

それらの著作群の中で、先述したクリスティーン・ブライデンの著作は、本人自身による記述と意見の発信というスタイルであり、いわゆる本人が著者である当事者本の形を備えている。その後、クリスティーンは世界中で講演を続け、その講演の記録は二〇一七年に出版されている。

だが二〇〇三年に出版された最初の本の日本語への翻訳『私は誰になっていくの?――アルツハイマー病者からみた世界』の全体の構成を見てみると、その本の意味づけられ方は、現在の当事者本とは若干異なっているように思われる。翻訳版では、本の最後に精神科医などによって、クリスティーンの存在や経験が含意することについての解説が付される形の編集がなされている。著作では、本人の経験の記述が中心ではあるのだが、その記述に対して他者によって意味づけが与えられているのである。もちろん、これは認知症の当事者を医療などの対象・症例として客体的に扱っているわけではなく、本人の「思い」に注目して以前から先進的な実践をしていた人たち(3)による解説である。だが、歴史的な文脈の中に置いた場合、この時期の本人による語りや、本人の活動の記録は、それ以前から、先駆的な医師やケアの専門職の実践の中で感じられてきた「思い」の存在や、それらを引き出すケアの必要性などに裏づけを与えてくれるものとして注目された。その語りは、イベントなどで積極的に引き出され、そして、それが出版にいたる形で発信されていったと言えるだろう(本書第6章も参照)。

3 当事者本の登場とその主張

本人の「思い」の発見以降、本人たちが語ることや集まることをサポートするような試みが支援者たちによって積極的に展開されていく。そうした動きを背景として、ウェブなどを介して認知症の当事者たちが自分たちの気持ちや生活について発信するようになり、本人同士の交流を持つようになっていった。また、同時に、特に若年性認知症支援において、当事者たちのやりたいことを重視するような支援の試みが展開していく。それはデイサービスなどの介護サービスの中からだけでなく、よりボランタリーにつくられた場所や個人的な関係性にもとづいた活動としても生まれてきている。

二〇一七年にかけての認知症当事者による著作群はこうした流れの中で現れてきた。著作の書き手としてのクレジットは本人であり、そのほとんどが、三〇代から五〇代にかけて診断された若年性認知症の当事者たちである。実際には、二〇一七年より前の、二〇一一年から一五年ごろにかけて、何人かの(若年性の)認知症の当事者たちが本を出し、また、当事者の短い語りを集めるような本が企画出版されている。前者には、『ぼくが前を向いて歩く理由――事件、ピック病を超えて、いまを生きる』（中村成信）、『認知症になった私が伝えたいこと』（佐藤雅彦）、『私の脳で起こったこと――レビー小体型認知症からの復活』（樋口直美）があり、後者のタイプのものとして『認知症の人たちの小さくて大きなひと言――私の声が見えますか？』（永田久美子監修）がある。また、語る当事者の、そのころまでの唯一のモデルとも言えるクリスティーンをとりあげた『扉を開く人 クリスティーン・ブライデン』（NPO法人認知症当事者の会（編著）、永田久美子（監修））も二〇一二年に出版されている。

日本社会における、認知症の本人を書き手とした当事者本の嚆矢とも言うべきものが、二〇一四年の佐藤雅彦による著作である。佐藤は単身で生活をする中で認知症と診断された（現在は、ケア付きの高齢者住宅で生活しながら講演活動などをしている）。佐藤の本では、それまでの生い立ちから発症・診断にいたる経緯に始まり、認知症とくらす上での日々の工夫、当事者としての政策提言や、家族、専門職などの認知症にかかわる人たちに対する認知症の本人からのメッセージなどが書き綴られている。佐藤の本においても、パートナーとしてこの本をともにつくった専門職（永田久美子）の解説が付されているが、そこに記されているように、佐藤が一〇年以上にわたって書き溜めてきたメモや講演の原稿、語ったことなどをまとめる作業をともにする存在としてのかかわりであり、あくまでも佐藤の言いたいことによって主導され、できあがった本だと言えるだろう。

佐藤はいわゆるアルツハイマー病（AD）と診断された認知症の当事者であるが、レビー小体病やピック病などADとは異なる原因疾患の診断を受けた当事者の本も出されている。中村成信による著作は、本人や妻が当時を回想したり、思いを吐露した内容の「語りの文」と、本人たちを含めた関係者へのインタビューをもとにした記述で構成されている。ピック病の症状として現れた「万引き」を理由に勤め先を解雇された経験を中心に、ピック病を原因疾患とした認知症に直面し、そこから現在の「再生」にいたるまでが記されている。樋口直美による著作は本人がブログに記していた日記のまとめを中心に、診断される以前からの不調、レビー小体病の診断、その後の生活などについて書かれている。これらの著作は、一般的に認知症と言っても、その症状と言われるものや経験に、原因疾患による違いがあることを示したものとなっている。もちろん、認知症というのはあくまでも症状群であって、原因疾患別にその症状の特徴が違うことは、医学的、教科書的には自明なことである。しかし、実際に生きる当事者は、もの忘れを中心に認知症への関心が強まっていく社会の中で、自らの経験が一般的に言われる認知症と乖離していることから苦悩を経験したり、あるいは、周囲の人たちから認知症であることへの十分な理解を得られなかったりするような経験をしていくことになる。

こうした二〇一〇年代になって生まれてきた当事者による著作は、それまでの介護やケアをテーマとした著作などにおける典型的な認知症像と異なる認知症の姿を示そうとしている。その典型的な像とは、原因疾患としてのADをもとに「重度」で介護を必要とする状態になった認知症の姿であり、ときにその姿を前提に介護負担や徘徊による事故などの社会問題の文脈で危機として語られるようなものである。それに対して、これらの著作は認知症の初期における——ときに無理解な医療や社会によってもたらされる——経験や、実際に認知症と診断された後の生活の具体的な工夫や、得てきたサポートなどについて書かれている。何もかもができなくなるのではなく、色々なことができることを示そうとするものとなっているのである。

また、これらの本では、本来であれば、こうした初期の段階にできるはずのことが、十分な理解やサポートがないために難しくなっていることも示されている。これらの本の著者たちは、講演などで自らの経験を発信し、また、認知症の本人同士で集まる研究会や会議などの活動の参加者でもある。また、中村と佐藤、および二〇一七年に本を出した丹野智文、藤田和子は、スコットランドのとりくみをモデルとした当事者による団体の日本認知症（本人）ワーキンググループ（ＪＤＷＧ）のメンバーであり、政府や社会に対して現在の認知症の人が置かれた状況に対する問題提起と必要な政策の提言を行っている。ＪＤＷＧの主張の中核は、早期診断後に十分なサポートがないために、結局のところ「早期診断早期絶望」になってしまうことと、介護保険などのサービスにいたる前の「空白の期間」を解消することの必要性の指摘である（第６章参照）。そのような主張を発信する文脈の中にこれらの著作は位置づいている。すなわち、認知症の人の「思い」の存在への注目を訴えるだけではなくて、その人たちの望む生き方を実現していくような工夫や技術を自らの経験の中から示し、医療・支援・制度などに対して、具体的な提案をしていると解することができるのである。

4　二〇一七年の著作群から受けとれること

二〇一七年に生まれた多くの本は二〇一〇年代の当事者たちによる発信の流れの先にあるものだと言える。そのため、その中で示されている内容を認知症の人の置かれた状況からの主張としてまとめるならば、二〇一〇年代に生まれてきた当事者による著作や発信と同趣旨のものだと言える。それまでなされてきた主張が、より多くの人から発せられるようになっていったということであり、年代も性別も地域も多様な人たちがそのことを、自らの人生や生きる地域の文脈の中で書いている。たとえば、日本の当事者では、丹野は仙台、藤田は鳥取、大城勝史は沖縄で生活をしており、それぞれの地にともに活動する「パートナー」（丹野の表現）や会などの基盤を持っている。

このように多くの人が色々なポジションから声をあげることは重要であり、認知症の人の権利が認められていくようになるために、何度も声は発せられていく必要がある。だからこそ、多くの人に、それらを読んでください、と言うだけで、本章の役割はさしあたり終わる。だが、最後に少しだけ、これらの著作を複数読んで私が面白いと思った点をいくつか挙げておこう。

「できること」の実証と意味転換

二〇一七年の著作群を読んでの印象は、それ以前から当事者がかかわる本の中で言われていた主張が洗練されて示されていることと、それぞれの著者の実際の経験や活動によって具体的に裏づけられているということであった。たとえば、周囲の適切な理解やサポートによって認知症の人にはできることが多くなることとは、それまでくり返し主張されてきたことである。そうした理論や良心的実践における常識のようなものは、K・スワファーの本では、「断絶処方（Prescribed Disengagement）」といったインパクトのある概念で説明がなされている。認知症の診断後に、それまでの生活や生き方と断絶させるようなアドバイスが医師などからなされることで認知症の人の生き方の幅が狭まってしまい、それまでできていたこともできなくなるという問題をこの概念を用いてクリアに示しているのである。障害者運動の活動家でもある彼女の著作からは、このように、認知症の人が権利を得ていくための運動にとって基盤となる洗練された言葉や説明を見つけることができる。また、一〇年以上前から、語る認知症の人の象徴であり現在でも講演を行っているクリスティーン・ブライデンによる講演録と自叙伝は、彼女の主張やこれまでの歩みをふり返り通覧するのに有益である。

他方で、日本人の認知症と診断された人たちによる本は、完成されたメッセージが示されているというよりも、それぞれの人の人生の歩みをたどるような構成で書かれている。以前からのその人の姿を示すとともに現在の生活の様子が書かれているのである。たとえば、認知症と診断された後も、同じ会社で部署を変え仕事のやり方を工夫することで仕事を続けている丹野の本には、認知症になる前、なった後の具体的な経験や生活上の工夫のプロセスが示されている。丹野の生活の中心である仕事に関する章では丹野自身が具体的にどのように工夫して仕事を行っているかが書かれていて、とても参考になるのだが、より印象に残ったのは、「忘れたから教えて」とか「今日は調子が悪いからこっちの仕事をするね」と笑って言える丹野の職場の環境に関する記述である。このような具体的なエピソードを通じて、もの忘れそのものが仕事をできなくさせているのではなくて、もの忘れをすることで生じる困りごとを他に言い出せない、頼れないことで仕事ができなくなるといった認知症と呼ばれる状態の社会性が腑に落ちる形で伝わってくる。

以上のような日本人の当事者たちによる著作を読む中で、個人的に最も面白かったのは、本人のニーズや周囲へのメッセージが明示的に著者によって発せられている部分ではない。そうした明確な主張も大事だが、それよりも、日本社会という文脈で、認知症と診断された当人たちが、いかにしてそういった主張を発する主体（アイコン）となっていくか、あるいは、そうした主張を発する存在になっていくことを可能にしていたものは何かが、本の中から見えてくることが面白かったのである。

以上のことを、やや私の関心に引きつけて言うと、実はこれらの著作が問いかけていることは、当事者が本を書くとか、主張を発するとはいかなることなのか？ という根本的な問題なのではないかということである。当事者による著作の中には、よく「本当に認知症なのか？」というふうに講演を聞いた人などから疑念をいだかれた経験が登場している（本書第6章参照）。その疑念の背景には、語れることや発信すること自体を「認知症らしくない」とみなす認知症の社会的なイメージがある。そうしたイメージにもとづくまなざしの延長上には、認知症の当事者によって書かれた本に対する「それは本当にその人が書いたの？」という疑念が存在しているだろう。あるいは、書いたとするならば、それは認知症ではないのではないか、とか、特別な能力を持っている人なのだろうといった評価が裏面に付随している。いずれも認知症の本人が個人として本を書けるのか否かということを問題とする視線である。

しかし、彼／彼女らの著作群を読むと、そうした疑念がいかに意味のないものであるかが見えてくる。「自分がすべて書く」とか「書ける」ということは認知症だとされている人にとっては重要なことではない。たとえば、丹野の本では、周りにできないことを助けてもらうことで、むしろできることが増えるというような発想を、経験にもとづき示している。そうした観点でよく考えてみると、どこまでの範囲のことをすれば「自分で書いた」ことになるのか、それはそもそも曖昧なものなのである。それは、認知症に限らず私たちが何かを書く場合、実は常にそうではなかろうか。私もこの文章を誰かに見せることでその反応をもらい、その反応を生かす形で書いている。ときに自分よりも自分の文章についてよくわかっている人がいる場合もある。

本を書くという文脈に載せて、先に述べたことをくり返すと、私がこれらの本の中で注目すべきだと思ったのは、どのようにして本の著者としての自分となることが可能になっているのかという点だ。一つ単純な例はソーシャルネットワーキングサービス（SNS）の利用である。たとえば、藤田の本は、Facebookで過去に書いたことを引用する形でストーリーが展開している。Facebookで過去に書いたことはその時点での意見や感じたことであるが、それを記録として残し、時間がたってから、自分とサポーターとでふり返ることで対象化し、本の記述としているのである。こうしたやり方は、自分自身のことを書く一つの方法として、強い印象を与えてくれる。

さらにSNSの利用は、このように本を書くための記憶装置や素材としての直接の利用だけにとどまらない（断片的な手書きのメモを利用して書かれた本はこれまでもあった）。著者たちのほとんどは、日常的にFacebookで積極的に投稿、他者のポストへのコメントをしており、本を出す前も出した後もSNSを通じて発信をしている。そうした姿を見て、私たちは著書を出した本人のリアリティを感じ続けることができるのである。さらに、SNSは単なる技術的な進展ではない。その裏には、人と人をつないでいるネットワークがある。藤田や丹野、大城の著作の中からは、彼らが単独で語りを紡ぎ出しているのではなく、自らが生活する地元において関係をつくる中から、本を書くような活動にいたっていることが見えてくるのである。大城の本は、そうした関係をネット上に広げてクラウドファンディングで資金を集めることで出版されている。

このように、内容以上に、これらの著作に見ることができる「書く」スタイル自体が、認知症とされた人が、人として生きるあり方を示しているとも言える。一人で内省して机に向かって独力で文章を絞り出していく作家（個人）の姿ではなく、必要な部分でモノや人の助けを得て、それぞれのスタイルで「書く」姿である。また、それを読み楽しむ私たちも著作だけを読むのではなく、ＳＮＳなどで示される本人の声や、本人による活動などとのかかわりの中で本人の姿を知っていくのである。以上のことは、二〇一七年の当事者本が登場してきたことで、「書くこと」のスタイルを見直すことにつながっており、そこから、違った意味での認知症の人の「できること」をひらいていると解することができる。さらに言えば、「認知症社会」で私たちが生きていく上での重要なあり方を指し示しているとも言えないだろうか。

個を超える希望

二〇一七年の著作群は総じて「ポジティブな」認知症の姿や可能性を示そうとしたものである。それは、それまでの認知症の姿が「重度」を前提としたもので、それにもとづいたケアなどの話題が中心となってきただけでなく、認知症と診断されると必然的にそうした状態にいたることが想定されていたためである。そのイメージを前提とすると、そう診断された後に希望が持てなくなるという認識のもとで、それとは違う認知症の姿を示そうとしていると言える。早期発見早期診断というスローガンと併走する形で、認知症の人の生きる幅が広がってきたとも言える。

しかし、おそらくこの次に示される姿、あるいは示されるべき姿は、より複雑な姿となるだろう。それは、一見以前に回帰するように見えるかもしれないが、いつかやってくるかもしれない病気の進行やできなくなることを含んだ姿である。認知症の人が人として生きていくというとき、当然、そこには希望もあれば何かに思い悩むことも含まれる。乱暴な表現をすれば、皆と同じように悩む権利が認知症の人の人権として求められていることであろう。「何もできない人と見なして支援のみを考えること」も、「何も支援を提供しないこと」も、そうした普通の人の味わっていることから引き離してしまうゆえに問題なのである。「認知症患者」ではなくて、「認知症と生きる人」である、という主張はそういった意味で理解する必要があるだろう。

丹野の本の第七章には二〇一六年の丹野らのスコットランドへの旅の様子が書かれている。丹野はそこで、車の運転が好きな当事者と会った際に、自分がかつて運転をあきらめなくてはならなくなった際の気持ちについて書いている。この旅の様子は、NHKのドキュメンタリー番組にもなっているが、その番組では、明るく旅をする丹野が、記憶障害が段々と進んできて、そのことについて自分でも気づき涙を流したり、その後の人生について思い悩むシーンが示されている。また、二〇〇五年前後に積極的にメディアで発信していた太田正博は、一〇年ほどのあいだに認知症が進行し、以前のように語ることで伝えていくことが難しくなっていった。その事実に直面して、家族や支援者などの周りの人たちは太田とどう向きあいかかわりを持っていくべきかを課題とし、そのことを考えることを、認知症とともに生きる社会をつくっていくための試金石として問題提起している[4]。

このように、ポジティブな姿を示した先には、記憶障害や身体的な衰えといった認知症の核となる変化とのつきあい方という課題が残されている。しかし、この課題は、当事者の声が登場する以前のケアや認知症問題への対処といったパラダイムとは違ったレベルで考えていくべきものとなっている。たとえば、認知症の人の周囲の人たちは、認知症と生きる人の実存的な悩みを受けとり、ともに考えていくこと、応答していくことが要請されているのである。もちろん、先駆的なデイケアなどでは、そうした悩みとの向きあいがケア実践やセラピーの一環としてなされていた。しかし、そうした特別な場所での局所的な「とりくみ」としてではなく、私たちの日常的な人間関係の中で、進行に向きあうことや進行と向きあっている人たちとかかわることが通常化していくだろう。「ジブンゴト」として考えるというのはそうした意味も含みこんでいる。

そうした社会は、正直に言えば、まだまだ「怖い」ものなのかもしれない。しかし、その中で生きていくためにとっかかりとなるツールがある。その一つが、今回紹介した当事者による本や語りである。その本や語りがツールとなるのは、当事者が語っているからではない。当事者の語りの背後に、その語りや思いの表出を実現する関係性が存在しているからだ。それこそが、認知症を包摂した新しい社会に向けた希望の根拠（エビデンス）たりうるだろう。

注

（1）二〇一七年九月から一〇月にかけて都内の書店でブックフェアが行われ、これらの本が集められ陳列された(https://note.mu/hiiguchinaomi/n/nd5ea57ae0dc4.)。

（2）朝日新聞二〇一七年四月二九日「認知症国際会議が閉会　四千人参加、当事者約二〇〇人も」(https://www.

asahi.com/articles/ASK4Y5TPXK4YPTFC00D.html）。

（3）　鳥取県の小山のおうちで痴呆のつらさに向きあう独自の実践をしてきた石橋典子や、痴呆を生きることに早くから注目してきた小澤勲などが文章を寄せている。

（4）　ＮＨＫ厚生文化事業団のフォーラム（ＮＨＫ　ＥテレＴＶシンポジウム「認知症を正しく知る――本人にも家族にも優しい支援とは」など）において太田の一〇年後の映像が流され、太田の妻を含む参加者同士で語りあわれている。

あとがき

本書は二〇〇七年から二〇一九年ごろにわたって発表してきた私の認知症に関する研究をまとめたものである。各章は大きく加筆修正してあるが、初出は左記のとおりである。

序章：下記エッセイの一部と書き下ろし。「支援の周辺　『みんなの問題』について考える」『支援vol. 4』生活書院、二〇一四年：一六六−八。

第1章：「認知症をめぐる排除と包摂——老い衰えとどう生きるか」藤村正之編著『福祉・医療における排除の多層性——差別と排除の「いま」第4巻』明石書店、二〇一〇年：八五−一一二。

第2章：「医療の論理とどう対するか——認知症ケア実践での医療批判再考」崎山治男・伊藤智樹・佐藤恵・三井さよ編『〈支援〉の社会学——現場に向き合う思考』青弓社、二〇〇八年：一八五−二〇八。

第3章：「映像の中に見る認知症の人の『思い』——ぼけ・痴呆・認知症をめぐるケア実践の社会

学」副田義也編『シリーズ福祉社会学② 闘争性の福祉社会学——ドラマトゥルギーとして』東京大学出版会、二〇一三年：一五一-七二。

第4章：「『新しい認知症ケア』時代のケア労働——全体的にかつ限定的に」仁平典宏・山下順子編『労働再審 第5巻 ケア・協働・アンペイドワーク——揺らぐ労働の輪郭』大月書店、二〇一一年：一二七-五九。

第5章：「本人の『思い』の発見がもたらすもの——認知症の人の『思い』を聞き取る実践の考察を中心に」三井さよ・鈴木智之編『ケアとサポートの社会学』法政大学出版局、二〇〇七年：七三-一〇八。

第6章：「認知症の人による〈当事者宣言〉は何に対抗し誰を包摂するのか？——分断に抗することと認知症カテゴリーの行方」樫田美雄・小川伸彦編『〈当事者宣言〉の社会学』東信堂、二〇二〇年刊行予定（二〇一六年に執筆）。

終章：下記の二論文それぞれの一部と書き下ろし。「認知症ケアにおける地域の意義——認知症の人の一貫性の維持と緩和に注目して」『保健医療社会学論集』一九(二)、二〇一九年：一七-三四。「ポスト診断時代における認知症の社会学の課題」『家族研究年報』四四、二〇一九年：二三-四二。

補論：「認知症当事者本が拓くもの——二〇一七年の著作群を中心に」『支援 vol. 8』生活書院、二〇一八年：二一二-二四。

各章はそれぞれの時期に書いた論文等（未発表のものを含む）をもとにしているため、昔ながらの論文集のように個々のチャプターを独立して読むこともできるものの、本書全体としては、認知症の人の理解と包摂を主題に、一〇年以上にわたる期間でとりくんできたことを一貫して読めるように加筆修正を加えている。

また、本書は、ＪＳＰＳ科研費（18830022、20730331、25870433、17K04128）の助成を受けた、それぞれの時期の研究にもとづいていることも付記しておきたい。

研究、特に同時代的に注目され大きな動きが見られる社会現象に関する研究は、独特だが基本的とも言える難しさを意識させられるように思う。その時点時点での課題を意識しつつ、いかに長期的に古びない問いを設定して考察を展開するか。また、その条件を満たしながら現場で真摯に実践にとりくんでいる人の問題意識にいかに応えるものとして書くか。もちろん本書がそれに成功したものだと言うつもりはなく、むしろ多くの今後とりくむべき課題を示したにすぎない。しかし、少なくともそのように悩み発信し続けることが「問題」や「課題」として人びとに経験されている領域に研究者の立場でかかわる者の倫理の一部なのだと思う。

本書のパーツとなった論文は、その時どきの調査で出会った課題を考えようとしたものだ。その際、私は、それ以前から持っていた「変容していく人を、私たちはどのように受け止め、ともにくらしていくか」という問題意識のもとで個々の現象を見ていた。そうした軸となる問題意識を持てたのは、一三年前の前著『認知症家族介護を生きる――新しい認知症ケア時代の臨床社会学』において、稚拙ながらも、主に二者関係の中における他者理解の問題として認知症の人の家族介護を見ていくという中心軸を設定でき、今から思えば、そのことを全力で考えることができたためだと思う。前著はもともと博士論文として執筆したものだが、研究を開始した初期に、そうした軸をつくる時間を持てたことは、結果としてとても重要なことだった。現在は、博士論文を書き提出した大学院で働く側となったわけだが、今度は研究にたずさわる人たちの多くがそうした時間を持てることに少しでも貢献できればと思う（もちろん、そうした時間を持てる場は大学院に限らず、より広がりを持つだろう）。

しかし、正直に言えば、本当は順番が逆である。前述のような問題意識がずっとあって、本書をまとめたのではない。この一三年間に起こった出来事や、その中で出会った実践や研究、それにかかわる人たちなどにうながされることで、自分の中で一貫しているように思いこむことができる問題意識を、現在から何とかふり返って物語ることができ一冊の作品にいたった。単純に論文を並べて束ねるだけならば、もっと早くしなくてはならなかっただろうし、できたはずである。

そのような一三年間の後押しをしてくれた人たちに感謝を申し述べておきたい。まず、一人一人名前を挙げることはできないが、認知症の本人を含めて様ざまな実践の中で出会った人たちすべてに。彼女ら彼らに問題意識を刺激され、書き続けることができている。その上で、ここ最近の問題意識と執筆意欲への刺激という意味では、第3章や第6章で発言を引用させていただいた川村雄二さん（NHK）に特に感謝したい。二〇一一年にインタビューをしてからしばらく経った二〇一七年ごろから現在まで、川村さんがいささか強引に?・勉強会（認知症当事者勉強会）やシンポジウムなどに誘って議論の機会を与えてくださったおかげで、考えるべきことがより明確になっていった。

また、本書の中核部分になる第4章や第5章を書く上では、中島七海さん（元・天神オアシスクラブ）やオアシスクラブ・虹の会のスタッフ・会員の方たちから、多くの考えるべき課題をいただいた。当時、共同研究をしていた出口泰靖さん（千葉大学）と一緒に訪問したりお話をうかがったりした後には、二人でその日に聞いたことや見たことについて、カフェなどで話が尽きなかったことを今も覚えている。越智俊二さん・須美子さんに会うきっかけとなったそのデイサービスも、春に京都で二度目のADI国際会議があった二〇一七年の秋に活動を終えた。

さらに、本書の第6章を書く上では、レビー小体病の当事者として活動をする樋口直美さんとのインタビュー（雑談含む）からも後押しされている。お話を聞いた後にICレコーダーが故障して録音が消えてしまったにもかかわらず、もう一度お話をしていただいたという失態も今ではいい思い出である……。

研究を続けていく上では同じ領域で研究にとりくみ続ける仲間や、その集まりである研究会などの後押しが欠かせない。認知症の社会学という意味では、先行する研究とともに、木下衆さん（慶應義塾大学）の存在と作品が自分自身の研究の位置や考えるべきことを明確にする上で刺激となっている。その木下さんも中心メンバーとして参加している京阪奈社会学研究会（しか研）は、二〇一一年に住居を関西に移してから今にいたるまで、研究のペースメーカーであり続けている。ゆるく医療や障害、逸脱などに関心のある参加者たちの研究に刺激を受けているが、特に、世話人でもあり、雑談の中で屈託ない意見をくれる平井秀幸さん（四天王寺大学）に感謝したい。その他、本書のもととなったいくつかの論文は、ミクロ社会学研究会、C研などの研究会メンバーで論文集を出版するために書いたものである。その議論の中で編者や研究会メンバーの方たちには様ざまにお世話になった。また、第3章は、NHKアーカイブスのトライアル研究にとりくんだおかげで書けたものだが、その際に共同研究者として、ブースで映像を見てテキストを書き起こす作業に一緒にとりくんでくれた田島明子さん（湘南医療大学）にも感謝したい。

もとになった論文執筆から本書をまとめるまでのあいだ、信州大学医学部保健学科、奈良女子大学生活環境学部、現在所属する東京大学大学院人文社会系研究科と三つの職場を経験してきた。いずれの職場でも研究を進めていく上で同僚の方たちから支援を得ていると同時に、大学院生や学部生に授業等でアイディアを話す機会を多くいただくことができ、そこでヒントとなる意見や質問をもらってきた。いくつかの大学・学校での非常勤の講義や、専門職・市民向け講演会を受講してくれた多くの人たちからも同様の刺激を受けている。

最終の校正においては、東京大学の大学院生である今井メッシーナ亮介さんと呉先珍（オ・ソンジン）さんにご協力いただいた。もちろん、なおも残る誤りは私の責任である。

本書の企画は二〇一六年に晃洋書房の吉永恵利加さんから声をかけていただいたことから始まっている。当初は二〇一七年四月に京都で開催された国際アルツハイマー病協会の国際会議に間にあわせるように、という夢に近い目標もあったのだが、その後の、最初の子どもの誕生による育児、職場の異動などを経ているうちにあっという間に三年以上が経ってしまった。この間、育児家事と大学などの仕事とで挫折しそうになる中で、吉永さんに粘り強く待っていただいたおかげで何とか完成まで持っていくことができた。深くお詫びと感謝を申し述べたい。

最後に、本書の執筆を含めて、めまぐるしい日々を楽しく、ときに苦闘しながらすごす家族に感謝の意を記しておきたい。それぞれの仕事とケアとの絶え間ない日々を、ともに生きてくれている亜紀子、理解することの楽しさと難しさとを味わわせてくれる湊太、そして、その存在そのものが、この先の希望をひらいていく意欲をかきたててくれる夏野に。

二〇二〇年六月十四日　巣ごもりから出てきた人たちの集うコワーキングスペースにて

井口高志

本書をご購入いただいた方のうち、視覚障害、肢体不自由などの理由で本書をお読みになれない方を対象に、本書のテキストデータを提供いたします。希望される方は、以下の方法にしたがってお申し込みください。

お名前、メールアドレスを明記の上、本書カバー折り返しにあるテキストデータ引換券（コピー不可）を下記までお送りください。

データの提供は発行日から3年間に限らせていただきます。
データはメール添付にてお送りいたします。
データはテキストのみで、図表などの図版データは含まれません。
内容の改変や流用、第三者への貸与、配信、ウェブ上での公開などは著作権法で禁止されております。その他、営利を目的とした利用はお断りいたします。

〒615-0026
京都市右京区西院北矢掛町7番地
晃洋書房編集部
『認知症社会の希望はいかにひらかれるのか』テキストデータ係

人名・団体名索引

〈ナ　行〉

〈ハ　行〉

〈マ・ヤ行〉

事項索引

〈サ　行〉

〈タ　行〉

〈ナ　行〉

文献

※補論のみでとりあげた文献については228-9ページの表を参考のこと

阿保順子，2004，『痴呆老人が創造する世界』岩波書店．

天田城介，2004，『老い衰えゆく自己の／と自由――高齢者ケアの社会学的実践論・当事者論』ハーベスト社．

――――，2006，「小澤勲の生きてきた時代の社会学的診断――ラディカルかつプラグマティックに思考するための強度」小澤勲編『ケアってなんだろう』医学書院，205-34．

有吉佐和子，［1972］1978，「恍惚の人」『華岡青洲の妻・恍惚の人』新潮社，117-322．

朝田隆編，2007，『軽度認知障害（MCI）――認知症に先手を打つ』中外医学社．

安積純子・岡原正幸・尾中文哉・立岩真也，［1990］2012，『生の技法――家と施設を出て暮らす障害者の社会学（第3版）』生活書院．

東浩紀，2017，「認知症高齢者の免許停止から感じた"困難な時代"への疲労感」『AERA』30(16)，（2019年6月20日取得，https://dot.asahi.com/aera/2017033000049.html）．

Bartlett, Ruth and Deborah O'Connor, 2010, *Broadening the Dementia Debate: Towards Social Citizenship*, Bristol: Policy Press.

Boden, Christine, 1998, *Who Will I Be When I Die?*, Melbourne: HarperCollins Religious.（桧垣陽子訳，2003，『私は誰になっていくの？――アルツハイマー病者からみた世界』クリエイツかもがわ．）

Bogdan, Robert and Steven J. Taylor, 1989, "Relationships with Severely Disabled People: The Social Construction of Humanness," *Social Problems*, 36(2): 135-48.

呆け老人をかかえる家族の会，1996，「『ぼけ』と『尊厳死』問題に関する申し入れ書」『老人をかかえて』(19960825)：12-3．

――――, 2004,『痴呆の人の「思い」に関する調査』.
呆け老人をかかえる家族の会編, 2004,『痴呆の人の思い, 家族の思い』中央法規出版.
――――, 2005,『若年期認知症 本人の思いとは何か――松本照道・恭子夫妻の場合』クリエイツかもがわ.
Butler, Robert N., 1963 “The Life Review: An Interpretation of Reminiscence in the Aged,” *Psychiatry*, 26(1): 65-76.
地域包括ケア研究会, 2009,『地域包括ケア研究会報告書――今後の検討のための論点整理』.
Cohen, Donna and Carl Eisdorfer, 1986, *The Loss of Self: A Family Resource for the Care of Alzheimer's Disease and Related Disorders*, New York: W.W.Norton.（佐々木三男監訳, 1988,『失われゆく自己――ぼけと闘うすべての人々への心からなる手引書』同文書院.）
Cohen, Elias S., 1988, “The Elderly Mystique: Constraints on the Autonomy of the Elderly With Disabilities,” *The Gerontologist*, 28(Suppl.): 24-31.
Conrad, Peter and Joseph W. Schneider, [1980] 1992, *Deviance and Medicalization: From Badness to Sickness*, Expanded ed., Philadelphia: Temple University Press.（進藤雄三監訳, 2003,『逸脱と医療化――悪から病いへ』ミネルヴァ書房.）
出口泰靖, 2002,「かれらを『痴呆性老人』と呼ぶ前に」『現代思想』30(7): 182-95.
――――, 2004a,「『呆け』たら私はどうなるのか? 何を思うのか?」山田富秋編『老いと障害の質的社会学――フィールドワークから』世界思想社, 155-84.
――――, 2004b,「『呆け』について私はもの語れるのか?――〈本人の『呆けゆく』体験の語り〉が生成される〈場〉」山田富秋編『老いと障害の質的社会学――フィールドワークから』世界思想社, 185-216.
――――, 2004c,「『呆けゆく』体験を〈語り, 明かすこと〉と〈語らず, 隠すこと〉」山田富秋編『老いと障害の質的社会学――フィールドワークから』世界思想社, 217-28.
――――, 2015,「わたしは『語り』に出合えているか――本人による『認知症体験の語り』のゆくえ」『N: ナラティヴとケア』(6): 47-53.

―――, 2016,『あなたを「認知症」と呼ぶ前に――〈かわし合う〉私とあなたのフィールドワーク』生活書院.

Dworkin, Ronald, [1993] 1994, *Life's Dominion: An Argument about Abortion, Euthanasia, and Individual Freedom*, New York: Vintage Books.（水谷英夫・小島妙子訳, 1998,『ライフズ・ドミニオン――中絶と尊厳死そして個人の自由』信山社出版.）

Fox, Patrick, 1989, "From Senility to Alzheimer's Disease: The Rise of the Alzheimer's Disease Movement," *The Milbank Quarterly*, 67(1): 58-102.

Frank, Arthur W., 1995, *The Wounded Storyteller: Body, Illness, and Ethics*, Chicago: University of Chicago Press.（鈴木智之訳, 2002,『傷ついた物語の語り手――身体・病い・倫理』ゆみる出版.）

藤本直規, 2008,『認知症の医療とケア――「もの忘れクリニック」「もの忘れカフェ」の挑戦』クリエイツかもがわ.

藤村正之, 2001,「高齢期における社会的不平等と社会的公正」平岡公一編『高齢期と社会的不平等』東京大学出版会, 175-89.

藤崎宏子, 2008,「訪問介護の利用抑制にみる『介護の再家族化』――9年目の介護保険制度」『社会福祉研究』(103): 2-11.

―――, 2009,「介護保険制度と介護の『社会化』『再家族化』」『福祉社会学研究』(6): 41-57.

Graham, Hilary, 1983, "Caring: A Labor of Love," Janet Finch and Dulcie Groves eds., *A Labor of Love: Women, Work, and Caring*, London: Routledge & Kegan Paul, 13-30.

Gubrium, Jaber F., 1986, "The Social Preservation of Mind: The Alzheimer's Disease Experience," *Symbolic Interaction*, 9(1): 37-51.

長谷川和夫, 2004,「認知症ケアの理念」日本認知症ケア学会編『認知症ケア標準テキスト 認知症ケアの基礎』ワールドプランニング, 19-28.

―――, 2005,「痴呆の名称変更をめぐって――『痴呆』から『認知症』への改称」『CLINICIAN』52(2): 138-42.

長谷川和夫・猪熊律子, 2019,『ボクはやっと認知症のことがわかった――自らも認知症になった専門医が, 日本人に伝えたい遺言』Kadokawa.

林真由美, 2017,「認知症とともに生きる人々のための権利と権利ベースのアプローチ」『精神医学』59(8): 739-48.

樋口直美，2015，『私の脳で起こったこと —— レビー小体型認知症からの復活』ブックマン社.
平野隆之，2002，「痴呆性高齢者ケアのソフトを考える —— 宅老所からグループホーム・ユニットケア」三浦文夫監修『痴呆性高齢者ケアの経営戦略 —— 宅老所，グループホーム，ユニットケア，そして』中央法規出版，55-78.
平山亮，2017，『介護する息子たち —— 男性性の死角とケアのジェンダー分析』勁草書房.
Hochschild, Arlie Russell, 1983, *The Managed Heart: Commercialization of Human Feeling*, Berkeley: University of California Press.（石川准・室伏亜希訳，2000，『管理される心 —— 感情が商品になるとき』世界思想社）.
星加良司，2007，『障害とは何か —— ディスアビリティの社会理論に向けて』生活書院.
一関開治，2005，『記憶が消えていく —— アルツハイマー病患者が自ら語る』二見書房.
井口高志，2005，「痴呆をかかえる者とのコミュニケーションにおける二つの理解モデル —— 疾患モデルから関係モデルへ？」『ソシオロジ』50(1)：17-33.
———，2007，『認知症家族介護を生きる —— 新しい認知症ケア時代の臨床社会学』東信堂.
———，2008，「『人間性』の発見という希望と隘路 —— 認知症とされる人を介護する家族の経験を問うことから」上野千鶴子・大熊由紀子・大沢真理・神野直彦・副田義也編『ケア　その思想と実践 4　家族のケア　家族へのケア』岩波書店，93-112.
———，2012，「医療の論理が認知症ケアにもたらすもの —— あるデイサービスの試みを事例にした探索的研究」『福祉社会学研究』9：121-41.
———，2013a，「質的研究の論文構成と研究戦略」平岡公一・武川正吾・山田昌弘・黒田浩一郎監修『研究道 —— 学的探求の道案内』東信堂，166-76.
———，2013b，「閉じること／開くことをめぐる問い —— 家族介護を問題化する〈まなざし〉の変化を素材として」『支援』3：40-72.
———，2015，「『できること』の場を広げる —— 若年認知症と折り合いを

つける実践の展開が示唆するもの」『現代思想』43(6): 153-69.
――――, 2019,「ポスト診断時代における認知症の社会学の課題」『家族研究年報』(44): 23-42.
猪飼周平, 2010,『病院の世紀の理論』有斐閣.
――――, 2011,「地域包括ケアの社会理論への課題――健康概念の転換期におけるヘルスケア政策」『社会政策』2(3): 21-38.
Illich, Ivan, [1975] 1976, *Limits to Medicine: Medical Nemesis: The Expropriation of Health*, London: Calder and Boyars.(金子嗣郎訳, 1979,『脱病院化社会――医療の限界』晶文社.)
井上英晴・賀戸一郎, 1997,『宅老所「よりあい」の挑戦――住みなれた街のもうひとつの家』ミネルヴァ書房.
石橋潔, 2010,「表情を交わし合う相互行為――行為論およびケアとの関係において」『福祉社会学研究』7: 73-98.
石橋典子, 2007,『「仕舞」としての呆け――認知症の人から学んだことば』中央法規出版.
石川准, 1999,「障害, テクノロジー, アイデンティティ」石川准・長瀬修編『障害学への招待――社会, 文化, ディスアビリティ』明石書店, 41-77.
石川准・長瀬修編, 1999,『障害学への招待――社会, 文化, ディスアビリティ』明石書店.
石倉康次, 1999a,「痴呆老人問題をどうとらえるか――社会学の視点から」石倉康次編『形成期の痴呆老人ケア――福祉社会学と精神医療・看護・介護現場との対話』北大路書房, 1-15.
――――, 1999b,「『小山のおうち』訪問の記録」石倉康次編『形成期の痴呆老人ケア――福祉社会学と精神医療・看護・介護現場との対話』北大路書房, 148-87.
石倉康次編, 1999,『形成期の痴呆老人ケア――福祉社会学と精神医療・看護・介護現場との対話』北大路書房.
石倉康次・森俊夫・呆け老人をかかえる家族の会編, 2000,『痴呆老人と介護保険――問題点と改善への提言』クリエイツかもがわ.
伊藤英樹, 2008,『奇跡の宅老所「井戸端げんき」物語』講談社.
若年認知症家族会彩星の会・宮永和夫編, 2006,『若年認知症――本人・家族が紡ぐ7つの物語』中央法規出版.
鹿子裕文, 2015,『へろへろ――雑誌『ヨレヨレ』と「宅老所よりあい」の

人々』ナナロク社.
春日キスヨ，2002，「ケアリングと教育――痴呆高齢者介護倫理の変容と実務者研修・教育」『教育学研究』69(4)：484-93.
――――，2003，「高齢者介護倫理のパラダイム転換とケア労働」『思想』(955)：216-36.
片桐雅隆，2003，『過去と記憶の社会学――自己論からの展開』世界思想社.
川上武編，2002，『戦後日本病人史』農山漁村文化協会.
川村雄次・井口高志・田島明子，2012，「ロングインタビュー 認知症の本人を描くことをめぐって――川村雄次に聞く」『支援』2：86-124.
家族の会本部役員会編，1982，『家族の會 会報』(23).
貴戸理恵，2004，『不登校は終わらない――「選択」の物語から〈当事者〉の語りへ』新曜社.
木下衆，2018，「治らなくても大丈夫，といえる社会へ vol.2 誰かを責めるのをやめませんか？――1960年代末，『嫁さんが悪い』と言われ続けた人」けいそうビブリオフィル，2018年12月25日（2019年2月18日取得，https://keisobiblio.com/2018/12/25/kinoshitashu02/）.
――――，2019，『家族はなぜ介護してしまうのか――認知症の社会学』世界思想社.
北中淳子，2018，「認知症『早期診断』の『呪い』を解くために――『当事者視点の症候学』へ向けて」医療・福祉の専門家らによるwebマガジンOpinions，2018年8月28日（2019年2月18日取得，https://web-opinions.jp/posts/detail/149?fbclid=IwAR37aD52voeh6mp-iVSlgxwp3WKfa3UpR_gZqlAY0OP576fOhGye7iVWYt4）.
――――，2019a「医療人類学のナラティヴ研究――その功罪と、認知症研究における今後の可能性」『N: ナラティヴとケア』(10)：11-8.
――――，2019b，「高齢者倫理 新健康主義――日本での認知症予防論争をめぐって」『現代思想』47(12)：151-60.
Kittay, Eva Feder, 1999, *Love's Labor: Essays on Women, Equality, and Dependency*, New York: Routledge.（岡野八代・牟田和恵監訳，2010，『愛の労働あるいは依存とケアの正義論』白澤社.）
Kitwood, Tom, 1997, *Dementia Reconsidered: The Person Comes First*, Buckingham: Open University Press.（高橋誠一訳，2005，『認知症のパーソンセンタードケア――新しいケアの文化へ』筒井書房.）

Kleinman, Arthur, 1988, *The Illness Narratives: Suffering, Healing, and the Human Condition*, New York: Basic Books.（江口重幸・五木田紳・上野豪志訳，1996,『病いの語り――慢性の病いをめぐる臨床人類学』誠信書房.）

高齢者介護研究会，2003,『2015 年の高齢者介護――高齢者の尊厳を支えるケアの確立に向けて』.

厚生労働省，2018,『平成 29 年度 介護給付費等実態調査の概況』.

――――，2019,「認知症に関する相談先」厚生労働省，(2019 年 7 月 6 日取得，https://www.mhlw.go.jp/stf/seisakunitsuite/bunya/0000076236_00003.html).

厚生省編，1997,『平成 9 年版 厚生白書――「健康」と「生活の質」の向上をめざして』ぎょうせい.

厚生省高齢者介護対策本部事務局監修，1995,『新たな高齢者介護システムの構築を目指して――高齢者介護・自立支援システム研究会報告書』ぎょうせい.

倉石一郎，［2009］2018,『増補新版 包摂と排除の教育学――マイノリティ研究から教育福祉社会史へ』生活書院.

Lock, Margaret, 2013, *The Alzheimer Conundrum: Entanglements of Dementia and Aging*, Princeton: Princeton University Press.（坂川雅子訳，2018,『アルツハイマー病の謎――認知症と老化の絡まり合い』名古屋大学出版会.）

Lyman, Karen A., 1989, “Bringing the Social Back in: A Critique of the Biomedicalization of Dementia,” *The Gerontologist*, 29(5)：597-605.

――――，1993, *Day In, Day Out with Alzheimer's: Stress in Caregiving Relationships*, Philadelphia: Temple University Press.

町村敬志，2016,「『評価国家』における統治の構造――政治的合理性・プログラム・テクノロジー」遠藤薫・佐藤嘉倫・今田高俊『社会理論の再興――社会システム論と再帰的自己組織性を超えて』ミネルヴァ書房，159-82.

町永俊雄，2019,「『認知症予防と共生』，見るべきものは何か」認知症 EYES, 2019 年 6 月 13 日（2019 年 7 月 7 日取得，https://www.ninchisho-forum.com/eyes/machinaga_106.html).

前田泰樹，2015,「物語を語り直す――遺伝子疾患としての多発性嚢胞腎」

『N: ナラティヴとケア』(6): 84-91.
前田拓也, 2009,『介助現場の社会学——身体障害者の自立生活と介助者のリアリティ』生活書院.
Marineau, René F., 1989, *Jacob Levy Moreno, 1889-1974: Father of Psychodrama, Sociometry, and Group Psychotherapy*, London: Tavistock/Routledge.(増野肇・増野信子訳, 1995,『神を演じつづけた男——心理劇の父モレノの生涯とその時代』白揚社.)
松田純, 2018,『安楽死・尊厳死の現在——最終段階の医療と自己決定』中央公論新社.
松井隆志, 2019,「私の運動史研究宣言」大野光明・小杉亮子・松井隆志編『社会運動史研究 1』新曜社, 15-6.
松本一生, 2006,『家族と学ぶ認知症——介護者と支援者のためのガイドブック』金剛出版.
Maurer, Konrad, und Ulrike Maurer, 1998, *Alzheimer: Das Leben eines Arztes und die Karriere einer Krankheit*, München: Piper Verlag.(新井公人監訳, 2004,『アルツハイマー——その生涯とアルツハイマー病発見の軌跡』保健同人社.)
三原岳, 2019,「認知症大綱で何が変わるのか——予防重視の弊害, 共生社会の実現に向けた課題を考え」ニッセイ基礎研究所, 2019年8月13日(2019年9月17日取得, https://www.nli-research.co.jp/report/detail/id=62239).
美馬達哉, 2012,『リスク化される身体——現代医学と統治のテクノロジー』青土社.
水戸部六美・田村建二, 2018,「抗認知症薬の効果『不十分』 仏, 4種類を保険適用外に」『朝日新聞』2018年6月23日(2018年6月23日取得, https://www.asahi.com/articles/ASL6N6TW4L6NULZU013.html).
三井さよ, 2004,『ケアの社会学——臨床現場との対話』勁草書房.
———, 2010,「ケア労働の組織——今後のあり方を考える」佐藤俊樹編『自由への問い 6 労働——働くことの自由と制度』岩波書店, 196-217.
———, 2018,『はじめてのケア論』有斐閣.
三浦耕吉郎, 2017,「極私的社会学(1) グループホームで父を看取る(1)——〈医療行為をしない人の死〉はどのように訪れるのか?」『新社会学研究』(2): 84-97.

宮崎和加子・日沼文江，2003，『生き返る痴呆老人――グループホーム「福さん家」での暮らしと実践』筑摩書房.
宮崎和加子・田邊順一，2011，『認知症の人の歴史を学びませんか』中央法規出版.
三好春樹，1986，『老人の生活ケア――〈生活障害〉への新しい看護の視点』医学書院.
――――，1997，『関係障害論』雲母書房.
――――，2005，『介護の専門性とは何か』雲母書房.
森川美絵，2010，「介護政策におけるジェンダー」木本喜美子・大森真紀・室住眞麻子編『社会政策のなかのジェンダー』明石書店，180-204.
Morris, Jenny, 1991, *Pride against Prejudice: Transforming Attitudes to Disability*, London: The Women's Press.
村瀬孝生，2010，『あきらめる勇気――老いと死に沿う介護』ブリコラージュ.
室伏君士，1998，『痴呆老人への対応と介護』金剛出版.
永田久美子，2003，「痴呆ケアの歴史――なじみの暮らしの中の作業の重要性」『作業療法ジャーナル』37(9)：862-5.
中島七海，2005，「認知症の人の声に耳を傾ける――天神オアシスクラブの取り組み」『りんくる』1(2)：10-2.
中山康雄，2004，『共同性の現代哲学――心から社会へ』勁草書房.
日本認知症本人ワーキンググループ，2019，『「認知症の人の意見に基づく認知症施策の改善に向けた方法論等に関する調査研究事業」報告書』平成30年度老人保健事業推進費等補助金（老人保健健康増進等事業分）成果報告書，一般社団法人日本認知症本人ワーキンググループ.
日本認知症ワーキンググループ，2014，『「日本認知症ワーキンググループ」設立趣意書』一般社団法人 日本認知症本人ワーキンググループ，（2019年9月15日取得，http://jdwg.org/wp-content/uploads/2017/04/JDWG_prospectus.pdf）.
二木立，2007，『医療改革――危機から希望へ』勁草書房.
認知症ねっと編集部，2020，「軽度認知障害（MCI）とは？」認知症ねっと，（2019年12月7日取得，https://info.ninchisho.net/mci/k40）.
認知症の人と家族の会，2010，「介護保険制度改正への提言――要介護認定の廃止など利用者本位の制度に」公益社団法人認知症の人と家族の会，（2019年9月15日取得，http://www.alzheimer.or.jp/wp-content/uploads/

2010/06/teigen2010.pdf).
野村豊子, 2004,「コミュニケーションスキル」日本認知症ケア学会編『認知症ケア標準テキスト 認知症ケアの実際I——総論』ワールドプランニング, 39-61.
越智俊二, 2005,「京都での発表, そして母さんへ」『りんくる』1(2): 8-9.
小国士朗, 2017,『注文をまちがえる料理店』あさ出版.
岡京子, 2016,『ユニットケアとケアワーク——ケアの小規模化と「ながら遂行型労働」』生活書院.
岡原正幸, [1990] 2012,「コンフリクトへの自由——介助関係の模索」安積純子・岡原正幸・尾中文哉・立岩真也『生の技法——家と施設を出て暮らす障害者の社会学(第3版)』生活書院, 191-231.
岡本祐三, 2009,『介護保険の歩み——自立をめざす介護への挑戦』ミネルヴァ書房.
大熊一夫, [1988] 1992,『ルポ 老人病棟』朝日新聞社.
大熊由紀子, 1990,『「寝たきり老人」のいる国いない国——真の豊かさへの挑戦』ぶどう社.
———, 2010,『物語介護保険(上)——いのちの尊厳のための70のドラマ』岩波書店.
Oliver, Michael, 1995, *Understanding Disability: From Theory to Practice*, Basingstoke: Macmillan.
太田正博・菅崎弘之・上村真紀・藤川幸之助, 2006,『「私, バリバリの認知症です」』クリエイツかもがわ.
小澤勲, 1974,『反精神医学への道標』めるくまーる社.
———, 1998,『痴呆老人からみた世界——老年期痴呆の精神病理』岩崎学術出版社.
———, 2003,『痴呆を生きるということ』岩波書店.
———, 2005,『認知症とは何か』岩波書店.
小澤勲編, 2006,『ケアってなんだろう』医学書院.
Parsons, Talcott, 1951, *The Social System*, New York: The Free Press.(佐藤勉訳, 1974,『社会体系論』青木書店.)
Sabat, Steven R., 2001, *The Experience of Alzheimer's Disease: Life Through a Tangled Veil*, Oxford: Blackwell.
Sacks, Harvey, 1979, "Hotrodder: A Revolutionary Category," George

Psathas ed., *Everyday Language: Studies in Ethnomethodology*, New York: Irvington, 7-14.（山田富秋・好井裕明・山崎敬一訳，1987，「ホットロッダー――革命的カテゴリー」『エスノメソドロジー――社会学的思考の解体』せりか書房，19-37.）
齋藤暁子，2007，「ホームヘルプの事業所間比較――ヘルパーによる利用者への対処に注目して」三井さよ・鈴木智之編『ケアとサポートの社会学』法政大学出版局，183-214.
――――，2015，『ホームヘルプサービスのリアリティ――高齢者とヘルパーそれぞれの視点から』生活書院.
榊原賢二郎，2016，『社会的包摂と身体――障害者差別禁止法制後の障害定義と異別処遇を巡って』生活書院.
佐々木健，1994，『ボケても心は生きている――エスポアール病院の新たな挑戦』創元社.
笹谷春美，2005，「高齢者介護をめぐる家族の位置――家族介護者視点からの介護の『社会化』分析」『家族社会学研究』16(2)：36-46.
佐藤雅彦，2014，『認知症になった私が伝えたいこと』大月書店.
下村恵美子・谷川俊太郎，2001，『九八歳の妊娠――宅老所よりあい物語』雲母書房.
進藤雄三，2006，「医療化のポリティクス――『責任』と『主体化』をめぐって」森田洋司監修『シリーズ社会問題研究の最前線Ⅰ　医療化のポリティクス――近代医療の地平を問う』学文社，29-46.
須貝佑一，2016，「『レビー小体型認知症からの復活』への疑問」『老年精神医学雑誌』27(1)：8-9.
杉山孝博，1989，『ぼけなんかこわくないぼけの法則――病気のしくみがよくわかり介護の苦労が半分に』リヨン社.
杉山孝博編，1995，『痴呆性老人の地域ケア』医学書院.
高橋幸男，2006，『輝くいのちを抱きしめて――「小山のおうち」の認知症ケア』日本放送出版協会.
高橋幸男・石橋典子，2001，「痴呆を患って生きる」浅野弘毅編『痴呆性高齢者のこころと暮らし』批評社，19-37.
高見国生・天田城介，2015，「認知症の時代の家族の会」『現代思想』43(6)：74-95.
竹内孝仁，1995，『医療は「生活」に出会えるか』医歯薬出版株式会社.

田中滋，2007，「介護保険と介護市場をめぐる政策の展開」『医療経済研究』19(1)：5-20.
丹野智文，2017，「まるで別人…認知症の当事者同士，交流で自信」ヨミドクター（読売新聞），2017年12月26日（2019年9月15日取得，https://yomidr.yomiuri.co.jp/article/20171225-OYTET50031/）.
―――，2019，「『認知症になっても働ける社会』って？ …若者と豚しゃぶを食べて考えた」ヨミドクター（読売新聞），2019年6月13日（2019年9月15日取得，https://yomidr.yomiuri.co.jp/article/20190611-OYTET50007/）.
立岩真也，1997，『私的所有論』勁草書房.
―――，2015，『精神病院体制の終わり――認知症の時代に』青土社.
寺岡伸悟，2014，「柿の里の地域づくりにかかわって」『ソシオロジ』59(1)：91-7.
徳田雄人，2018，『認知症フレンドリー社会』岩波書店.
特養・老健・医療施設ユニットケア研究会編，2003，『地域に向かう実践――逆デイサービス白書2003』筒井書房.
豊田謙二・黒木邦弘，2009，『「宅老所よりあい」解体新書』雲母書房.
土本亜理子，2010，『認知症やひとり暮らしを支える 在宅ケア「小規模多機能」』岩波書店.
植田章，1999，「痴呆老人対策の経緯について」石倉康次編『形成期の痴呆老人ケア――福祉社会学と精神医療・看護・介護現場との対話』北大路書房，82-93.
上野千鶴子，2011，『ケアの社会学――当事者主権の福祉社会へ』太田出版.
―――，2013，「『当事者』研究から『当事者研究』へ」『シリーズ福祉社会学2 闘争性の福祉社会学――ドラマトゥルギーとして』東京大学出版会，25-46.
渡邉琢，2011，『介助者たちは，どう生きていくのか――障害者の地域自立生活と介助という営み』生活書院.
矢吹知之，2016，『認知症カフェ読本――知りたいことがわかるQ＆Aと実践事例』中央法規出版.
矢吹知之・渡部信一・佐藤克美，2019，「認知症カフェの目的を基軸とした体系的分類に関する研究」『日本認知症ケア学会誌』17(4)：696-705.
吉岡充・田中とも江編，1999，『縛らない看護』医学書院.

《著者紹介》
井口高志（いぐち　たかし）
1975年　山梨県生まれ
2006年　東京大学大学院人文社会系研究科博士課程修了　博士（社会学）
信州大学医学部保健学科講師、奈良女子大学生活環境学部准教授を経て
現在　東京大学大学院人文社会系研究科准教授

主要業績

『病いと〈つながり〉の場の民族誌』（共編著、明石書店、2007年）
『認知症家族介護を生きる――新しい認知症ケア時代の臨床社会学』（東信堂、2007年）
『被災経験の聴きとりから考える――東日本大震災後の日常生活と公的支援』（共著、生活書院、2018年）
「ポスト診断時代における認知症の社会学の課題」（『家族研究年報』44号、家族問題研究学会、2019年）

認知症社会の希望はいかにひらかれるのか
――ケア実践と本人の声をめぐる社会学的探求――

2020年8月30日　初版第1刷発行　　＊定価はカバーに表示してあります

著　者　井口高志©
発行者　萩原淳平
印刷者　藤森英夫

発行所　株式会社　晃洋書房
〒615-0026　京都市右京区西院北矢掛町7番地
電話　075(312)0788番（代）
振替口座　01040-6-32280

装丁　安藤紫野
組版　（株）トーヨー企画
印刷・製本　亜細亜印刷（株）
ISBN978-4-7710-3293-4